成本核算与管理

主　编　王国芬　鲁劲秋
副主编　王淑芳　刘文文　张海静

北京理工大学出版社
BEIJING INSTITUTE OF TECHNOLOGY PRESS

图书在版编目（ＣＩＰ）数据

成本核算与管理／王国芬，鲁劲秋主编 ． -- 北京：
北京理工大学出版社，2023.6
ISBN 978 - 7 - 5763 - 2546 - 1

Ⅰ．①成… Ⅱ．①王…②鲁… Ⅲ．①成本计算—高
等教育—教材②成本管理—高等教育—教材 Ⅳ.
①F231.2

中国国家版本馆 CIP 数据核字（2023）第 117438 号

出版发行／北京理工大学出版社有限责任公司

社　　址／北京市海淀区中关村南大街 5 号

邮　　编／100081

电　　话／（010）68914775（总编室）

　　　　　（010）82562903（教材售后服务热线）

　　　　　（010）68944723（其他图书服务热线）

网　　址／http://www.bitpress.com.cn

经　　销／全国各地新华书店

印　　刷／河北盛世彩捷印刷有限公司

开　　本／787 毫米 × 1092 毫米　1/16

印　　张／17.25

字　　数／458 千字

版　　次／2023 年 6 月第 1 版　2023 年 6 月第 1 次印刷

定　　价／88.00 元

责任编辑／王俊洁

文案编辑／王俊洁

责任校对／刘亚男

责任印制／施胜娟

前　言

　　"成本核算与管理"是财务会计类专业的职业能力核心课程,成本核算与管理是制造业财务人员必备的专业技能之一。本教材是产教融合人才培养模式和项目化课程体系改革的教改成果之一。本教材参照财政部颁发的《企业产品成本核算制度(试行)》和初级会计专业技术资格考试《初级会计实务》中"产品成本核算与分析"的相关内容编写。

　　本教材的编写遵循产教融合、校企合作的理念,课程团队深入企业调研,对企业成本岗位的职业能力进行分析,按照企业成本岗位职责要求设置具有仿真企业情境的项目化教学内容。本教材以成本费用归集、成本费用分配、产品成本计算、成本报表编制、成本分析为主线,以成本会计岗位工作内容为标准,以岗位的职业能力培养为重点,以岗位工作任务为驱动,营造成本会计岗位职业氛围,助力实施项目化、情境化、模块化教学。在内容的选择上,力求与财务工作新变化同步,更多地加入了企业在成本管理方面的新思路、新内容。

　　本教材构建了 10 个教学项目,每个项目下按照职业能力目标设置学习任务。项目包括"认知成本会计""要素费用的归集与分配""综合费用的核算""生产费用在完工产品和月末在产品之间的分配""产品成本计算方法概述""产品成本计算的品种法""产品成本计算的分批法""产品成本计算的分步法""产品成本计算的辅助方法""成本报表编制与分析"。每个项目设置"教学目标""内容提要""任务导入""知识链接与任务操作""任务小结""职业道德与素养""单元小结""闯关考验"等栏目,"任务小结"栏目配有流程图,使学生在完成项目的过程中能够领会企业成本核算的实际流程及核算要求,培养学生的综合职业能力。"闯关考验"栏目重点培养学生认识问题和解决成本核算问题的能力,设置了基础知识训练和任务操作实训两部分内容,使学生在完成具体项目的实训过程中领会企业成本岗位的实际过程及核算要求,使其能够胜任生产型中小企业的成本核算与分析管理工作。

　　"国势之强由于人,人才之成出于学。"培养社会主义的建设者和接班人,是我们党的教育方针,是我国各级各类学校的共同使命。教材是关系到"培养什么人,怎样培养人,为谁培养人"的重要载体。本教材将"立德树人"的基本要求贯彻于教材编写的全过程,注重培养学生的爱国主义信念,提升学生的民族自豪感,激发学生爱岗敬业的工作热情,培养团结协作的意识,使其学习大国工匠精益求精的精神,提高职业素养,实现自身的全面发展。党的二十大报告中指出:"必须牢固树立和践行绿水青山就是金山银山的理念,站在人与自然和谐共生的高度谋划发展。"加快发展方式绿色转型,是党中央立足全面建成社会主义现代化强国、实现第二个百年奋斗目标,以中国式现代化全面推进中华民族伟大复兴作出的重大战略部署,具有十分重要的意义。我们要坚决贯彻落实党的二十大部署和要求,推动绿色发展,促进人与自然和谐共生。"职业道德与素养"栏目选取与成本核算实际工作有关的案例,激发学生思考生产生活实践中成本核算与管理的应用场景，引导学生树立绿色低碳理念。

项目化教学内容的设置有利于高职学生掌握适度、够用的理论知识，激发学生对相关理论和实务学习的兴趣，实用性较强。本教材编写团队注重微课、网络课程等配套资源的建设，配有二维码特色资源，把教学内容的重点、难点制作成微视频，符合线上线下混合式教学模式的理念，满足学生在线学习的需要，体现了教材的实践性和操作性。

本教材由济南职业学院王国芬、鲁劲秋担任主编，由山东劳动职业技术学院王淑芳、山东轻工职业学院刘文文、山东中盛财税管理咨询有限公司张海静担任副主编。王国芬负责全书框架设计、组织撰写、修改及统稿。各项目编写分工如下：王国芬编写项目三、项目四、项目六至项目八，王淑芳编写项目五，刘文文编写项目九，鲁劲秋编写项目一和项目十，王国芬、张海静共同编写项目二。济南职业学院常红、芦晓莉参与了实训案例编写。在本教材编写过程中，我们得到了厦门网中网软件有限公司、山东中盛财税管理咨询有限公司、鲁银集团禹城粉末冶金制品有限公司的大力支持，也参阅了国内许多优秀的教材、著作；本教材的顺利出版，还得到了北京理工大学出版社的大力帮助，在此一并表示感谢！

由于编者水平有限，本教材难免存在不足之处，敬请读者批评指正。

编　者

目 录

项目一

认知成本会计

项目一

教学目标

1. 知识目标

（1）掌握成本的概念、作用。

（2）明确成本核算的要求。

（3）掌握成本核算的一般程序和相关会计账户。

（4）熟悉成本核算的方法。

2. 能力目标

（1）能正确认识成本费用，根据国家相关规定准确地判断成本费用的内容。

（2）能按企业成本核算要求对成本费用进行合理归类。

（3）明确成本核算的一般程序并正确运用成本核算相关会计账户。

3. 素质目标

（1）培养学生自我学习的能力。

（2）激发学生爱岗敬业的工作热情。

（3）培养学生团结协作的能力。

（4）培养学生规范核算、节约成本、创造价值的企业管理理念。

内容提要

（1）从理论上讲，成本的经济内涵是：商品价值中物化劳动的转移价值和活劳动中必要劳动消耗价值的货币表现，即 $C+V$。

（2）产品成本是指企业在生产产品过程中所发生的材料费用、职工薪酬等，以及不能直接计入成本而按一定标准分配计入的各种间接费用。

（3）成本会计是会计的一个分支，是以成本为对象的一种专业会计。成本会计是企业的一种内部会计，是以计算产品成本为基础，运用会计的基本原理，通过控制和管理各种成本为企业决策者进行产销决策提供参考的会计信息系统。

（4）成本会计的对象可以概括为企业生产经营过程中发生的生产经营业务成本和期间费用。

（5）成本会计具体包括七个方面的职能，即成本预测、成本决策、成本计划、成本控制、成本核算、成本分析和成本考核。

（6）现有的产品成本计算方法主要有品种法、分批法、分步法、分类法和定额法等，成本计算方法一经选定，不应经常变动。

任务一　初识成本会计

任务导入

振华机械制造有限公司是一家大量生产 ZH 电机、ZY 电机的小型企业。赵越是公司新招聘的成本会计人员，为了做好成本核算工作，他初步了解了该公司的生产工艺和流程，熟悉了企业财务制度，认真查阅了有关产品成本核算的制度，明确了应列入产品成本开支范围的各项费用，包括为制造产品消耗的原材料、辅助材料等；企业直接从事产品生产人员的工资、奖金、津贴、补贴；生产用固定资产的折旧费、租赁费及低值易耗品的摊销费；因生产原因发生的废品损失以及季节性、修理期间的停工损失。在市场价格一定的情况下，成本高低直接影响企业的盈利水平和市场竞争的能力。成本核算是成本会计最基本的职能，提供企业管理所需的成本信息资料，是发挥其他职能的基础，赵越深刻认识到自己所在的成本核算岗位的重要职责，对未来的工作充满信心。

知识链接与任务操作

一、成本的经济内涵

成本是商品经济的价值范畴，是商品价值的主要组成部分。商品的价值（W）决定于它在生产上所耗费的必要劳动，具体包括三个部分：

（1）生产过程中耗费的劳动资料和劳动对象，即物化劳动价值的转移（C）；

（2）劳动者活劳动消耗所创造的价值中归个人支配的部分，主要是以工资形式支付给劳动者的劳动报酬（V）；

（3）劳动者活劳动消耗所创造的价值中归社会支配、以税金形式进行分配的部分（M）。商品价值中前两部分构成产品的成本，产品成本是企业在生产产品过程中已经耗费的、用货币表现的生产资料的价值以及相当于工资的劳动者为自己劳动所创造的价值的总和。

由此，从理论上讲，成本的经济内涵是：商品价值中物化劳动的转移价值和活劳动中必要劳动消耗价值的货币表现，即 $C + V$。但在实际工作中，为了促使企业厉行节约，减少生产损失，加强企业的经济责任，按照现行制度规定的成本开支范围，对于一些不形成产品价值的损失性支出也列入产品成本之内，包括废品损失、停工损失等。此外，企业行政管理部门为组织和管理生产经营活动而发生的管理费用、为筹集生产经营资金而发生的财务费用、为销售产品而发生的销售费用，由于在发生时难以按产品归集，为了简化核算工作，都作为期间费用处理，直接计入当期损益，冲减利润，而不计入产品成本。因此，实际中的产品成本与理论成本不一致，主要是指生产产品或提供劳务过程中发生的各项生产费用的总和。

二、成本开支范围

成本开支范围是国家为了加强成本管理，正确计算成本，防止滥挤成本、乱摊费用，对计入产品成本的各项费用所作的统一规定。根据《企业产品成本核算制度（试行）》等有关财务制度的规定，产品是指企业日常生产经营活动中持有以备出售的产成品、商品、提供的劳务或服务。产品成本是指企业在生产产品过程中所发生的材料费用、职工薪酬等，以及不能直接计入成本而按一定标准分配计入的各种间接费用。

应列入产品成本开支范围的包括下列内容：

（1）为制造产品消耗的原材料、辅助材料、备品配件、外购半成品、燃料、动力、包装物、低值易耗品的价值和运输、装卸、整理等费用。

（2）企业直接从事产品生产人员的工资、奖金、津贴、补贴、福利费。

（3）生产用固定资产的折旧费、租赁费及低值易耗品的摊销费等。

（4）因生产原因发生的废品损失以及季节性、修理期间的停工损失。

（5）其他为组织、管理生产活动所发生的制造费用。

三、成本的作用

（一）成本是生产耗费的价值补偿尺度

企业生产产品是为了销售，在产品市场价格一定时，生产耗费能否从销售收入中收回，则取决于成本这一价值补偿尺度的确定。产品成本就是衡量生产耗费的价值补偿尺度。

（二）成本是制定产品价格的依据

在商品经济中，产品价格是产品价值的货币表现。人们在制定产品价格时，必然受制于价值规律，遵循价值规律的基本要求。在产品价值无法直接计算的情况下，只能通过计算成本，间接地、相对地掌握产品的价值，成本就成为制定产品价格的依据。当然，产品定价是一项复杂的工作，还应考虑国家的产业政策、价格税收政策、市场上的供求关系等因素，所以，产品成本只是制定产品价格的重要因素之一。

（三）成本是企业竞争的手段

在市场价格一定的情况下，成本高低直接影响企业的盈利水平和市场竞争的能力。企业为在市场竞争中获得优势，应在保证产品质量的前提下，采取适当方法，力争将企业成本降低到最低限度。

（四）成本是业绩评价的重要参考

成本是一项综合性的经济指标，企业经营管理各个方面工作的业绩，都可以直接或间接地从成本上反映出来。成本是衡量企业生产经营活动质量的综合指标，可以在一定程度上反映企业增加生产、降低消耗和经营管理水平的高低。

（五）成本是进行经营预测、决策和分析的重要依据

企业要在激烈的市场竞争中取胜，就要面向市场，对生产计划的安排、工艺方案的选择、新产品开发等，都采用现代化科学管理的手段进行经营预测，从而作出正确的决策。同时，为了更好地对企业的生产经营活动进行管理和控制，还必须定期与不定期地对企业的生产经营情况进行分析，从而采取有效措施，促使企业完成各项计划任务。只有及时提供准确的成本资料，才能使预测、决策和分析等活动建立在可靠的基础之上。因此，成本指标就成为企业进行经营预测、决策和分析的重要数据资料。

四、成本会计的含义

成本会计是会计的一个分支，是以成本为对象的一种专业会计，是以计算产品成本为基础，运用会计的基本原理，通过控制和管理各种成本为企业决策者进行产销决策提供参考的会计信息系统。

财务会计、管理会计和成本会计都是会计的范畴，它们之间既有联系又有区别。管理会计与财务会计组成会计学的两大分支，两者分别负责对内、对外发布会计信息，而成本会计作为会计信息系统的一个子系统，记录、计量和报告有关部门成本的多项信息，这些信息既为财务会计提供资料，又为管理会计提供资料。

（一）成本会计与财务会计

企业财务会计是以货币为主要计量单位，对工业企业的供、产、销三个过程的经济业务进行完整、系统、连续的反映和监督、控制的一种管理活动。而成本会计则只侧重于核算工业企业生产过程中所发生的人、财、物的一切耗费并加以控制。所以，成本会计与财务会计的核算对象、核算的范围是不同的。成本会计是从财务会计中派生出来的对生产过程中所发生的一切耗费进行核算和控制的会计系统。

另外，财务会计是一种外部会计，主要为企业外部信息使用者诸如股东、债权人、政府机构等提供必要的财务信息，如资产负债表、利润表和现金流量表。而成本会计则是为企业决策者服务的，定期为企业决策者提供决策所需的成本报表。

（二）成本会计与管理会计

成本会计与管理会计都是企业的内部会计，都是为企业的决策者提供其进行决策所需信息服务的，二者的区别主要包括以下两个方面：

（1）成本会计提供的信息是定期性的，它定期地反映企业生产过程中的耗费，运用一定方法计算出产品的总成本与单位成本为决策者决策所用。而管理会计所提供的信息则是随时性的，它必须随时地提供决策者所需的任何信息，而不仅仅只包含成本。

（2）成本会计必须严格遵循成本会计有关制度和成本开支范围，严格按照规定的程序和成本计算方法进行成本核算和控制。管理会计则不必遵循现行的会计制度和公认的会计准则。

五、成本会计的对象

成本会计的对象是指成本会计反映和监督的内容。制造企业的成本会计是最典型的成本会计。产品制造过程中发生的各种生产耗费，如原料及主要材料、辅助材料、燃料等的支出，生产单位（如分厂、车间）固定资产的折旧，直接生产人员及生产单位管理人员的工资以及其他一些货币支出等，构成了企业在产品制造过程中的全部生产费用，企业为生产一定种类、一定数量产品而发生的各种生产费用支出的总和就构成了产品的生产成本。上述产品制造过程中各种生产费用的支出和产品生产成本的形成是成本会计应反映和监督的主要内容。此外，企业在生产经营过程中发生的销售费用、管理费用、财务费用等，与产品生产没有直接联系，而是按发生的期间归集，直接计入当期损益，它们构成了企业的期间费用，又称经营管理费用，也是成本会计所反映和监督的内容。

综上所述，成本会计的对象可以概括为：企业生产经营过程中发生的生产经营业务成本和期间费用。因此，成本会计实际上是成本、费用会计。

六、成本会计的职能

成本会计与会计相同，具有核算和监督两个基本职能。随着经济的发展和企业经营管理要求的提高，成本会计的职能也在不断发展、变化。当前，成本会计的职能已经涵盖事前成本预算管理职能、事中成本日常控制职能以及事后成本核算、成本分析和成本考核职能等方面。

（一）事前成本预算管理职能

1. 成本预测

成本预测是指依据成本的有关数据及其与各种技术经济因素的依存关系，结合发展前景及采取的各种措施，并利用一定的科学方法，对未来期间成本水平及其变化趋势作出科学的推测和估计。通过成本预测，可以减少生产经营管理的盲目性，提高降低成本、费用的自觉性，充分挖掘降低成本、费用的潜力。

2. 成本决策

成本决策是指根据成本预测提供的数据和其他有关资料，按照既定或要求的目标，运用一定的专门方法，在若干个与生产经营和成本有关的方案中，选择最优方案，确定目标成本。进行成本决策时，确定目标成本是编制成本计划的前提，也是实现成本的事前控制、提高经济效益的途径。

3. 成本计划

成本计划是指根据成本决策所确定的目标成本，具体规定在计划期内为完成生产经营任务所应支出的成本、费用，并提出为达到规定的成本水平所应采取的措施方案。成本计划是建立成本管理责任制的基础，也是进行成本控制、成本分析和成本考核的依据，对于控制成本、挖掘降低成本潜力具有重要作用。

（二）事中成本日常控制职能

成本控制是指在生产经营过程中，根据成本计划对各项实际发生或将要发生的成本、费用进行审核、控制，将其限制在计划成本之内，并要随时揭示和及时反馈实际成本与计划成本之间的差异，系统分析成本差异原因，进而采取措施，消除生产中的损失、浪费，以保证成本计划的执行。通过成本控制使企业产品成本按照人们事先测算确定的成本水平进行，防止与克服生产过程中损失和浪费现象的发生，使企业的人力、物力和财力得到合理利用，达到节约各项消耗，降低产品成本，提高经济效益的目的。

（三）事后成本核算、成本分析和成本考核职能

1. 成本核算

成本核算是指对生产经营过程中实际发生的生产费用进行审核，并按照一定的对象和标准进行归集和分配，采用适当的方法，计算出各对象的总成本和单位成本。因此，成本核算过程，既是对生产耗费进行归集、分配及其对象化的过程，也是对生产中各种劳动耗费进行信息反馈和控制的过程。通过成本核算所提供的实际成本资料与计划成本和目标成本相比较，可以了解成本计划完成的情况，同时为编制下期成本计划、进行成本预测和决策提供资料，也为制定产品价格提供依据。

2. 成本分析

成本分析是指根据成本核算提供的成本数据和其他有关资料，全面分析成本水平与构成的变动情况，系统地研究成本变动的因素和原因，挖掘降低成本的潜力。通过成本分析，可以正确认识和掌握成本变动的规律，有利于实现降低成本的目标，并为编制成本计划和制定新的经营决策提供依据。

3. 成本考核

成本考核是指将计划成本或目标成本指标进行分解，制定企业内部的成本考核指标，分别下达给各内部责任单位，明确它们在完成成本指标上的经济责任，并按期进行考核。成本考核的目的是监督和促使企业加强成本管理责任制，不断挖掘潜力、降低成本、提高经济效益。成本考核应该与奖惩制度相结合，根据成本考核的结果进行奖惩，以便充分调动职工执行成本计划、提高经济效益的积极性。

综上所述，成本会计具体包括七个方面的职能，即成本预测、成本决策、成本计划、成本控制、成本核算、成本分析和成本考核。其中，成本预测是成本会计的第一个环节，是成本决策的前提；成本决策是成本会计的重要环节，在成本会计中居于中心地位，它既是成本预测的结果，又是制定成本计划的依据；成本计划是成本决策所确定目标的具体化；成本核算是最基本的职能，提供企业管理所需的成本信息资料，是发挥其他职能的基础，离开了成本核算，就谈不上成本会计，更谈不上其他职能的发挥，同时它还是对成本计划预期目标是否实现的最后检验；成本控制是对成本计划的实施进行监督，是实现成本决策既定目标的保证；成本分析和成本考核是

实现成本决策和成本计划目标的有效手段。只有通过成本分析，查明原因，才能对决策正确性作出判断，制定并执行改进和完善企业管理的措施；才能有效降低成本，正确评价和考核各责任单位的工作业绩；才能调动各部门和全体职工的积极性，进行有效控制，为切实执行成本计划，实现既定目标提供动力。

任务小结

成本会计的职能及其关系如图 1-1 所示。

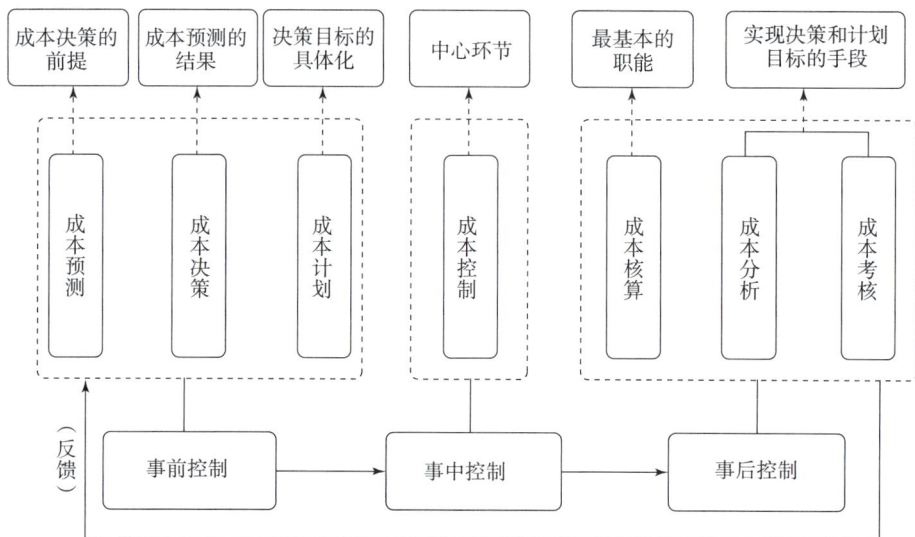

图 1-1　成本会计的职能及其关系

任务二　明确成本核算要求

任务导入

振华机械制造有限公司主要生产 ZH 电机、ZY 电机两种产品。2023 年 3 月有关财务数据如下：①生产 ZH 电机领用原材料 32 000 元，生产 ZY 电机领用原材料 28 000 元；②基本生产车间生产工人薪酬 10 000 元；③基本生产车间管理人员薪酬 50 000 元；④厂部管理人员薪酬 10 000 元；⑤企业购买新设备 500 000 元；⑥支付广告费 76 000 元；⑦基本生产车间设备计提折旧 42 000 元；⑧基本生产车间水电费 78 000 元；⑨厂部行政管理部门水电费 26 000 元；⑩向灾区捐款 120 000 元。

赵越是公司新招聘的成本会计人员，按照财务经理的安排，由他来计算公司本月的生产费用以及期间费用。赵越认真查阅有关会计凭证，认真梳理每一条会计信息，很快就完成了各项生产费用及期间费用的计算。他扎实的专业功底和一丝不苟的工作态度得到了同事的认可。

知识链接与任务操作

一、成本核算的基本要求

（一）严格执行国家规定的成本开支范围和费用开支标准

成本开支范围是根据企业在生产过程中发生的生产费用的不同性质，根据成本的内容以及加强经济核算的要求，由国家统一制定。费用开支标准是对某些费用支出的数额、比例作出的具体规定。严格遵守成本开支范围和费用开支标准这一财经纪律，是国家对企业核算产品成本时提出的一项最基本的要求，每个企业都应遵照执行。

（二）正确划分各种费用的界限

1. 正确划分生产经营费用和非生产经营费用的界限

生产经营费用是指企业日常的产品生产和经营管理过程中发生的各种耗费，包括生产成本和期间费用。非生产经营费用是指企业发生的与日常产品生产和经营管理无关的各项耗费，比如，资本性支出、投资性支出、损失性支出、利润分配性支出等。

2. 正确划分生产费用和期间费用的界限

企业日常生产经营中所发生的各项耗费，其用途和计入损益的时间是不同的。生产费用最终要计入产品成本，并在产品销售后作为主营业务成本计入企业损益。由于当月投产的产品不一定当月完工，当月完工的产品也不一定当月对外销售，因此，当月的生产费用不一定计入当月的主营业务成本，不一定能在当期营业收入中得到补偿。但企业发生的销售费用、管理费用、财务费用等，则应作为期间费用，直接计入当期损益，在当期的收入中予以补偿。因此，为正确计算产品成本和期间费用，正确计算各月损益，必须正确划分生产费用和期间费用的界限，防止出现人为调节各月成本和损益的错误做法。

3. 正确划分各个会计期间费用的界限

无论是生产费用还是期间费用，都要按照权责发生制的原则分清本期和后期费用的界限。凡应由本期产品成本负担的费用，不论是否在本期支付，都应全部计入本期产品成本；不应由本期产品成本负担的费用，即使在本期支付，也不能计入本期产品成本。

4. 正确划分各种产品应负担的成本界限

属于哪一种产品成本负担的费用，就应计入哪一种产品成本；对于不能直接计入各种产品成本的费用，应采用合理的分配标准，在有关产品之间进行分配。

5. 正确划分产成品成本和月末在产品成本的界限

对需要计算在产品成本的某些产品，要采用适当的方法，将生产费用在产成品和在产品之间进行分配，保证成本计算的真实性。为了准确地将费用在完工产品和在产品之间进行分配，使各期的成本指标具有可比性，在产品的成本计算方法一经确定，一般不应经常改变。

（三）做好成本核算的各项基础工作

健全的成本核算基础工作是保证成本会计工作质量的前提。成本核算的基础工作一般包括如下内容：

1. 建立健全原始记录制度

成本核算的原始记录主要包括反映物资消耗方面的原始记录，如领料单、限额领料单等；反映人工消耗方面的原始记录，如考勤记录、工时记录、工资单等；反映机器设备、厂房消耗方面的原始记录，如维修单等；反映费用支出情况的原始记录，如水电费发票、日常支出的账单等；反映生产情况方面的原始记录，如废品记录单等。

2. 强化定额管理

定额是企业生产经营活动中对人力、物力、财力的配备、利用和消耗以及获得的成果等方面所应遵守的标准或应达到的水平。与成本有关的定额主要包括以下几种：有关劳动的定额，如工时消耗定额、产量定额、缺勤率等；有关原材料、燃料、动力、工具等消耗的定额；有关费用的定额等。

3. 建立健全材料物资的计量、验收、盘存制度

材料物资的计量制度是指企业各种物资在发生流转时，必须利用一定器具对各种物资按其

特点进行数量测量的一种制度。材料物资的验收制度是指为明确各环节工作责任,对各种物资的收发和转移进行数量和质量上的检查制度。企业还必须建立和完善财产物资的清查和盘点制度,定期或不定期地对各种物资进行清查和盘点,并及时处理各种盘盈、盘亏、毁损或报废等,做到账实相符。

4. 建立健全内部结算制度

内部结算制度是指对企业内部各单位、各部门之间的材料、半成品、产成品的流转以及相互提供的劳务等采用货币结算的一种内控制度。内部结算制度有利于明确企业内部各单位、各部门的经济责任,便于分析考核各单位、各部门的工作业绩。

(四) 选择适当的成本计算方法

企业在进行成本核算时,应根据企业生产类型的特点和管理的要求,选择适当的方法进行成本计算。现有的产品成本计算方法主要有品种法、分批法、分步法、分类法和定额法等,成本计算方法一经选定,不应经常变动。

二、费用的分类

为了便于归集各项费用,正确计算产品成本,需要对种类繁多的费用按照一定标准进行科学分类。对工业企业(制造企业)来说,按照经济内容和经济用途分类是对各种费用所作的两种最基本的分类。

(一) 费用按经济内容分类

工业企业的费用按经济内容可以分为劳动对象方面的费用、劳动手段方面的费用和活劳动方面的费用三个大类,为具体反映各种费用的构成,还应在三个大类基础上将费用进一步划分为下列要素:

1. 外购材料

外购材料是指企业为了进行生产经营而耗用的一切从外部购进的原材料、主要材料、辅助材料、半成品、包装物、修理用备件和低值易耗品等。

2. 外购燃料

外购燃料是指企业为了进行生产经营而耗用的一切从外部购进的各种燃料,包括固体燃料、液体燃料和气体燃料。

3. 外购动力

外购动力是指企业为了进行生产经营而耗用的一切从外部购进的各种动力,包括电力、热力和蒸汽等。

4. 职工薪酬

职工薪酬是指企业为了获得职工提供的服务而给予职工的各种形式的报酬以及其他相关支出,包括职工工资、奖金、津贴和补贴、职工福利费、保险费等其他与获得职工服务而给予的报酬。

5. 折旧费用

折旧费用是指按照规定的固定资产折旧方法计算提取的固定资产折旧费用。

6. 利息费用

利息费用是指企业计入财务费用的借款利息费用减去利息收入后的净额。

7. 税金

税金是指企业计入生产经营费用的各种税金,包括房产税、车船使用税、印花税、土地使用税等。

8. 其他费用

其他费用是指不属于以上各项要素的费用,如邮电费、差旅费、租赁费、保险费、水电费、设计费、办公费等。

按照以上要素反映的费用，称为要素费用。

（二）费用按经济用途分类

工业企业发生的费用按经济用途可以分为生产经营费用和非生产经营费用。生产经营费用又可以分为计入产品成本的生产费用和期间费用。

1. 生产费用

生产费用是指企业为了进行产品的生产而发生的费用，这部分费用最终将计入产品的生产成本，并随着产品的出售再转化为主营业务成本。生产费用按经济用途进一步划分为若干项目，即产品成本项目，主要包括以下几种：

（1）直接材料，是指企业直接用于产品生产并构成产品实体或主要成分的原料、主要材料、外购半成品、有助于产品形成的辅助材料以及直接用于产品生产的各种燃料和动力费用。

（2）直接人工，是指企业直接参加产品制造的生产工人的工资以及按规定比例计提的职工福利费用。

（3）制造费用，是指企业车间为生产产品和提供劳务而发生的各项间接费用，包括车间管理人员的工资和福利费、车间设备和房屋建筑物的折旧费、办公费、水电费、机物料消耗、劳动保护费等。

上述生产费用按经济用途划分的各个产品成本项目并非一成不变，企业可根据实际情况和成本管理要求进行调整。

小提示：对生产费用按照经济用途分类，有利于反映产品生产成本的具体构成，便于进行成本分析，进一步挖掘降低成本的潜力。

2. 期间费用

期间费用是指企业在生产经营过程中发生的与产品的生产没有直接关系，属于某一时期耗用的费用。这些费用按照一定期间进行汇总，直接计入当期损益。工业企业的期间费用包括销售费用、管理费用和财务费用三项内容。

将费用按照经济内容和经济用途进行划分，能从不同角度反映企业生产经营过程中的各项耗费。将两种分类配合使用，可以更好地反映企业生产经营耗费的全貌，更好地满足产品成本核算的需要。

任务操作 1 - 1

承任务导入，振华机械制造有限公司成本会计人员赵越将 2023 年 3 月有关财务数据进行梳理分析，结论如表 1 - 1 所示。

表 1 - 1　费用计算表　　　　　　　　　　　　　　　　　元

费用类型	业务序号	金额合计
生产费用	①②③⑦⑧	310 000
期间费用	④⑥⑨	112 000
非生产经营费用	⑤⑩	620 000

三、生产费用和产品成本的关系

生产费用和产品成本既有联系又有区别。

（一）两者之间的联系

两者之间的联系主要表现在：生产费用是生产过程中发生的总支出，包括直接材料的领用、直接人工的发生、制造费用的消耗等。产品成本是将生产费用归属到产品实体上的支出。生产费用是构成产品成本计算的基础，产品成本是生产费用的对象化。两者在本质上是一致的，都是企业经济资源的耗费，都是物化劳动和活劳动耗费的货币表现。没有生产费用的发生，便没有产品成本的形成，它们是对同一生产耗费的不同表现，两者紧密联系，不可分割。

（二）两者之间的区别

1. 目的不同

生产费用的归集是为了如实反映生产过程中的耗费，为计算产品成本提供客观依据。产品成本的计算是为了明确生产耗费的补偿对象和补偿尺度。

2. 计算基础不同

生产费用是以一定的时期为基础，核算该时期内发生的全部费用支出。产品成本是以一定的产品为对象，计算应由本期生产的各种产品负担的成本数额。

3. 数额不同

由于本期投入的产品不一定本期都完工，本期完工的产品有可能是以前各期就投入生产的，因此，本期完工产品的成本不一定是本期发生的生产费用，即一定时期发生的生产费用不一定等于该时期生产的完工产品成本。

从上述生产费用和产品成本的关系中可以看出，两者实际上是从不同角度对成本的内涵所作的解释。产品成本说明了各种耗费的补偿对象（即产品）和补偿尺度（即各种产品成本数额），是对生产费用的进一步整理。

任务小结

费用的分类如图 1-2 所示。

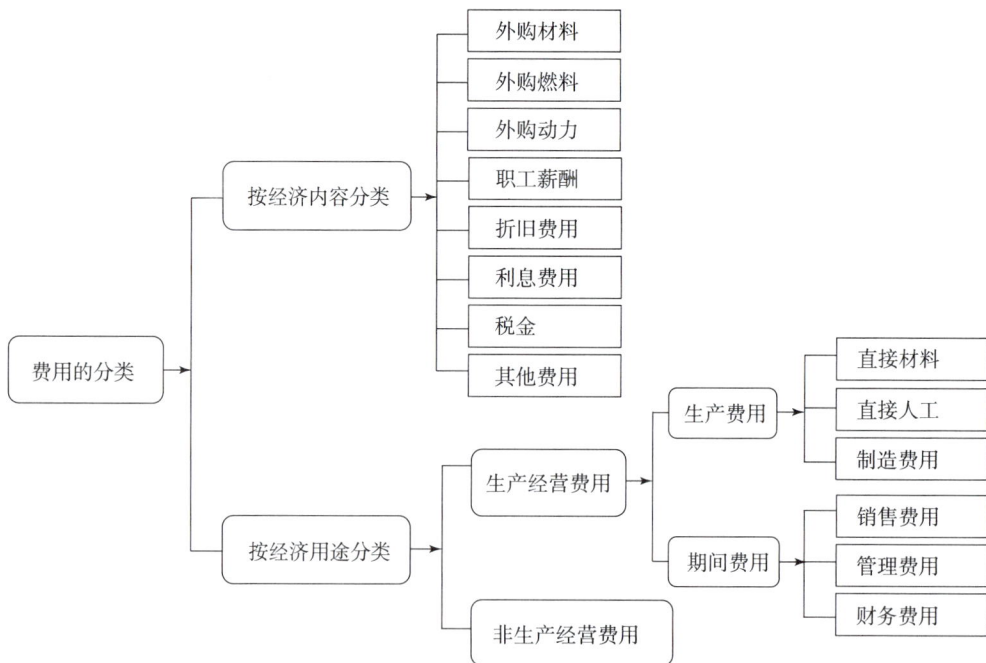

图 1-2　费用分类的内容

任务三 产品成本核算账户设置及一般程序

任务导入

为了正确核算产品成本，振华机械制造有限公司成本会计人员赵越认真观察车间产品生产过程，学习公司财务制度，根据公司产品生产工艺和生产组织形式并结合公司成本管理要求，选择品种法进行产品成本核算。

在对 2023 年 3 月公司发生的耗费进行整理后，赵越设置了"生产成本——基本生产成本——ZH 电机"和"生产成本——基本生产成本——ZY 电机"两种产品生产成本明细账以及"制造费用""管理费用""销售费用"明细账等，对属于 ZH 电机和 ZY 电机直接耗用的材料直接计入两种产品的生产成本明细账；对基本生产车间生产工人薪酬按照生产工时比例进行分配，然后计入两种产品的生产成本明细账；对基本生产车间管理人员薪酬、基本生产车间设备计提折旧以及基本生产车间水电费，先归集计入"制造费用"账户，月末按照生产工时比例进行分配，再计入两种产品的生产成本明细账。对厂部管理人员薪酬、厂部行政管理部门水电费、广告费等费用，分别计入"管理费用""销售费用"等明细账。对于资本性支出和营业外支出，赵越也进行了正确的处理。凭借扎实的专业能力，经过严谨细致的成本核算工作，赵越正确计算了企业产品生产成本。

知识链接与任务操作

一、产品成本核算的账户设置

为了进行成本核算，企业一般应设置"生产成本""制造费用""管理费用""销售费用""财务费用"等账户。如果企业发生的废品损失、停工损失较多，还应开设"废品损失""停工损失"等账户。

（一）产品成本核算账户

1."生产成本"账户

"生产成本"账户是用来核算企业生产各种产品（包括产成品、自制半成品、提供劳务等）在生产过程中所发生的各项生产费用，并据以确定产品实际生产成本而设置的账户。该账户的借方登记月份内发生的全部生产费用；贷方登记应结转的完工产品实际生产成本。月末借方余额，表示生产过程中尚未完工的在产品实际生产成本。为了正确归集基本生产车间和辅助生产车间发生的成本费用，"生产成本"一级账户下还应设置"基本生产成本"和"辅助生产成本"两个二级账户。

1）"生产成本——基本生产成本"账户

基本生产是为完成企业主要生产目的而进行的产品生产。为了归集基本生产所发生的各种生产费用，计算产品生产成本，应设置"生产成本——基本生产成本"账户。该账户借方登记为产品生产所发生的各种生产耗费，贷方登记完工入库产品的成本。月末借方余额，就是月末在产品的成本。该账户可以按产品品种、产品批别或生产步骤等成本计算对象分别设置明细账，明细账内按产品成本项目设置专栏，登记产品各成本项目的月初在产品成本、本月发生的成本、本月完工产品成本和月末在产品成本，根据各生产耗费在生产过程中对产品形成产生的不同作用，一般可以将产品成本划分为"直接材料""直接人工""制造费用"等成本项目。

2）"生产成本——辅助生产成本"账户

辅助生产是为基本生产服务而进行的产品生产和劳务供应。为了归集辅助生产所发生的各种生产费用，计算辅助生产所提供的产品和劳务的成本，应设置"生产成本——辅助生产成本"账户。该账户借方登记为进行辅助生产所发生的各种耗费，贷方登记完工入库辅助产品的成本或分配转出的劳务成本。月末如有借方余额，就是辅助生产月末在产品的成本。该账户应按辅助生产车间和生产的产品、劳务设置明细账，明细账内按辅助生产成本项目或费用项目设置专栏，进行辅助生产各种费用的登记。

2. "制造费用"账户

为了核算企业从事基本生产活动而发生的机物料消耗、车间管理人员的薪酬、车间计提的固定资产折旧费以及办公费、水电费等各项间接费用，应设置"制造费用"账户。该账户的借方登记实际发生的各项间接耗费，贷方登记分配转出的制造费用，除季节性生产企业外，本账户月末无余额。

微课视频1 生产成本与制造费用

"制造费用"账户一般按车间设置明细账，账内按费用项目设立专栏进行明细登记。

3. "废品损失"账户

需要单独核算废品损失的企业，应设置"废品损失"账户，并在成本项目中增设"废品损失"项目。

4. "停工损失"账户

为了单独核算停工损失，企业应设置"停工损失"账户，并在成本项目中增设"停工损失"项目。

（二）期间费用核算账户

1. "管理费用"账户

为了核算企业行政管理部门为组织和管理生产所发生的各项费用，应设置"管理费用"账户。该账户借方登记发生的各项管理费用，贷方登记期末结转至"本年利润"账户的管理费用，期末结转后该账户月末无余额。

2. "销售费用"账户

为了核算企业在产品销售过程中发生的各项费用以及专设销售机构的各项经费，应设置"销售费用"账户。该账户借方登记实际发生的各项销售费用，贷方登记期末结转至"本年利润"账户的销售费用，期末结转后该账户月末无余额。

3. "财务费用"账户

为了核算企业为筹集生产经营所需资金而发生的各项费用，应设置"财务费用"账户。该账户借方登记发生的各项财务费用，贷方登记应冲减财务费用的利息收入、汇兑损益以及期末结转至"本年利润"账户的财务费用，期末结转后该账户月末无余额。

"管理费用""销售费用""财务费用"账户明细账应按费用项目设置专栏并进行明细登记。

二、产品成本核算的一般程序

产品成本核算的一般程序是指将企业在生产经营过程中发生的各项费用，按照成本核算的要求逐步进行归集和分配，最后计算出各种产品成本及期间费用的步骤。

（一）确定成本计算对象，设置生产成本明细账

企业应根据生产特点和成本管理要求，确定合适的成本计算对象，设置生产成本明细账。

（二）审核原始凭证，归集和分配各项要素费用

企业应审核有关原始凭证，确定各项开支是否属于应计入产品成本的费用或期间费用。

（三）归集和分配辅助生产成本

期末，将辅助生产成本明细账中归集的生产费用按照各受益对象的受益情况采用适当的方法分配给各受益对象。

（四）归集和分配制造费用

期末，将制造费用按照一定的分配标准在各种产品之间分配，分别计入各种产品的成本。

（五）计算完工产品和月末在产品成本

期末，如果既有完工产品又有月末在产品，还应对各成本核算对象所承担的生产费用在完工产品和月末在产品成本之间进行分配。

（六）结转完工产品成本

根据产品成本计算单的结果汇总编制完工产品成本汇总表，汇总计算各种完工产品的总成本和单位成本，编制记账凭证并结转完工产品成本。

任务小结

产品成本核算的一般程序如图 1-3 所示。

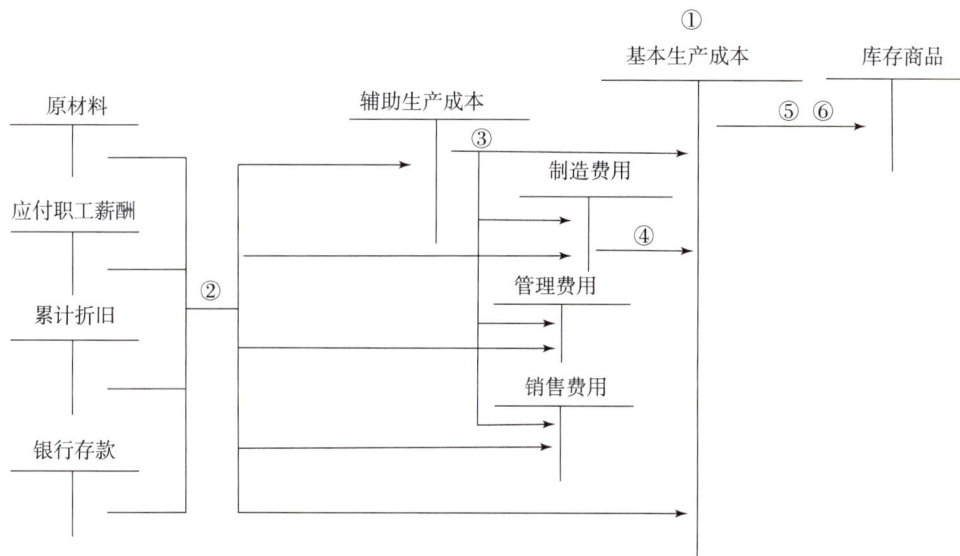

图 1-3　产品成本核算的一般程序

注：
①确定成本计算对象，设置生产成本明细账。
②审核原始凭证，归集和分配各项要素费用。
③归集和分配辅助生产成本。
④归集和分配制造费用。
⑤计算完工产品和月末在产品成本。
⑥结转完工产品成本。

职业道德与素养

【案例】

茶颜悦色涨价被"差评"，一杯奶茶成本到底有多少

2022 年新年伊始，餐饮界的第一个热搜由茶颜悦色贡献了。

1月5日，茶颜悦色在其官方微信公众号中发文宣布，从1月7日起，大部分奶茶产品涨1元，其中栀晓涨价2元。对于涨价理由，茶颜悦色归咎于成本，包括原物料、租金等多方面成本逐年走高。虽然说一两元的涨幅并不算很大，但之前茶颜悦色高管因工资问题与员工"掐架"，迅速拉低了大众好感度。茶颜悦色涨价到底有没有理？员工工资有希望上涨吗？让我们一起来拆解一杯奶茶的成本构成，你就明白了。

1. 奶茶到手，六成为成本埋单

一杯市价29元的芝士果茶，成本占到了60%，即17.4元。一杯奶茶的主要成本来自原材料、人力和铺租，其他成本则包括管理运营、能源、损耗、物流、仓储等。记者走访了杨箕村附近某连锁奶茶门店。据店员介绍，店内最受欢迎的还是果茶系列，鲜果和盒装鲜奶的销量很大。记者留意到店内的招聘广告，门店伙伴（店员）的薪水是3 000～5 000元/月，除去店长、副店长等管理人员，10名左右的店员，仅月薪一项的人力成本，每月在3万～5万元。

2. 大品牌强势，铺租成本逐年走低

东莞市连锁餐饮发展促进会秘书长徐波介绍，对品牌茶饮店来说，原料和人力成本贡献了大头，而原料位列第一位。至于我们常规理解的铺租压力，对大品牌来说其实并不大，"大品牌有议价权，能带来人流量，因此往往可以较低的价格拿到好铺位。"奈雪的茶的招股书就显示，在2018年、2019年及2020年前9个月的这三个时期，材料、员工成本均达到企业总营收的一半以上，其中最高去到67%。而铺租成本占总营收不到7%，2020年最低到3.1%。

3. 原料涨价，10元以下奶茶难寻

徐波谈到，新式茶饮的上游原料包括糖、奶、水果等价格都出现较大幅度的上涨。水果作为农作物，价格周期性波动属正常现象，但糖、奶也加入涨价大军，对企业来说压力不小。2022年1月4日，有"奶油第一股"之称的上海海融食品科技股份有限公司发公告称，鉴于主要原辅料成本持续上涨，经公司研究决定，对部分产品出厂价格进行调整，上调幅度为5%～8%不等。

熊猫乳品集团股份有限公司也于近期宣布，鉴于公司产品主要原材料、包材、人工、运输等成本的持续上涨，经公司研究决定，对公司主要炼乳相关产品的出厂价格进行调整，调整幅度为3%～10%不等，新价格于2022年1月1日开始实施。大品牌即使有强大的供应链加持，但面对如此局面，也很难再死守原价。此前，茶颜传世人吕良就直言，毛利率已处在"生死线"上。现如今，一杯10元以下的奶茶难觅踪迹，头部品牌喜茶、奈雪的茶早已冲破30元大关。

4. 为控成本，一杯奶茶没奶也没茶

相比品牌茶饮被原料波动所拖累，散落在大街小巷的非品牌茶饮店，则更担心房东涨价。他们没有议价权，唯有指望旺铺带来人流，铺租成本占比可达15%～20%。至于原料成本，用业内人士的一句话来说，就是"可操作的空间很大"。

徐波透露，有的企业为控制成本，会在原料上"下狠手"，一杯奶茶由各种添加剂勾兑而成，没有奶也没有茶。实际上，这个情况早在十多年前就已出现，尽管有市场监管部门查处，但仍有人"钱字当道"。尤其是一些学校附近的小奶茶店，一杯奶茶由奶精和各种果粉冲泡而成，香甜的味道很容易俘获年轻人的心；但长期饮用，影响健康无疑。

资料来源：南方日报、南方+客户端（有删改）

http://static.nfapp.southcn.com/content/202201/07/c6109970.html

【问题】企业要想降低产品成本，可以采用哪些途径？企业如何才能获得长远发展？

【分析】产品成本包括直接计入成本的材料费用、人工费用和制造费用。在原材料涨价的情况下，企业应当坚持诚信经营，"为控成本，一杯奶茶没奶也没茶"，企业不能以牺牲产品质量为代价降低产品成本，应当注重降低材料消耗，提高材料利用率；提高产品质量，扩大销售量；激发员工工作积极性，提高劳动生产率；严格控制费用开支，尽量节约生产费用。

📖 单元小结

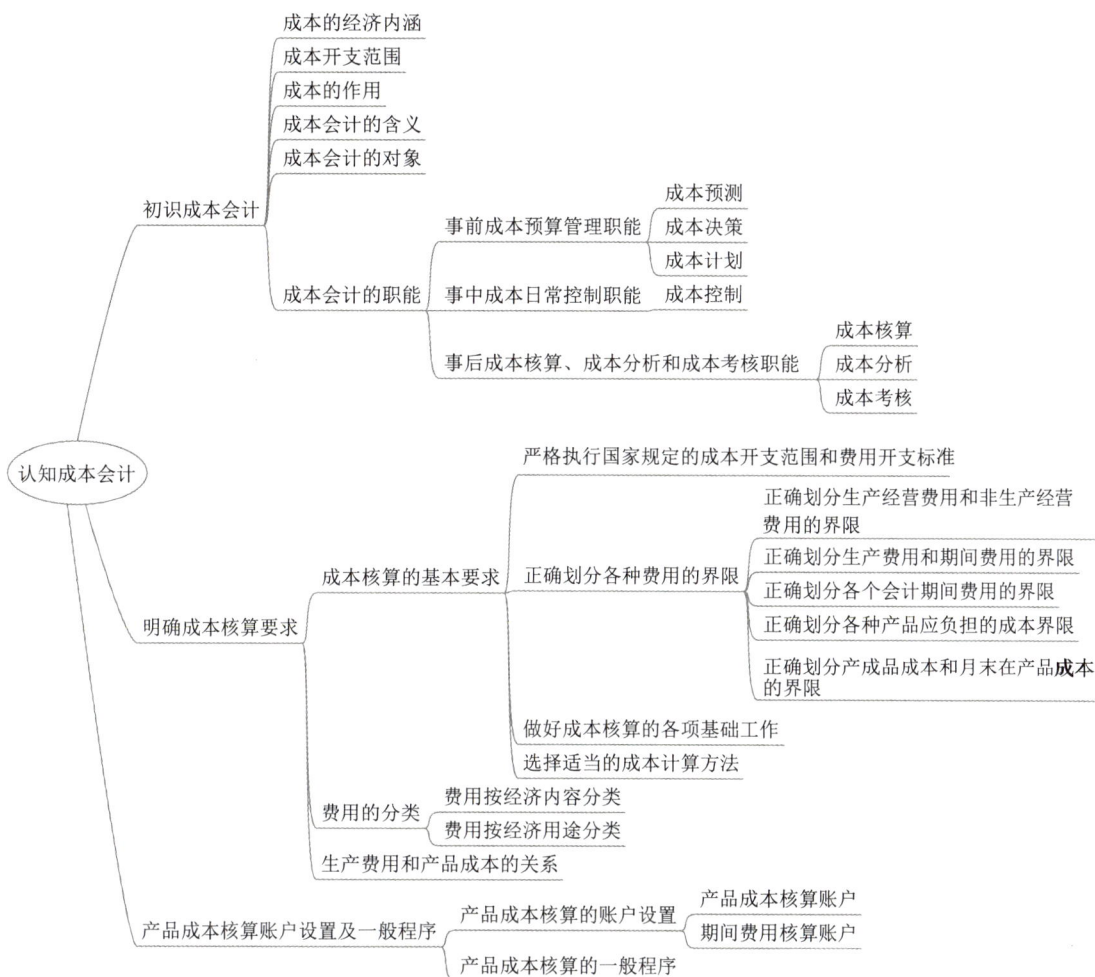

📖 闯关考验

第一部分 基础知识训练

一、单项选择题

1. 成本会计最基础的职能是（　　）。

A. 成本分析　　　　B. 成本核算　　　　C. 成本控制　　　　D. 成本决策

2. 下列属于费用要素的是（　　）。

A. 折旧费　　　　B. 停工损失　　　　C. 制造费用　　　　D. 直接人工

3. 制造企业成本会计核算的对象是（　　）。

A. 产品生产成本　　　　　　　　B. 经营管理费用

C. 产品生产成本和经营管理费用　　　　D. 产品生产成本或经营管理费用

4. 下列是期间费用的是（　　）。

A. 制造费用　　　　B. 折旧费　　　　C. 管理费用　　　　D. 废品损失

5. 下列是间接生产费用的是（　　）。

A. 管理费用　　　　B. 销售费用　　　　C. 财务费用　　　　D. 制造费用

6. 计入产品成本的费用是（　　　）。

A. 管理费用　　　　B. 财务费用　　　　C. 销售费用　　　　D. 生产费用

7. 下列各项中，不属于期间费用的是（　　　）。

A. 制造费用　　　　B. 销售费用　　　　C. 管理费用　　　　D. 财务费用

8. 直接人工这一成本项目的内容是指（　　　）。

A. 全体职工的工资　　　　　　　　　B. 生产工人的工资

C. 管理人员的工资　　　　　　　　　D. 福利人员的工资

9. 为保证成本计算对象正确地归集应负担的费用，必须将应由本期产品负担的生产费用正确地在（　　　）。

A. 各种产品之间进行分配　　　　　　B. 完工产品和在产品之间进行分配

C. 盈利产品与亏损产品之间进行分配　D. 可比产品与不可比产品之间进行分配

10. 下列各项中，应计入产品成本的是（　　　）。

A. 固定资产报废净损失　　　　　　　B. 专设销售机构办公经费

C. 利息费用　　　　　　　　　　　　D. 基本生产车间设备计提的折旧费

二、多项选择题

1. 成本会计的职能包括（　　　）。

A. 成本核算　　　　B. 成本计划　　　　C. 成本预测和决策　　　D. 成本控制

2. 成本会计核算的基本要求有（　　　）。

A. 严格执行国家规定的成本开支范围和费用开支标准

B. 做好成本核算的各项基础工作

C. 正确划分各种产品成本的界限

D. 选择适当的成本计算方法

3. 下列属于成本项目的是（　　　）。

A. 直接材料　　　　B. 外购燃料和动力　　　C. 废品损失　　　　D. 折旧费

4. 用于计算产品成本的账户有（　　　）。

A. 生产成本　　　　B. 财务费用　　　　C. 制造费用　　　　D. 管理费用

5. 下列项目中，属于制造费用的有（　　　）。

A. 生产车间固定资产折旧　　　　　　B. 生产车间管理人员工资

C. 生产车间办公费　　　　　　　　　D. 专设销售机构设备折旧费

6. 下列各项中，最终会归集到生产成本中的有（　　　）。

A. 生产工人的奖金　　　　　　　　　B. 车间管理人员的工资

C. 生产工人的劳动保护费　　　　　　D. 生产车间设备租赁费

7. 下列内容应列入产品成本开支范围的有（　　　）。

A. 为制造产品消耗的原材料　　　　　B. 产品生产人员的工资

C. 生产用固定资产的折旧　　　　　　D. 购置固定资产的支出

8. 为正确核算产品成本，下列属于应该正确划分各种费用支出界限的有（　　　）。

A. 收益性支出与资本支出的界限

B. 本期完工产品成本和期末在产品成本的界限

C. 本期已销产品成本和未销产品成本的界限

D. 各种产品成本费用的界限

9. 下列各项中，不应计入产品成本的有（　　　）。

A. 在建工程领用的原材料　　　　　　B. 基本生产车间管理人员的薪酬

C. 企业行政管理人员的薪酬　　　　　D. 生产产品耗用的原材料费用

10. 制造费用是指为生产产品和提供劳务所发生的各项间接费用，包括（　　　）。

A. 生产车间生产工人的工资　　　　B. 生产车间固定资产折旧

C. 生产车间办公费　　　　　　　　D. 行政管理部门的水电费

三、分析判断题

1. 产品成本是企业为生产产品而发生的各种耗费，包括管理费用。　　　（　　　）

2. 生产费用只能按经济内容分类。　　　　　　　　　　　　　　　　（　　　）

3. 从理论上讲，商品价值中的补偿部分即 $C+V$，就是商品的理论成本。（　　　）

4. 生产费用是指某一时期内实际发生的生产费用，而产品成本反映的是某一时期某种产品所应负担的费用。　　　　　　　　　　　　　　　　　　　　　　　　　　　　（　　　）

5. 为促使企业节约耗费、减少生产损失，对某些不形成产品价值的损失应作为生产费用，计入产品成本。　　　　　　　　　　　　　　　　　　　　　　　　　　　　　（　　　）

四、分析思考题

1. 成本核算的基本要求有哪些？

2. 生产费用和产品成本的关系是怎样的？

3. 产品成本核算的一般程序是怎样的？

第二部分　任务操作实训

一、连线题

制造企业产品成本核算的一般程序包括六个步骤，请用连线方式对其进行正确的排序，如图 1-4 所示。

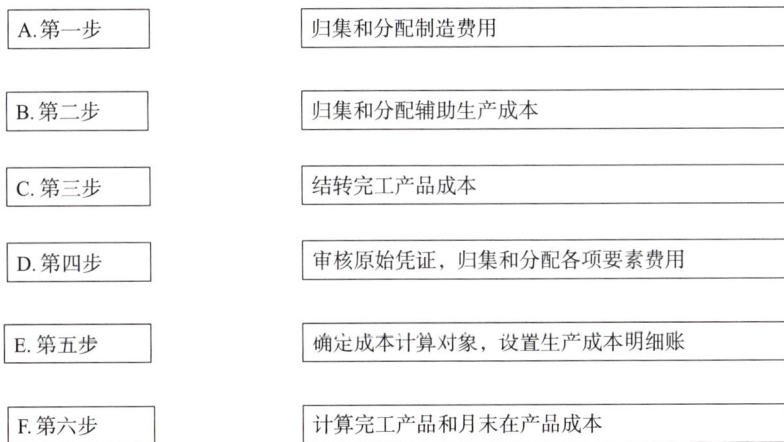

A. 第一步		归集和分配制造费用
B. 第二步		归集和分配辅助生产成本
C. 第三步		结转完工产品成本
D. 第四步		审核原始凭证，归集和分配各项要素费用
E. 第五步		确定成本计算对象，设置生产成本明细账
F. 第六步		计算完工产品和月末在产品成本

图 1-4　制造企业产品成本核算的一般程序

二、计算分析题

亮彩日化科技有限公司主要生产和销售洗衣皂和洗衣液两种产品，该公司 2023 年 3 月发生的经济业务如表 1-2 所示，要求计算本月发生的生产费用和期间费用。

表 1-2　亮彩日化科技有限公司 2023 年 3 月的经济业务

业务号	业务描述
1	生产车间领用原材料 14 000 元，其中生产洗衣皂耗用 8 000 元，生产洗衣液耗用 6 000 元。生产车间领用机物料 2 000 元

续表

业务号	业务描述
2	当月分配工资费用 7 500 元，其中洗衣皂生产工人工资 3 000 元，洗衣液生产工人工资 2 000 元，车间管理人员工资 1 000 元，行政管理人员工资 1 500 元
3	当月购买新设备 80 000 元
4	当月生产车间设备计提折旧 2 800 元
5	当月生产车间水电费 8 200 元，行政管理部门水电费 2 600 元
6	当月支付广告费 6 500 元
7	当月向希望工程捐款 5 000 元

要素费用的归集与分配

教学目标

1. 知识目标
（1）掌握材料费用归集与分配的方法及核算。
（2）掌握燃料动力费用归集与分配的方法及核算。
（3）掌握职工薪酬费用分配的方法及核算。

2. 能力目标
（1）能够运用恰当的方法进行材料费用的分配和会计核算。
（2）能够运用恰当的方法进行燃料动力费用的分配和会计核算。
（3）能够运用恰当的方法进行职工薪酬费用的分配和会计核算。

3. 素质目标
（1）培养学生规范核算、节约成本的企业管理观念。
（2）培养学生灵活运用各种方法进行费用分配的能力。
（3）培养学生团结协作、担当责任的意识。

内容提要

（1）要素费用的归集与分配包括材料费用、燃料和动力费用、职工薪酬费用、折旧费用以及其他要素费用的归集与分配。

（2）材料费用分配的常用分配标准一般有材料定额耗用量比例、材料定额费用比例等，对应的分配方法称作材料定额耗用量比例法、材料定额费用比例法。

（3）企业职工薪酬的计算形式有计时工资和计件工资。

（4）折旧费用、其他要素费用等应按照费用发生的部门及用途分别计入相关账户。利息费用属于企业的期间费用，计入财务费用，不应计入产品成本。

任务一　材料费用的归集与分配

任务导入

兴鲁制造有限责任公司是一家生产型企业，设有一个基本生产车间和一个辅助生产车间。主要生产甲、乙两种产品，其中甲产品生产主要材料为二极管，乙产品生产主要材料为整流管，甲、乙产品还需消耗导热膏。2023年3月，企业领料发出汇总表中显示：甲产品生产领用二极管200个，单价5元，乙产品生产领用整流管150个，单价5元，甲、乙产品共同耗用导热膏20

千克，单价 60 元。李华是大数据与会计专业的一名毕业生，财务经理让他结合企业实际情况，对本月产品生产所消耗材料的情况进行会计核算。

李华按照大学所学专业知识查阅了材料领用的原始记录以及企业相关制度，该企业定额管理基础较好，各项消耗定额或费用定额比较准确、稳定，各月末在产品数量变动较大。针对企业实际，李华对甲、乙两种产品共同耗用的导热膏选用定额耗用量比例法来进行分配，然后编制材料费用分配表，完成记账凭证并登账。他严谨认真的工作态度得到了同事们的一致肯定。

知识链接与任务操作 \\\\\\

材料是制造企业生产加工的劳动对象，是产品生产中必不可少的物质因素。材料费用是构成产品成本的主要生产费用，它包括企业在生产经营过程中实际消耗的各种原料及主要材料、辅助材料、备品配件、外购半成品、燃料、动力、包装物、低值易耗品以及其他直接材料的价值。正确核算材料费用，对于正确核算产品成本、加强材料费用的控制和管理具有十分重要的意义。

一、材料费用的归集

（一）材料费用核算的原始记录

企业生产过程中领用的材料品种繁多、数量庞大，为明确各用料部门的经济责任以及不断降低材料消耗，便于分配材料费用，在领用材料时应办理必要手续，填制有关原始凭证。领用材料时常用的原始凭证主要包括领料单、限额领料单、领料登记表、退料单等。

1. 领料单

领料单是一种由领料车间、部门按用途分别填制的一次性使用的领发材料凭证。它适用于领用次数不多、零星消耗、不经常使用及没有制定消耗定额材料的领发业务。

2. 限额领料单

限额领料单也称定额领料单，是一种多次使用的累计领料凭证，在有效期间（最多为一个月）内，只要领用不超过限额，就可以连续使用。它用于经常领用并规定有领用限额的材料领发业务。

采用限额领料单，不仅节省了大量凭证，简化了核算手续，还可以有效监督材料消耗定额的执行，及时有效地控制材料的使用，促使用料部门合理使用，杜绝浪费，也便于仓库主动备料、送料，保证生产经营活动的正常进行。

3. 领料登记表

领料登记表也是一种多次使用（一般为一个月）的领料凭证，一般采用一单一料制。对于生产车间、班组常用的数量零星、价值不大的消耗材料，为简化核算，平时可以不采用上述凭证进行核算，而由领料人在领料登记表上登记领用数量并签章证明，据以办理领料手续。

4. 退料单

退料单是一种记录企业生产车间退回月终结存材料的凭证。为了正确反映存货价值和计算产品成本，生产车间应于月终对那些领而未用的材料办理退料手续。下月不再使用的材料，应填制退料单，连同材料退回仓库；下月继续使用的材料，则办理假退料手续。

假退料指月末对于已领未用但以后仍需使用的材料，只办理退库手续，实际并不退库的退料办法。实行假退料，用料部门同时填制本月退料单和下个月的领料单，交财会部门据以作本期末退料和下期初领料的记录。采用这种办法，既可避免材料实物的不必要移动，又可正确计算材料的结余额和产品成本。

（二）材料发出的计价方法

1. 先进先出法

先进先出法是指假定先入库的材料先发出，并按该假定的材料实物流转顺序确定发出材料成本和计算结存材料成本的方法。在材料价格逐渐上涨的情况下，采用此法会使计算出来的产品成本偏低。它适用于材料价格变动不大的企业。

2. 月末一次加权平均法

月末一次加权平均法是指假定发出材料和结存材料的成本均以一个相同的价格计算的方法。这个相同的价格就是加权平均单价，是以数量为权数求得的某种材料的平均单价。

$$月末平均单价 = \frac{月初库存材料金额 + 本月购进各批材料金额}{月初库存材料数量 + 本月购进各批材料数量}$$

$$发出材料成本 = 发出材料数量 \times 月末平均单价$$

用这种方法，加权平均单位成本只需在月末一次计算，手续简便，但平时无法了解材料的结存情况，不利于加强对材料的管理。另外，按这种方法计算的发出材料成本，在物价上涨时，会低于市场上同类材料的现行成本，而在物价下跌时，又会高于同类材料的现行成本。所以，在材料价格经常波动的情况下，采用此法计算出来的材料成本比较合理。

3. 移动加权平均法

移动加权平均法是指以每次购进材料的数量加购进前结存数量为权数，重计加权平均单位成本，以计算发出材料成本的方法。采用这种方法可以使企业管理人员及时了解材料的结存情况，使成本的计算比较客观。但因每购入一次材料就要计算一次平均单位成本，计算工作量较大。因此在手工操作的情况下，适用于那些品种较少或收发次数不多的材料。

4. 个别计价法

个别计价法也叫直接认定法，是指假定能够分清发出材料是哪一次购进的，就直接用该批材料的购进单价作为发出材料的单价，并以此计算发出材料成本的方法。该种方法只适合单价大，进出批次少的材料使用。

（三）材料费用的归集

材料费用的归集是指将企业在生产活动中耗用的材料费用，根据领料单、退料单等原始凭证，按照材料发出的计价方法确定发出材料的价值，然后确定材料费用的归集对象，即确定材料费用的承担者，将材料费用计入正确的账户及其成本项目。

直接用于产品生产、构成产品实体的原材料、主要材料以及有助于产品形成的辅助材料，应直接计入"生产成本——基本生产成本"明细账中"直接材料"成本项目；属于辅助生产车间为进行产品或劳务生产而耗用的直接材料费用，应直接计入"生产成本——辅助生产成本"明细账中"直接材料"成本项目；基本生产车间为组织和管理生产领用的材料，应作为间接材料费用计入"制造费用——基本生产车间"明细账中"机物料消耗"费用项目；辅助生产车间为组织和管理生产领用的材料，可以比照基本生产车间进行处理，计入"制造费用——辅助生产车间"明细账，也可以采用简化方法处理，全部计入"生产成本——辅助生产成本"明细账中"原材料"项目；销售部门领用的各种材料，应作为销售过程中的费用计入"销售费用"明细账中"包装费"等有关项目中；行政管理部门为组织和管理生产经营活动而领用的材料，应计入"管理费用"明细账中"物料消耗"费用项目中。

二、材料费用的分配

企业对材料费用进行会计核算时，月末根据领料单等原始凭证编制领料汇总表，计算各车间、各部门消耗材料的数量和金额，然后编制材料费用分配表进行材料费用的分配核算。根据材料费用归集的原则，材料费用的分配分为直接计入法和间接分配法两种。

（一）直接计入法

在多品种生产的企业，一般而言，凡是能明确原材料费用承担对象的，应按照原始凭证填列的用途直接计入该产品成本核算对象"生产成本——基本生产成本"明细账中。

（二）间接分配法

在多品种生产的企业，如果是几种产品共同耗用同种原材料，很难划清各种产品耗用量时，这些原材料费用则属于间接计入费用，应选择适当的分配标准、运用适当的分配方法，分配计入各有关产品成本的"直接材料"成本项目。分配标准的选择要尽可能与材料费用的发生有密切关系，按照"谁受益谁负担、多受益多负担、少受益少负担"的原则进行，常用的分配标准一般有材料定额耗用量比例、材料定额费用比例等，对应的分配方法称作材料定额耗用量比例法、材料定额费用比例法。企业应根据具体情况选择一定的标准进行分配。

1. 材料定额耗用量比例法

材料定额耗用量比例法是指以材料定额耗用量作为分配标准的一种材料费用分配方法。计算公式如下：

$$某种产品材料定额耗用量 = 该种产品实际产量 \times 单位产品材料定额耗用量$$

$$材料耗用量分配率 = \frac{各种产品共同耗用的材料数量}{各种产品材料定额耗用量之和} \times 100\%$$

$$某种产品应分配的材料数量 = 该种产品材料定额耗用量 \times 材料耗用量分配率$$

$$某种产品应分配的材料费用 = 该种产品应分配的材料数量 \times 材料单价$$

任务操作 2-1

汇金造纸厂2023年3月生产XW-1、XW-2两种产品，本月两种产品共同领用C材料2 700千克，单价10元，共计27 000元，本月生产XW-1产品80件、XW-2产品90件，单位XW-1产品C材料消耗定额为15千克，单位XW-2产品C材料消耗定额为20千克。该企业XW-1、XW-2产品按材料定额耗用量比例法分配材料费用。

XW-1、XW-2两种产品共同耗用材料的分配过程如下：

$$XW-1产品材料定额耗用量 = 80 \times 15 = 1\ 200（千克）$$

$$XW-2产品材料定额耗用量 = 90 \times 20 = 1\ 800（千克）$$

$$材料耗用量分配率 = 2\ 700/(1\ 200 + 1\ 800) = 0.9$$

$$XW-1产品应分配的材料数量 = 1\ 200 \times 0.9 = 1\ 080（千克）$$

$$XW-2产品应分配的材料数量 = 1\ 800 \times 0.9 = 1\ 620（千克）$$

$$XW-1产品应分配的材料费用 = 1\ 080 \times 10 = 10\ 800（元）$$

$$XW-2产品应分配的材料费用 = 1\ 620 \times 10 = 16\ 200（元）$$

材料定额消耗量比例法可以考核材料定额的执行情况，有利于进行材料消耗的实物管理，但计算工作量比较大。实际工作中，也可以按照简化的分配方法进行，即直接按照材料定额耗用量比例分配材料费用，计算公式如下：

$$某种产品材料定额耗用量 = 该种产品实际产量 \times 单位产品材料定额消耗量$$

$$材料费用分配率 = \frac{各种产品共同耗用的材料费用}{各种产品材料定额耗用量之和} \times 100\%$$

$$某种产品应分配的材料费用 = 该产品的材料定额耗用量 \times 材料费用分配率$$

仍以上述案例为例，计算如下：

$$XW-1产品材料定额耗用量 = 80 \times 15 = 1\ 200（千克）$$

$$XW-2\ 产品材料定额耗用量 = 90 \times 20 = 1\ 800\ (千克)$$
$$材料费用分配率 = 27\ 000/(1\ 200 + 1\ 800) = 9$$
$$XW-1\ 产品应分配的材料费用 = 1\ 200 \times 9 = 10\ 800\ (元)$$
$$XW-2\ 产品应分配的材料费用 = 1\ 800 \times 9 = 16\ 200\ (元)$$

上述两种方法分配的结果一致，但后一种方法不能反映各产品应负担的材料耗用数量，不利于进行材料消耗的实物管理。

2. 材料定额费用比例法

材料定额费用比例法是指以材料定额费用作为分配标准的一种材料费用分配方法。计算公式如下：

$$某种产品材料定额费用 = 该种产品实际产量 \times 单位产品材料定额费用$$
$$= 该种产品实际产量 \times 单位产品定额耗用量 \times 材料单价$$
$$材料费用分配率 = \frac{各种产品共同耗用的材料费用}{各种产品材料定额费用之和}$$
$$某种产品应分配的材料费用 = 该种产品材料定额费用 \times 材料费用分配率$$

任务操作 2 – 2

仍以任务操作 2 – 1 的资料为例，采用材料定额费用比例法分配两种产品耗用的材料，计算如下：

$$XW-1\ 产品材料定额费用 = 80 \times 15 \times 10 = 12\ 000\ (元)$$
$$XW-2\ 产品材料定额费用 = 90 \times 20 \times 10 = 18\ 000\ (元)$$
$$材料费用分配率 = 27\ 000/(12\ 000 + 18\ 000) = 0.9$$
$$XW-1\ 产品应分配的材料费用 = 12\ 000 \times 0.9 = 10\ 800\ (元)$$
$$XW-2\ 产品应分配的材料费用 = 18\ 000 \times 0.9 = 16\ 200\ (元)$$

在生产多种产品或者各种产品共同耗用材料种类较多的情况下，可以按照材料定额费用比例法来分配材料费用。

任务操作 2 – 3

2023 年 3 月，汇金造纸厂生产 XW - 1、XW - 2 两种产品，共同领用 A、B 两种材料，其中 A 材料 1160 千克，B 材料 1 788 千克，共计 31 704 元，本月投产 XW - 1 产品 80 件、XW - 2 产品 90 件，单位 XW - 1 产品材料消耗定额为 A 材料 5 千克、B 材料 8 千克，单位 XW 2 产品材料消耗定额为 A 材料 6 千克、B 材料 10 千克，两种材料单价分别为 15 元、8 元。该企业 XW - 1、XW - 2 两种产品共同耗用的 A、B 两种材料按材料定额费用比例法分配材料费用。

$$XW-1\ 产品材料定额费用$$
$$= XW-1\ 产品所耗 A 材料定额费用 + XW-1\ 产品所耗 B 材料定额费用$$
$$= 80 \times 5 \times 15 + 80 \times 8 \times 8 = 11\ 120\ (元)$$
$$XW-2\ 产品材料定额费用$$
$$= XW-2\ 产品所耗 A 材料定额费用 + XW-2\ 产品所耗 B 材料定额费用$$
$$= 90 \times 6 \times 15 + 90 \times 10 \times 8 = 15\ 300\ (元)$$
$$材料费用分配率 = 31\ 704 \div (11\ 120 + 15\ 300) = 1.2$$
$$XW-1\ 产品应分配的材料费用 = 11\ 120 \times 1.2 = 13\ 344\ (元)$$
$$XW-2\ 产品应分配的材料费用 = 15\ 300 \times 1.2 = 18\ 360\ (元)$$

3. 产品产量比例法

产品产量比例法是指以产品产量为分配标准分配原材料费用的一种方法。这种方法一般在产品所耗用材料的多少与产品产量有着密切关系的情况下采用。

其计算公式如下：

$$材料费用分配率 = \frac{各种产品共同耗用的材料费用}{各种产品产量之和}$$

某种产品应分配的原材料费用 = 该种产品产量 × 材料费用分配率

4. 产品重量比例法

产品重量比例法是指按照各种产品的重量比例分配材料费用的一种方法。这种方法一般在产品所耗用材料的多少与产品重量有直接关系的情况下采用。

其计算公式如下：

$$材料费用分配率 = \frac{各种产品共同耗用的材料费用}{各种产品重量之和}$$

某种产品应分配的原材料费用 = 该种产品重量 × 材料费用分配率

除了上述几种主要分配方法之外，企业还可以产品的体积或产品的标准产量作为分配标准，对直接材料费用进行分配。分配计算方法可参照前述方法，此处不再赘述。

三、材料费用分配的账务处理

在实际工作中，材料费用的分配是通过编制材料费用分配表进行的。材料费用分配表是按领料车间、部门，根据归类后的领退料凭证和其他有关资料分别编制的。

任务操作 2 - 4

承任务操作 2 - 1、任务操作 2 - 3 的资料，2023 年 3 月，汇金造纸厂共生产 XW - 1 产品 80 件、XW - 2 产品 90 件，除上述共同领用的材料外，生产产品直接领用及其他部门领用情况如表 2 - 1 所示。

表 2 - 1 发出材料汇总表

2023 年 3 月 31 日

领料部门		材料类别	数量/千克	单价/元	金额/元	用途
基本生产车间		A 材料	1 160	15	17 400	XW - 1、XW - 2 两种产品共同耗用
		B 材料	1 788	8	14 304	
		C 材料	2 700	10	27 000	
		D 材料	180	5	900	XW - 1 产品直接耗用
		E 材料	65	4	260	XW - 2 产品直接耗用
		C 材料	200	10	2 000	基本车间物料消耗
辅助生产车间	供水车间	C 材料	62	10	620	
	运输车间	C 材料	80	10	800	
行政管理部门		C 材料	50	10	500	
合计			—	—	63 784	

根据任务操作 2 - 1、任务操作 2 - 3 的相关资料，编制汇金造纸厂的材料费用分配表及会计分录。材料费用分配表如表 2 - 2 所示。

表 2 - 2   汇金造纸厂材料费用分配表

应借账户		成本项目	直接计入金额/元	分配计入（C 材料）			分配计入（A、B 材料）			材料费用合计/元
				分配标准（定额消耗量）/千克	费用分配率	分配金额/元	分配标准（定额费用）/元	费用分配率	分配金额/元	
生产成本	基本生产成本	XW - 1 产品 直接材料	900	1 200		10 800	11 120		13 344	25 044
		XW - 2 产品 直接材料	260	1 800		16 200	15 300		18 360	34 820
		小计	1 160	3 000	9	27 000	26 420	1.2	31 704	59 864
	辅助生产成本	供水车间 原材料	620							620
		运输车间 原材料	800							800
		小计	1 420							1 420
制造费用		基本生产车间 机物料	2 000							2 000
管理费用		消耗材料	500							500
合计			5 080			27 000			31 704	63 784

根据材料费用分配表，编制会计分录如下：

借：生产成本——基本生产成本——XW - 1 产品　　　　　　　　25 044

　　生产成本——基本生产成本——XW - 2 产品　　　　　　　　38 420

　　生产成本——辅助生产成本——供水车间　　　　　　　　　　620

　　生产成本——辅助生产成本——运输车间　　　　　　　　　　800

　　制造费用——基本生产车间　　　　　　　　　　　　　　　2 000

　　管理费用　　　　　　　　　　　　　　　　　　　　　　　　500

　　　贷：原材料——A 材料　　　　　　　　　　　　　　　17 400

　　　　　　　——B 材料　　　　　　　　　　　　　　　14 304

　　　　　　　——C 材料　　　　　　　　　　　　　　　30 920

　　　　　　　——D 材料　　　　　　　　　　　　　　　　900

　　　　　　　——E 材料　　　　　　　　　　　　　　　　260

根据审核无误的记账凭证，登记 XW - 1 产品生产成本明细账，如表 2 - 3 所示。其他明细账略。

表 2 - 3   基本生产成本明细账

产品名称：XW - 1　　　　　　　　生产车间：基本生产车间　　　　　　　　　　元

2023 年		凭证号	摘要	成本项目				合计
月	日			直接材料	燃料及动力	直接人工	制造费用	
3	31	略	领用材料	25 044				25 044

任务小结

材料费用核算流程如图 2 – 1 所示。

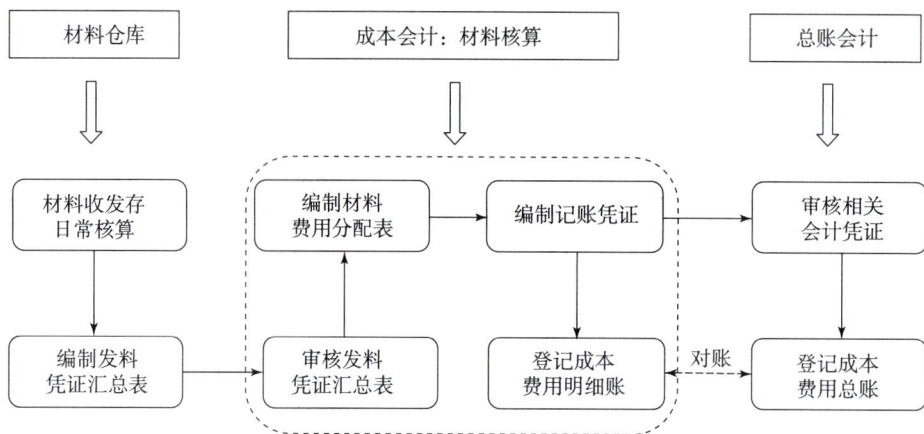

图 2 – 1 材料费用核算流程

任务二 外购燃料和动力费用的归集与分配

任务导入

兴鲁制造有限责任公司是一家生产型企业，设有一个基本生产车间和一个辅助生产车间。主要生产甲、乙两种产品。2023 年 3 月末，李华收到工作人员交来的各部门用电记录，显示企业用电总量为 13 200 千瓦时，其中，基本生产车间用电 9 000 千瓦时，行政管理部门用电 3 000千瓦时，辅助生产车间用电 1 200 千瓦时。当月，基本生产车间甲、乙产品的生产工时分别为700 小时和 800 小时。企业与供电局签订的外购动力协议中约定，用电单价为每千瓦时 2 元。这些动力费应该如何分配？

针对企业实际，李华对甲、乙两种产品共同耗用的电费选用工时比例分配法来进行分配，然后编制外购动力费用分配表，完成记账凭证并登账。他严谨认真的工作态度得到了同事们的一致肯定。

知识链接与任务操作

外购燃料是生产费用表中列示的生产费用要素之一，它反映工业企业为进行生产而耗用的向外购进的各种燃料，包括固体燃料、液体燃料、气体燃料。燃料费用常用的分配标准主要有燃料定额耗用量、燃料定额费用、机器工时、产品体积等。燃料费用的归集分配与原材料费用的归集分配相同，此处不再赘述。动力费用是企业在生产经营过程中消耗电力、热力等而形成的费用，企业消耗的动力可以通过外购取得，也可以由辅助生产车间自制。本任务不讨论自制动力的问题。

一、外购动力费用支出的核算

外购动力费用是指由动力供应单位定期从仪表上抄录用户所耗用的动力数量，再按一定的计价标准计算确定的动力费用。外购动力费用支出的核算方法主要有两种：

（1）如果企业每月支付动力费用的日期基本固定，而且每月付款日到月末的应付动力费用相差不多，可将每月支付的动力费用作为当期应付动力费用，在付款时直接借记各成本、费用账户，贷记"银行存款"账户。

（2）一般情况下要通过"应付账款"账户核算，即在付款时先作为暂付款处理，借记"应付账款"账户，贷记"银行存款"账户，月末按照外购动力的用途分配费用时再借记各成本、费用账户，贷记"应付账款"账户，冲销原来计入"应付账款"账户借方的暂付款。"应付账款"账户借方所记本月所付动力费用与贷方所记本月应付动力费用，数额往往不相等。如果是借方余额，为本月支付款大于应付款的多付动力费用，可以抵冲下月应付费用；如果是贷方余额，为本月应付款大于支付款的应付未付动力费用，可以在下月支付。实际工作中，多数企业采用这种方法。

二、外购动力费用的分配

外购动力费用应根据不同用途及发生地点进行分配。

（一）基本生产车间耗用的动力费用

基本生产车间耗用的动力按用途可分为直接用于产品生产的工艺用动力和车间管理活动耗用的动力。

（1）直接用于产品生产的工艺用动力和工艺用燃料应计入"生产成本——基本生产成本"明细账的"燃料及动力"成本项目。如果产品生产的工艺用动力和工艺用燃料没有专门设立成本项目，可以分别计入"直接材料"成本项目和"制造费用"成本项目。

（2）车间管理活动耗用的动力，即基本生产车间为组织、管理生产所耗用的动力，应计入"制造费用"明细账"水电费"等费用项目中。

（二）辅助生产车间耗用的动力费用

（1）直接用于辅助产品生产的工艺用动力，应计入"生产成本——辅助生产成本"明细账的"燃料及动力"成本项目。

（2）辅助生产车间组织、管理生产所耗用的动力费用，原则上应比照基本生产车间进行处理，但如果辅助生产车间不对外提供商品产品，而且辅助生产车间规模较小、辅助产品或劳务单一，为了简化核算，可不设辅助生产的"制造费用"科目，辅助生产车间耗用的所有动力直接全部计入"生产成本——辅助生产成本"明细账的"燃料及动力"成本项目。

（三）销售部门耗用的动力费用

销售部门耗用的动力费用，不计入产品成本，应计入"销售费用"明细账的"水电费"等费用项目中，期末转入"本年利润"账户，冲减当期损益。

（四）行政管理部门耗用的动力费用

行政管理部门为管理和组织生产活动耗用的动力费用，不计入产品成本，应计入"管理费用"明细账的"水电费"等费用项目中，期末转入"本年利润"账户，冲减当期损益。

由于各车间、部门通常分装仪表，外购动力费用可以根据仪表所示耗用动力的数量以及动力的单价直接计算。但对于基本生产车间为产品生产所耗用的动力费用，通常不能按各产品安装计量仪表，因此，生产车间所耗动力费用需进行分配，以确定各种产品所负担的动力费用，一般可按生产工时比例、机器工时比例、定额耗用量比例等进行分配。计算公式如下：

$$动力费用分配率 = \frac{各种产品共同耗用的动力费用}{各种产品分配标准之和}$$

某种产品应分配的动力费用 = 该产品分配标准 × 动力费用分配率

实际工作中，外购动力费用的分配是通过编制外购动力费用分配表进行的。

任务操作 2-5

2023 年 3 月 31 日，汇金造纸厂抄录电表数据显示，该厂各部门实际耗用外购动力 5 700 千瓦时，该厂与供电单位签订的用电合同中约定单价为 0.8 元。基本生产车间生产 XW-1、XW-2 两种产品，本月生产工时分别为 1 200 小时、800 小时。本月各部门外购动力汇总表如表 2-4 所示。

表 2-4 外购动力汇总表

2023 年 3 月

部门	使用对象	用电量/千瓦时	单价/(元·千瓦时⁻¹)	金额/元
基本生产车间	生产用电	4 000	0.80	3 200.00
	照明用电	600	0.80	480.00
辅助生产车间	供水车间	400	0.80	320.00
	运输车间	200	0.80	160.00
管理部门	照明用电	500	0.80	400.00
合 计		5 700		4 560.00

XW-1、XW-2 两种产品共同耗用的动力费用需要分配计入产品成本中。此处，可以将两种产品共同耗用的动力费用金额 3 200 元作为待分配对象。

动力费用分配率 = 3 200/(1 200 + 800) = 1.6

XW-1 产品应分配的动力费用 = 1 200 × 1.6 = 1 920（元）

XW-2 产品应分配的动力费用 = 800 × 1.6 = 1 280（元）

还可以先分配 XW-1、XW-2 两种产品共同耗用的动力数量 4 000 千瓦时，再用各自分配的数量乘以单价，进而计算产品应分配的动力费用金额。

动力数量分配率 = 4 000/(1 200 + 800) = 2

XW-1 产品应分配的数量 = 1 200 × 2 = 2 400（千瓦时）

XW-2 产品应分配的数量 = 800 × 2 = 1 600（千瓦时）

XW-1 产品应分配的动力费用 = 2 400 × 0.8 = 1 920（元）

XW-2 产品应分配的动力费用 = 1 600 × 0.8 = 1 280（元）

这里，应按照企业成本核算要求确定外购动力费用的具体分配步骤。

根据上述资料，汇金造纸厂本月外购动力费用分配表如表 2-5 所示。

表 2-5 外购动力费用分配表

分配对象		成本或费用明细项目	数量		单价/元	金额/元
			生产工时/小时	用电量/千瓦时		
基本生产成本	XW-1 产品	燃料及动力	1 200	2 400	0.80	1 920
	XW-2 产品	燃料及动力	800	1 600	0.80	1 280
	小计		2 000	4 000		3 200

续表

分配对象		成本或费用明细项目	数量		单价/元	金额/元
			生产工时/小时	用电量/千瓦时		
辅助生产成本	供水车间	燃料及动力		400	0.80	320
	运输车间	燃料及动力		200	0.80	160
	小计			600		480
制造费用		电费		600	0.80	480
管理费用		电费		500	0.80	400
合计				5 700		4 560

根据上述外购动力费用分配表,编制会计分录如下:

借:生产成本——基本生产成本——XW-1产品　　　　　　　1 920
　　生产成本——基本生产成本——XW-2产品　　　　　　　1 280
　　生产成本——辅助生产成本——供水车间　　　　　　　　320
　　生产成本——辅助生产成本——运输车间　　　　　　　　160
　　制造费用　　　　　　　　　　　　　　　　　　　　　　480
　　管理费用　　　　　　　　　　　　　　　　　　　　　　400
　　贷:应付账款　　　　　　　　　　　　　　　　　　　　　　4 560

任务小结

外购动力费用核算流程如图2-2所示。

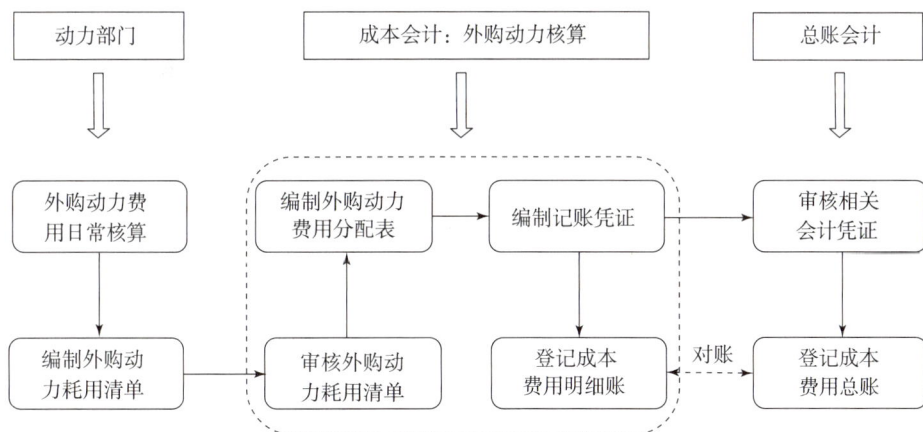

图2-2　外购动力费用核算流程

任务三　职工薪酬费用的归集与分配

任务导入

李华查阅了兴鲁制造有限责任公司人事部提供的2023年3月部分员工工资单,陷入思考:职工薪酬都包括哪些项目?企业应如何计算职工薪酬?之后他认真学习了工资结算汇总表的编制流程,并查阅了《企业会计准则》,梳理了企业职工薪酬的内容。

知识链接与任务操作

一、职工薪酬的内容

《企业会计准则》规定，职工薪酬是指企业为获得职工提供的服务而给予各种形式的报酬以及其他相关支出。职工薪酬主要包括短期薪酬、离职后福利、辞退福利和其他长期职工福利。企业提供给职工配偶、子女、受赡养人、已故员工遗属及其他受益人等的福利，也属于职工薪酬。

二、职工薪酬的计算

国家统计局《关于工资总额组成的规定》中指出，工资总额是指各单位在一定时期内直接支付给本单位全部职工的劳动报酬总额。工资总额的计算应以直接支付给职工的全部劳动报酬为根据。

（一）工资总额的组成

工资总额由下列六个部分组成：

1. 计时工资

计时工资是指按计时工资标准（包括地区生活费补贴）和工作时间支付给个人的劳动报酬。包括：对已做工作按计时工资标准支付的工资、实行结构工资制的单位支付给职工的基础工资和职务（岗位）工资、新参加工作职工的见习工资（学徒的生活费）、运动员体育津贴。

2. 计件工资

计件工资是指对已做工作按计件单价支付的劳动报酬。包括：实行超额累进计件、直接无限计件、限额计件、超定额计件等工资制，按劳动部门或主管部门批准的定额和计件单价支付给个人的工资；按工作任务包干方法支付给个人的工资；按营业额提成或利润提成办法支付给个人的工资。

3. 奖金

奖金是指支付给职工的超额劳动报酬和增收节支的劳动报酬。包括：生产奖、节约奖、劳动竞赛奖、机关事业单位的奖励工资、其他奖金。

4. 津贴和补贴

津贴和补贴是指为了补偿职工特殊或额外的劳动消耗和因其他特殊原因支付给职工的津贴，以及为了保证职工工资水平不受物价影响支付给职工的物价补贴。

5. 加班加点工资

加班加点工资是指按规定支付的加班工资和加点工资。

6. 特殊情况下支付的工资

特殊情况下支付的工资包括：根据国家法律、法规和政策规定，因病、工伤、产假、计划生育假、婚丧假、事假、探亲假、定期休假、停工学习、执行国家或社会义务等原因按计时工资标准或计时工资标准的一定比例支付的工资；附加工资、保留工资。

（二）工资计算的原始记录

为了正确计算工资，企业必须建立和健全工资计算的原始记录，这些原始记录主要包括考勤记录与产量记录等。

1. 考勤记录

考勤记录是指登记职工出勤和缺勤情况的原始记录，是分析和考核职工工作时间利用情况的原始依据，也是计算职工工资的原始依据。为了正确地计算职工工资，每个企业都必须建立正常的考勤制度，严格劳动纪律，如实反映职工的上下班时间，以及请假、旷工、迟到、早退等情况。考勤记录可采用考勤簿的形式，通常按车间、科室设置，考勤人员负责逐日登记每个职工的出缺勤情况。企业还可按人设置考勤卡进行考勤，包括纸质考勤卡、智能考勤卡等。

2. 产量记录

产量记录也称产量凭证，是指用以登记工人或小组在出勤时间内完成多少工作量的原始记录，如完成的产品数量、作业数量、定额工时等。在不同行业、不同生产类型和不同劳动组织的企业或车间里，产量记录的格式和登记程序各有不同。通常使用的产量记录有工作通知单、工作班产量记录、产量通知单、产量明细表等。

（三）工资的计算

企业职工工资按照报酬取得的方式可以分为计时工资和计件工资。

1. 计时工资的计算

计时工资是指根据劳动者的实际工作时间和工资等级以及工资标准检验和支付劳动报酬的工资形式。实际工作中，企业一般根据考勤记录登记的每一职工出勤或缺勤日数，按照职工的工资标准进行计算。企业固定职工的计时工资一般按照月薪制计算，临时职工的计时工资大多按照日薪制或者小时工资计算。月薪制是目前普遍执行的工资制度。下面只介绍月薪制下职工计时工资的计算。

采用月薪制，不论当月日历天数多少，只要职工出全勤，即可领取固定的月标准工资。如果发生缺勤，则可以按照以下公式计算应付计时工资：

公式一：　　　　　　应付计时工资 ＝ 月标准工资 － 应扣缺勤工资

　　　　　　　应扣缺勤工资 ＝ 缺勤日数 × 日工资率 × 缺勤扣款比例

公式二：　　　　　　应付计时工资 ＝ 出勤日数 × 日工资率 ＋ 应发缺勤工资

　　　　　　　应发缺勤工资 ＝ 缺勤日数 × 日工资率 ×（1 － 缺勤扣款比例）

公式中的日工资率，是指职工每日应得的平均工资额。一般采用两种方法计算：

1）按全年平均每月的工作日数计算

全年工作日数用 365 天减去 104 个双休日和 11 个法定节假日计算。

　　　　　全年平均每月的工作日数 ＝（365 － 104 － 11）÷ 12 ＝ 20.83（天）

　　　　　　　日工资率 ＝ 月标准工资 ÷ 20.83

按照这种方法计算的日工资率是固定不变的，只要职工月标准工资不变，则各月份均为等额日工资率，但双休日及节假日不发工资，因此缺勤期间如遇双休日及节假日也不扣工资。这种方法计算简便，在实务中较为常用。

2）按全年平均每月的日历天数计算

　　　　　　　全年平均每月的日历天数 ＝ 365 ÷ 12 ＝ 30.4（天）

为了简化计算，通常按照整数 30 天计算。

　　　　　　　日工资率 ＝ 月标准工资 ÷ 30

按照这种方法计算的日工资率也是固定不变的，但双休日及节假日照发工资，缺勤期间的节假日也照扣工资。

综上所述，应付计时工资一般有四种计算方法：

（1）按照 20.83 日计算日工资率，按扣减缺勤工资法计算月工资；

（2）按照 20.83 日计算日工资率，按出勤日数计算月工资；

（3）按照 30 日计算日工资率，按扣减缺勤工资法计算月工资；

（4）按照 30 日计算日工资率，按出勤日数计算月工资。

任务操作 2 - 6

兴鲁制造有限责任公司基本生产车间工人李小梅的月标准工资为 2 850 元，2023 年 3 月，该工人请病假 3 日，事假 2 日，周末休假 8 日，实际出勤 18 日。根据该工人的工龄，其病假工资按工资标准的 80% 计算。该工人的病假和事假期间无节假日。

按照上述四种方法分别计算该工人 2023 年 3 月的计时工资如下：

（1）按照 20.83 日计算日工资率，按扣减缺勤工资法计算月工资。

$$日工资率 = 2\,850 \div 20.83 \approx 136.82\ （元）$$

$$应扣缺勤病假工资 = 136.82 \times 3 \times (1 - 80\%) = 82.09\ （元）$$

$$应扣缺勤事假工资 = 136.82 \times 2 = 273.64\ （元）$$

$$计时工资 = 2\,850 - 82.09 - 273.64 = 2\,494.27\ （元）$$

（2）按照 20.83 日计算日工资率，按出勤日数计算月工资。

$$日工资率 = 2\,850 \div 20.83 \approx 136.82\ （元）$$

$$应付出勤工资 = 136.82 \times 18 = 2\,462.76\ （元）$$

$$应付病假工资 = 136.82 \times 3 \times 80\% = 328.37\ （元）$$

$$计时工资 = 2\,462.76 + 328.37 = 2\,791.13\ （元）$$

（3）按照 30 日计算日工资率，按扣减缺勤工资法计算月工资。

$$日工资率 = 2\,850 \div 30 = 95\ （元）$$

$$应扣缺勤病假工资 = 95 \times 3 \times (1 - 80\%) = 57\ （元）$$

$$应扣缺勤事假工资 = 95 \times 2 = 190\ （元）$$

$$计时工资 = 2\,850 - 57 - 190 = 2\,603\ （元）$$

（4）按照 30 日计算日工资率，按出勤日数计算月工资。

$$日工资率 = 2\,850 \div 30 = 95\ （元）$$

$$应付出勤工资 = 95 \times (18 + 8) = 2\,470\ （元）$$

$$应付病假工资 = 95 \times 3 \times 80\% = 228\ （元）$$

$$计时工资 = 2\,470 + 228 = 2\,698\ （元）$$

由此可见，不同的工资计算方法得出的应付计时工资不同，企业可自行确定采用何种计算方法，一经确定，不应任意变动。在上述四种计算方法中，按照 20.83 日计算日工资率，公休日及节假日不计算工资，更能体现按劳分配的原则，加之正常情况下，职工出勤天数比缺勤天数多，按扣减缺勤工资法计算月工资更为简便。因此，按照 20.83 日计算日工资率，按扣减缺勤工资法计算月工资的方法相对更为合理。

综上所述，计时工资直接以劳动时间计算报酬，简单易行，便于计算；同时，由于各种劳动均可以用劳动时间来计量，所以计时工资的适应性强，尤其适合于机械化、自动化水平较高，技术性强，操作复杂，产品需要经过多道工序、多道操作才能完成，不易单独计算个人劳动成果的行业和工种。

2. 计件工资的计算

计件工资是指按照工人生产的合格品的数量（或作业量）和预先规定的计件单价，来计算报酬的一种工资形式。计时工资用一定时间内的劳动成果——产品数量或作业量作为计算依据，因此，它是间接用劳动时间来计算的，是计时工资的转化形式。值得注意的是，由于原材料质量不合格等原因造成的废品即料废，应照常支付计件工资；由于工人加工过失等原因造成的废品即工废，则不支付工资，还应根据具体情况向责任者索取赔偿。

按照支付对象的不同，计件工资可以分为个人计件工资和集体计件工资两种。个人计件工资适用于个人能单独操作而且能够制定个人劳动定额的工种；集体计件工资适用于工艺过程要求集体完成，不能直接计算个人完成合格产品数量的工种。

1）个人计件工资

如果工人月份内只生产一种产品，其计件工资可按下列公式计算：

应付计件工资 =（合格品数量 + 料废数量）× 产品的计件单价

如果工人月份内生产多种产品，其计件工资可按下列公式计算：

应付计件工资 = ∑［（某种产品合格品数量 + 料废数量）× 该种产品的计件单价］

产品的计件单价是根据工人生产单位产品所需工时定额和该工人按照加工等级计算的小时工资率的乘积来计算的。

任务操作 2 - 7

兴鲁制造有限责任公司基本生产车间工人刘正林为三级工。2023 年 3 月，该工人共加工甲产品 400 件，乙产品 500 件，甲产品的定额工时为 30 分钟，乙产品的定额工时为 18 分钟。三级工小时工资率为 6 元。甲、乙产品的计件单价及该工人的计件工资计算如下：

$$甲产品的计件单价 = 6 × 30/60 = 3（元）$$
$$乙产品的计件单价 = 6 × 18/60 = 1.8（元）$$
$$应付计件工资 = 400 × 3 + 500 × 1.8 = 2\,100（元）$$

2）集体计件工资

采用集体计件工资时，应先按上述计件工资计算方法确定集体应得计件工资总额，然后在集体内部小组成员之间按照工人贡献大小进行分配。工人的技术级别或工资标准一般体现工人劳动质量和技术水平，出勤日数一般体现劳动数量，因而集体计件工资大多将每人工资标准和出勤日数的乘积作为分配标准进行分配。计算公式如下：

$$集体计件工资分配率 = \frac{集体计件工资总额}{\sum（某工人实际工作日数 × 日工资率）}$$

$$某工人应分配计件工资 =（该工人实际工作日数 × 日工资率）× 集体计件工资分配率$$

上述公式中，企业也可采用工人劳动工时数体现劳动数量，可将小时工资率作为工资标准。

$$小时工资率 = \frac{日工资率}{每日规定的工作小时数}$$

此时，集体计件工资分配公式如下：

$$集体计件工资分配率 = \frac{集体计件工资总额}{\sum（某工人实际工作小时数 × 小时工资率）}$$

$$某工人应分配计件工资 =（该工人实际工作小时数 × 小时工资率）× 集体计件工资分配率$$

任务操作 2 - 8

兴鲁制造有限责任公司基本生产车间第二生产小组由四名不同技术等级的生产工人组成，2023 年 3 月集体完成若干项生产任务，按照计件工资计算方法，全月该小组共得集体工资 7 620 元。集体计件工资分配表如表 2 - 6 所示。

表 2 - 6　集体计件工资分配表

2023 年 3 月

工人姓名	技术等级	工资标准（日工资率）/元	出勤日数/天	日工资率和出勤日数乘积/元
王峰	五	50	20	1 000
钱程	四	40	21	840
张江涛	三	35	21	735
李志平	二	30	20	600
合计	—	—	82	3 175

该生产小组集体计件工资分配计算如下：

集体计件工资分配率 = 7 620 ÷ 3 175 = 2.4

王峰应分配工资 = 1 000 × 2.4 = 2 400（元）

钱程应分配工资 = 840 × 2.4 = 2 016（元）

张江涛应分配工资 = 735 × 2.4 = 1 764（元）

李志平应分配工资 = 600 × 2.4 = 1 440（元）

综上所述，计件工资将劳动报酬与劳动成果紧密地联系在一起，能够直接、准确地反映劳动者实际付出的劳动量，能够更好地体现按劳分配原则，有助于促进企业经营管理水平的提高。计件工资主要适用于能够单独计算个人劳动成果的行业和工种。

三、职工薪酬的归集与分配

（一）职工薪酬的归集

为了反映职工薪酬的计提和发放情况，企业应设置"应付职工薪酬"会计科目。企业应付给职工的薪酬数额，必须依据相关的薪酬结算凭证计算，主要包括职工薪酬结算单和职工薪酬结算汇总表。

1. 职工薪酬结算单

职工薪酬结算单是指按照职工类别归集企业应付职工工资的一种表单。实际工作中，除了工资总额组成内容，其他结算款项，如交通补贴费等，以及企业应从职工工资中扣除的企业代垫代付的各种款项，也在职工薪酬结算单中反映。职工薪酬结算单格式如表 2 - 7 所示。

表 2 - 7　职工薪酬结算单

车间或部门：基本生产车间　　　　　　　　2023 年 3 月　　　　　　　　　　　　元

姓名	计时工资					工资性津贴和补贴		奖金/元	应发工资/元	代扣款项		实发工资/元
	标准工资/元	病假		事假		岗位津贴/元	补贴/元			住房公积金/元	社会保险/元	
		天数/天	应扣金额/元	天数/天	应扣金额/元	应发计时工资/元							
李小梅	2 850	3	82.09	2	273.64	2 494.27	100	200	87	2 881.27	230.5	316.94	2 333.83
刘昆	3 200					3 200	100	200	80	3 580	286.4	393.8	2 899.80
张正平	3 500					3 500	120	200	100	3 920	313.6	431.2	3 175.20
……													
……													

2. 职工薪酬结算汇总表

职工薪酬结算汇总表也是企业进行薪酬核算的依据，是企业为全面反映职工工资结算情况以及进行工资总分类核算而编制的一种表单，一般按照职工归属的车间、部门以及工资的不同用途归集。职工薪酬结算汇总表如表 2 - 8 所示。

表 2-8　职工薪酬结算汇总表

企业名称：兴鲁制造有限责任公司　　　　　　　2023 年 3 月　　　　　　　　　　　元

序号	部门	姓名	岗位	基本工资	津贴和补贴	奖金	加班工资	应付工资	代扣款项	实发工资
1	基本生产车间	李大年	生产工人	4 000	1 200	600		5 800	1 100	4 700
		王振光	车间主任	5 000	1 300	600		6 900	1 400	5 500
2	供水车间	刘中勇	生产工人	3 600	1 000	600		5 400	1 000	4 200
		张平	车间主任	4 800	1 200	600		6 600	1 300	5 300
3	运输车间	张大为	生产工人	3 800	1 000	600		5 400	1 000	4 400
		李正刚	车间主任	4 800	1 200	600		6 600	1 300	5 300
4	办公室	张新民	科员	3 900	900	500		5 300	800	4 500
5	业务部	周琴	业务员	4 200	1 000	600		5 800	900	4 900
……										

（二）职工薪酬的分配

企业将应付职工薪酬汇总后，需要按其用途和发生部门进行分配。企业生产经营所发生的工资费用，应计入产品成本或期间费用。其中，直接从事产品生产的生产工人薪酬，应计入"生产成本——基本生产成本"账户，并在生产成本明细账中以"直接人工"项目列示；生产车间管理人员和技术人员的工资，应计入"制造费用"账户；企业行政管理人员的薪酬，应计入"管理费用"账户；专设销售机构的人员薪酬，应计入"销售费用"账户；在建工程应负担的人员薪酬，应计入"在建工程"账户。

在分配直接工资费用时，计时工资的分配与计件工资的分配有一定差别，下面分别进行介绍：

1. 计件工资形式下职工薪酬的分配

生产工人工资中的计件工资，是根据产量和工时记录并按照事先确定的计件单价计算的，可以直接区分工资耗费所归属的产品，属于直接计入产品成本的费用，可根据职工薪酬结算单直接计入某种产品"生产成本——基本生产成本"明细账的"直接人工"成本项目。

小提示：计件工资属于直接计入产品成本的项目，不需分配。

任务操作 2-9

承任务操作 2-7，兴鲁制造有限责任公司基本生产车间工人刘正林，2023 年 3 月共加工甲产品 400 件，乙产品 500 件，两种产品的应付计件工资分别为 1 200 元和 900 元。根据工资结算单直接编制以下会计分录：

借：生产成本——基本生产成本——甲产品　　　　　　　　　　　　　1 200
　　　　　　　　　　　　　　　　——乙产品　　　　　　　　　　　　　900
　　贷：应付职工薪酬——工资、奖金、津贴和补贴　　　　　　　　　　2 100

2. 计时工资形式下职工薪酬的分配

在计时工资形式下，如果生产车间只生产一种产品，生产工人的薪酬可以直接计入该产品成本；如果生产多种产品，计时工资属于间接计入费用，通常无法直接分配给应归属的产品，一般按照产品的实际生产工时或定额生产工时比例等分配标准进行分配，然后分别计入各种产品

"生产成本——基本生产成本"明细账中的"直接人工"项目。其计算公式如下：

$$职工薪酬分配率 = \frac{生产工人职工薪酬总额}{各种产品的实际工时（或定额工时）之和}$$

某种产品应分配的职工薪酬 = 该种产品的实际工时（或定额工时）× 职工薪酬分配率

任务操作 2–10

兴鲁制造有限责任公司 2023 年 3 月为生产甲、乙两种产品支付生产工人计时工资共计 21 000 元，甲、乙产品生产工时分别为 1 600 小时、1 900 小时。生产工人的工资按规定采用生产工时比例法进行分配。

按照生产工时比例分配计时工资如下：

职工薪酬分配率 = 21 000 ÷（1 600 + 1 900）= 6
甲产品分配职工薪酬 = 1 600 × 6 = 9 600（元）
乙产品分配职工薪酬 = 1 900 × 6 = 11 400（元）

实际工作中，职工薪酬的分配是财务部门以职工薪酬结算汇总表为依据通过编制职工薪酬分配表进行的。

任务操作 2–11

承任务操作 2–9、任务操作 2–10，兴鲁制造有限责任公司 2023 年 3 月职工薪酬结算汇总表中应付工资总额为 53 200 元，其中，直接计入甲产品的工资费用为 1 200 元，直接计入乙产品的工资费用为 900 元，生产甲、乙两种产品的工人计时工资 21 000 元，车间管理人员工资 5 000 元，供水车间人员工资 8 400 元，运输车间人员工资 8 600 元，行政管理人员工资 3 900 元，销售人员工资 4 200 元。

根据以上资料编制职工薪酬分配表，如表 2–9 所示。

表 2–9 职工薪酬分配表
2023 年 3 月

应借账户	直接计入的工资费用/元	分配计入的工资费用			工资费用合计/元
		分配标准（生产工时）/小时	分配率	分配金额/元	
生产成本——基本生产成本——甲产品	1 200	1 600		9 600	10 800
生产成本——基本生产成本——乙产品	900	1 900		11 400	12 300
小计	2 100	3 500	6	21 000	23 100
生产成本——辅助生产成本——供水车间	8 400				8 400
生产成本——辅助生产成本——运输车间	8 600				8 600
制造费用	5 000				5 000
管理费用	3 900				3 900
销售费用	4 200				4 200
合计	32 200			21 000	53 200

根据以上职工薪酬分配表编制会计分录如下：

借：生产成本——基本生产成本——甲产品   10 800

                  ——乙产品   12 300

    生产成本——辅助生产成本——供水车间   8 400

                  ——运输车间   8 600

    制造费用——基本生产车间   5 000

    管理费用   3 900

    销售费用   4 200

    贷：应付职工薪酬——工资、奖金、津贴和补贴   53 200

（三）其他短期薪酬费用的计提与分配

除职工工资费用外，短期薪酬还包括职工福利费、社会保险费、住房公积金、工会经费以及职工教育经费等。

根据新的《企业会计准则》，"职工福利费"明细科目核算的范围主要是职工困难补助、伙食补贴等。职工福利费属于职工薪酬范围，除医疗保险以外的其他福利性费用，由企业自主决定提取比例或是据实列支。"社会保险费""住房公积金""工会经费"以及"职工教育经费"等明细科目的金额可以按照国家规定的计提基础和计提比例提取，并根据受益对象计入相关成本或当期费用。

其他短期薪酬费用的计提与工资费用的分配方法相同。实际工作中，其他短期薪酬费用的计提与分配是通过编制其他短期薪酬费用分配表进行的。

任务操作 2 - 12

承任务操作 2 - 11，兴鲁制造有限责任公司 2023 年 3 月根据应付工资总额以及规定比例计提职工福利费、工会经费、职工教育经费，其他短期职工薪酬项目略。其他短期薪酬分配表如表 2 - 10 所示。

表 2 - 10   其他短期薪酬分配表

2023 年 3 月   元

应借账户	工资费用合计	职工福利费（14%）	工会经费（2%）	职工教育经费（2.5%）	其他短期薪酬费用合计
生产成本——基本生产成本——甲产品	10 800	1 512	216	270	1 998
生产成本——基本生产成本——乙产品	12 300	1 722	246	307.5	2 275.5
小计	23 100	3 234	462	577.5	4 273.5
生产成本——辅助生产成本——供水车间	8 400	1 176	168	210	1 554
生产成本——辅助生产成本——运输车间	8 600	1 204	172	215	1 591
制造费用	5 000	700	100	125	925
管理费用	3 900	546	78	97.5	721.5
销售费用	4 200	588	84	105	777
合计	53 200	7 448	1 064	1 330	9 842

根据以上其他短期薪酬分配表，编制会计分录如下：

```
借：生产成本——基本生产成本——甲产品                    1 998
                       ——乙产品                    2 275.5
    生产成本——辅助生产成本——供水车间                  1 554
                       ——运输车间                  1 591
    制造费用——基本生产车间                            925
    管理费用                                        721.5
    销售费用                                         777
  贷：应付职工薪酬——职工福利费                        7 448
                  ——工会经费                        1 064
                  ——职工教育经费                    1 330
```

任务小结

职工薪酬费用核算流程如图 2-3 所示。

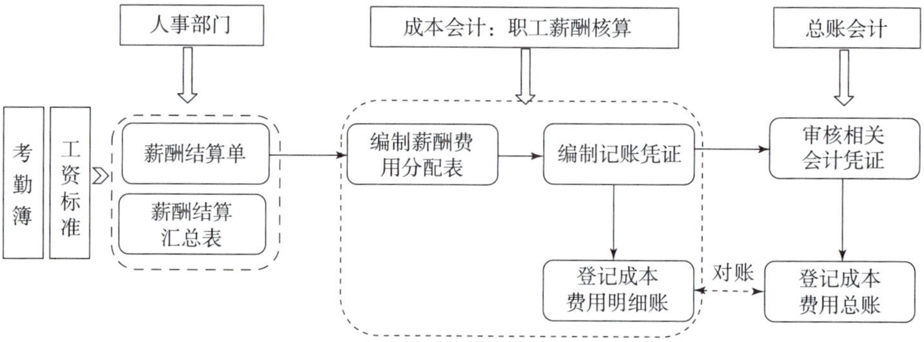

图 2-3 职工薪酬费用核算流程

任务四 折旧费用的归集与分配

任务导入

兴鲁制造有限责任公司于 2023 年 3 月购入一台生产用新型 SH 设备，由于该设备专业化程度高，需要对生产工人进行为期三个月的培训才能投入使用。李华感到疑惑，按照现行制度规定，该设备是否应该计提折旧？如果应该计提折旧，何时开始计提折旧？采用何种方法计提折旧？

李华查阅了有关资料，新《企业会计准则》（以下简称《会计准则》或《准则》）对于固定资产计提折旧的范围做了明确规定，除已提足折旧仍继续使用的固定资产和按规定单独估价作为固定资产入账的土地外，企业对所有固定资产都要计提折旧。可以看出，对于房屋、建筑物以外的未使用、不需用以及封存的固定资产，新《企业会计准则》规定必须纳入计提折旧的范围。

由于新《企业会计准则》与税法规定可能存在不一致的情况，李华就此问题还请教了自己的专业教师郭老师，郭老师对这个知识点进行了详细解答。

税法规定的固定资产折旧范围是：房屋、建筑物；在用的机器设备、运输工具、器具、工具；季节性停用和大修理停用的机器设备；以经营租赁方式租出的固定资产；以融资租入方式租入的固定资产；财政部规定的其他应当计提的固定资产。不得计提折旧的范围是：土地；房屋、建筑物以外的未使用、不需用以及封存的固定资产；以经营租赁方式租入的固定资产；已提足折旧继续使用的固定资产；按照规定提取维检费的固定资产；已在成本中一次性列支而形成的固定资产；破产、关停企业的固定资产；提前报废的固定资产；已出售给职工个人的住房和出租给职工个人且租金收入未计入收入总额而纳入住房周转金的住房；财政部规定的其他不得计提折旧的固定资产。郭老师提醒李华，作为企业的财务人员，既要熟悉新《企业会计准则》的规定，也要懂得税法，具体问题具体分析，运用恰当的会计核算方法进行会计处理。

知识链接与任务操作

一、折旧费用的计算

（一）折旧费用的概念

工业企业在产品生产过程中，建筑物以及机器设备等固定资产会不断发生磨损，固定资产的价值将随着磨损而不断减少。固定资产折旧是对固定资产由于磨损和损耗而转移到成本费用中的那一部分价值的补偿。在会计上，定期将固定资产损耗的价值计入产品的成本和有关费用，叫作计提折旧。计入有关成本和费用的折旧额，叫作折旧费用。

（二）计提折旧的固定资产范围

新《企业会计准则》规定，除已提足折旧仍继续使用的固定资产和按规定单独估价作为固定资产入账的土地外，企业对所有固定资产都要计提折旧。

在确定计提折旧的固定资产范围时要注意以下几点：

（1）固定资产应当按月计提折旧。固定资产应自达到预定可使用状态时开始计提折旧，终止确认时或划分为持有待售非流动资产时停止计提折旧。

（2）固定资产提足折旧后，不论能否继续使用，均不再计提折旧，提前报废的固定资产也不再补提折旧。

（3）已达到预定可使用状态但尚未办理竣工决算的固定资产，应当按照估计价值确定其成本并计提折旧；待办理竣工决算后再按实际成本调整原来的暂估价值，但不需要调整原已计提的折旧额。

（三）固定资产折旧的计算方法

1. 平均年限法

平均年限法又称直线法，是最简单并且常用的一种方法。此法是以固定资产的原值减去预计净残值除以预计使用年限，求得每年的折旧费用。平均年限法最大的优点是简单明了，易于掌握，简化了会计核算，因此在实际工作中得到了广泛应用。

任务操作 2-13

兴鲁制造有限责任公司 2023 年 2 月新购入一台生产用 HM 设备，原值为 80 000 元，预计可使用 10 年，净残值率为 4%。对于该类固定资产，企业采用平均年限法计提折旧。计算如下：

$$年折旧率 = \frac{1 - 预计净残值率}{预计使用年限} \times 100\% = \frac{1 - 4\%}{10} = 9.6\%$$

$$月折旧率 = \frac{年折旧率}{12} = \frac{9.6\%}{12} = 0.8\%$$

$$月折旧额 = 固定资产原值 \times 月折旧率 = 80\ 000 \times 0.8\% = 640（元）$$

2. 工作量法

工作量法，是指按固定资产所能完成的总工作量先计算每单位工作量折旧额，然后按每期实际完成的工作量计提折旧的一种方法。工作量法是平均年限法的补充和延伸，某些价值大而又不经常使用或季节性使用的大型机器设备，可以用工作量法来计提折旧。

任务操作 2-14

兴鲁制造有限责任公司有运输货车一辆，原值 200 000 元，预计净残值率 5%，预计总行驶里程为 500 000 千米。2023 年 3 月该货车共行驶 4 000 千米。要求计算该货车的单位工作量折旧额和该货车的月折旧额。计算如下：

$$每千米折旧额 = \frac{200\,000 \times (1 - 5\%)}{500\,000} = 0.38 （元）$$

$$月折旧额 = 4\,000 \times 0.38 = 1\,520 （元）$$

3. 双倍余额递减法

双倍余额递减法是指在不考虑固定资产残值的情况下，根据每一期期初固定资产账面净值和双倍直线法折旧率计算固定资产折旧的一种方法。

任务操作 2-15

兴鲁制造有限责任公司的生产用 SH-1 设备，原值 40 000 元，预计净残值 800 元，预计可使用 5 年。假定该设备采用双倍余额递减法计提折旧。

折旧计算表如表 2-11 所示。

表 2-11　折旧计算表　　　　　　　　　　　　　　　　　　　元

年份	折旧计算	年折旧额	累计折旧额	账面净值
0				40 000
1	40 000 × 40%	16 000	16 000	24 000
2	24 000 × 40%	9 600	25 600	14 400
3	14 400 × 40%	5 760	31 360	8 640
4	(8 640 − 800) ÷ 2	3 920	35 280	4 720
5	(8 640 − 800) ÷ 2	3 920	39 200	800

4. 年数总和法

年数总和法也称为合计年限法，是指按固定资产原值减去净残值后的净额和一个逐年递减的分数计算每年折旧额的一种方法，这个分数的分子代表固定资产尚可使用的年数，分母代表使用年数的逐年数字总和。

任务操作 2-16

兴鲁制造有限责任公司的生产用 SH-2 机床，原值 200 000 元，预计净残值 4 000 元，预计可使用 5 年。该机床采用年数总和法计提折旧。

折旧计算表如表 2-12 所示。

表 2-12　折旧计算表

年份	原值−净残值/元	尚可使用年限/年	年折旧率/%	年折旧额/元	累计折旧/元	账面净值/元
						200 000.00
1	196 000	5	5/15	65 333.33	65 333.33	134 666.67

续表

年份	原值 - 净残值/元	尚可使用年限/年	年折旧率/%	年折旧额/元	累计折旧/元	账面净值/元
2	196 000	4	4/15	52 266.67	117 600	82 400.00
3	196 000	3	3/15	39 200	156 800	43 200.00
4	196 000	2	2/15	26 133.33	182 933.33	17 066.67
5	196 000	1	1/15	13 066.67	196 000	4 000.00

小提示：双倍余额递减法和年数总和法属于加速折旧法。固定资产的折旧方法一经确定，不得随意变更。

二、折旧费用的归集与分配

企业计提的折旧费用应根据用途计入相关资产的成本或当期损益。按现行会计制度的规定，企业行政管理部门、销售部门使用的固定资产，计提的折旧应分别计入"管理费用""销售费用"账户的"折旧费"这一费用项目中；经营租出的固定资产，计提的折旧应计入"其他业务成本"账户；未使用的固定资产，其计提的折旧应计入"管理费用"账户。

为简化核算，目前大多数企业一般采用平均年限法计提折旧。按这种方法，如果固定资产不发生增减变化，每月的折旧额也是固定不变的。

按现行会计制度的规定，本月增加的固定资产，本月不计提折旧，本月减少的固定资产，本月照常计提折旧。这样，在本月计提折旧的时候，只需要按照上月增加或减少的固定资产来调整本月的折旧额便可。具体可按以下公式计算：

$$本月折旧额 = 上月折旧额 + 上月增加的固定资产应计提的折旧额 -$$
$$上月减少的固定资产应计提的折旧额$$

任务操作 2 – 17

兴鲁制造有限责任公司按照平均年限法对其固定资产计提折旧。2023 年 3 月，固定资产折旧费及各有关部门分配的折旧费用如表 2 – 13 所示。

表 2 – 13　固定资产折旧费用分配表

2023 年 3 月　　　　　　　　　　　　　　　　　　　　元

应借账户	使用部门	上月折旧额	上月增加折旧额	上月减少折旧额	本月应计提折旧额
制造费用	基本生产车间	6 000	800	500	6 300
生产成本——辅助生产成本	供水车间	1 500	400	200	1 700
	运输车间	3 000	300	100	3 200
	小计	4 500	700	300	4 900
管理费用	管理部门	2 000	700	200	2 500
销售费用	销售机构	2 500	500	300	2 700
合计		15 000	2 700	1 300	16 400

根据以上固定资产折旧费用分配表，企业应作出如下会计处理：

借：制造费用　　　　　　　　　　　　　　　　　　　　　　　　　6 300

生产成本——辅助生产成本——供水车间		1 700
	——运输车间	3 200
管理费用		2 500
销售费用		2 700
贷：累计折旧		16 400

任务小结

固定资产折旧费用核算流程如图2-4所示。

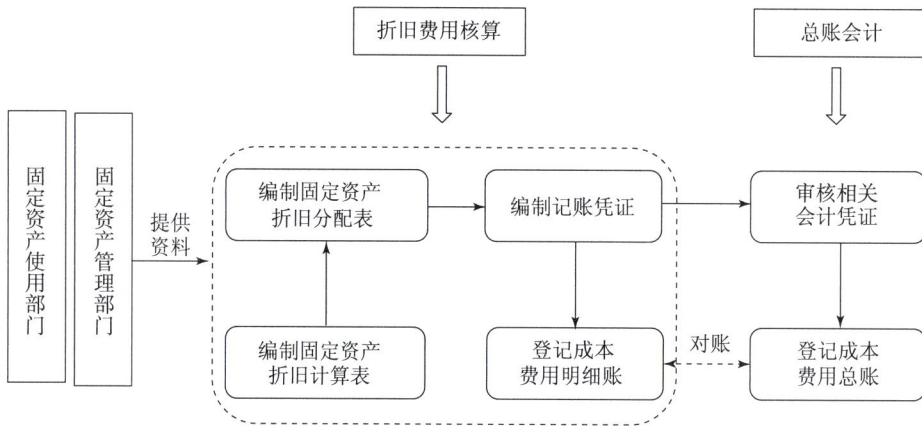

图2-4　固定资产折旧费用核算流程

任务五　其他要素费用的归集与分配

任务导入

李华关注到，兴鲁制造有限责任公司在正常生产过程中，除材料费用、燃料和动力费用、职工薪酬费用、折旧费用外，还发生了其他要素费用，如利息费、邮电费、印刷费、差旅费、保险费等。比如，2023年3月1日从银行借入一笔期限为6个月、年利率为8%、到期一次还本付息的短期借款。李华陷入思考，这笔短期借款的利息应该如何处理？到期还本付息时一并计算，还是每个月都需要计提？经过认真回顾所学会计知识，他认为短期借款利息应该按照权责发生制，每个月计提。他的想法得到了财务主管的肯定，在财务主管的指导下，李华正确地进行了相关业务的处理。

知识链接与任务操作

要素费用中的其他费用，是指前面所述材料费用、燃料动力费用、职工薪酬费用和折旧费用以外的一些要素费用，包括邮电费、租赁费、差旅费、交通费、保险费、报刊费及办公费等。如果从整个企业的角度看，还包括利息费用和房产税、车船税等一部分税金。这些费用，应在费用发生时，按发生的部门和用途分别计入有关账户。

一、利息费用的核算

要素费用中的利息费用，并不是产品成本的组成部分，而是期间费用中财务费用的组成部分。短期借款利息支出，是企业理财活动中为筹集资金而发生的耗费，应作为一项财务费用计入当期损益。若短期借款的利息按月计收，或虽不按月计收，而是归还本金时一并支付，但利息数额不大时，利息费用可直接计入当期损益；若短期借款的利息按季计收，或归还本金时一并支付且利息数额较大时，为了正确计算各期的盈亏，按照权责发生制原则，可采用预提的方式按月预提、确认费用。每月末计提利息费用时，应计入"财务费用"账户的借方，同时计入"应付利息"账户的贷方，以便正确反映该月应负担的利息费用；季末或者到期实际支付时，应借记"应付利息"账户，贷记"银行存款"账户。长期借款及其利息费用的核算较为复杂，这里不再述及。

任务操作 2-18

兴鲁制造有限责任公司为解决临时性资金周转不灵，于 2023 年 3 月 1 日借入一笔期限为 6 个月、年利率为 8%、到期一次还本付息的短期借款，总额 120 000 元。该借款的利息按月计提，于到期日一并还本付息。

有关处理如下：

（1）3 月 1 日借入款项时：

借：银行存款 120 000
　贷：短期借款 120 000

（2）3 月末预提当月利息：

$$120\,000 \times 10\% \times 1/12 = 1\,000（元）$$

借：财务费用 1 000
　贷：应付利息 1 000

（3）4 月末、5 月末预提当月利息的处理同上。

（4）6 月 1 日还本付息时：

借：短期借款 120 000
　　应付利息 3 000
　贷：银行存款 123 000

二、其他支出的核算

要素费用中的其他支出是指除上述费用外的其他各项费用，包括差旅费、邮电费、办公费、租赁费、保险费、诉讼费、业务招待费、职工技术培训费以及办公用品订购费等。这些支出有些是产品成本的组成部分，有些应列入期间费用，在实际发生时，应按照其发生的地点和用途，分别计入"制造费用""管理费用""销售费用"等账户的借方，同时贷记"银行存款""库存现金"等账户。

任务操作 2-19

兴鲁制造有限责任公司 2023 年 3 月用银行存款支付基本生产车间劳动保护费 20 000 元，专设销售机构广告费 5 000 元，行政管理部门办公费 4 000 元。

会计处理如下：

借：制造费用 20 000
　　销售费用 5 000
　　管理费用 4 000
　贷：银行存款 29 000

任务小结

其他要素费用核算流程如图 2-5 所示。

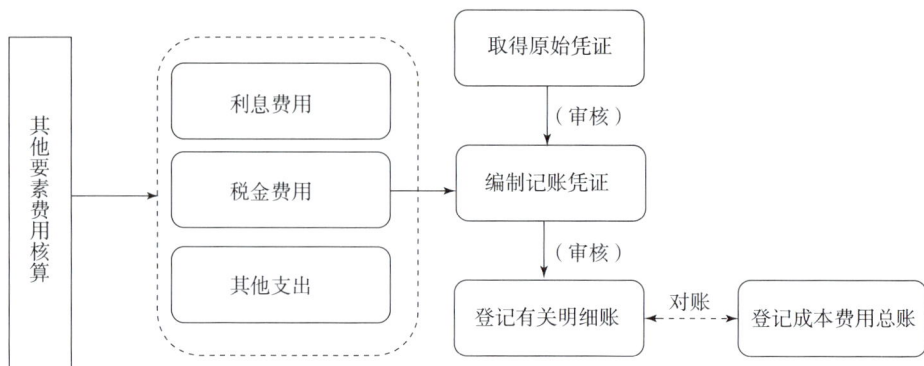

图 2-5　其他要素费用核算流程

职业道德与素养

【案例】

广州一企业四轮集体协商后员工基本工资涨了 7%

2022 年 8 月 11 日，广州市劳资沟通协商工作推进会举行。记者从会上获悉，2022 年 6 月，国家协调劳动关系三方会议审议通过了《集体协商十佳案例》，广州市协调劳动关系"三方四家"培育推荐的广州日弘机电有限公司集体协商案例获评全国十佳案例。

广州日弘机电有限公司是日本独资汽配生产企业。近两年因新冠肺炎疫情、灾情损失等影响，公司工资集体协商工作受到挑战。2020 年 7 月发放一次年中奖金，工会与公司高层沟通，协商确定年中奖金发放方案并开展工资协商。

在协商的过程中，工会探索运用线上线下相结合的方式沟通协商相关事项。

（1）有关年中奖金方案的协商。公司方给出说明，上半年形势严峻，叠加疫情和水灾，眼下更应该同舟共济共渡难关。针对公司说明，职工协商代表经过讨论，原则同意年中奖金发放 2 000 元。职工代表大会审议和表决通过了这一方案。

（2）有关 2020 年度工资的协商。行政方详细介绍了公司经营情况，由于疫情、水灾等原因，公司全年预计会亏损，同时考虑周边同行业涨薪率普遍下降，提出本年度工资集体协商方案为：基本工资平均增加 5.5%，年度奖金全年按 2 个月工资合计发放（含年中奖 2 000 元），另以生活补贴名义发放 1 个月工资。职工方代表说明了员工意见调查结果，提出基本工资平均增加 7%，全年按 4 个月工资合计发放（含年中奖 2 000 元），住房补贴增 0 元。经过四次协商会议，双方最终达成一致意见：基本工资增幅 7%，全年奖金 3.5 月，生活补贴 0.5 个月，此后工资协议草案顺利提交职代会表决通过。

这场在疫情暴发特殊时期开展的集体协商，实现了公司和职工协商双赢的结果，成功让劳动关系双方继续携手共进、结成"命运共同体"。2020 年度是自从公司开展工资集体协商多年以来基本工资增长幅度最大的一年，职工基本对协商结果满意，表示要积极投入复工复产工作中，与公司携手共进。

资料来源：《广州日报》2022 年 8 月 12 日（有删改）

https://www.gzdaily.cn/amucsite/web/index.html#/home

【问题】对企业而言，涨工资对产品成本有何影响？企业涨工资要考虑哪些因素？

【分析】企业在核定职工薪酬时，首先必须遵守《中华人民共和国劳动法》的规定。对企业而言，涨工资会增加公司的人力资源成本。生产工人涨工资会直接增加产品的生产成本，销售机构人员、行政管理人员涨工资会增加期间费用。但人才是第一资源，人才是企业兴盛之本。企业一定要关注员工需求，采取有效的激励措施调动员工的工作积极性，增强员工的岗位责任心，促使员工提高工作效率，促进企业健康发展。

单元小结

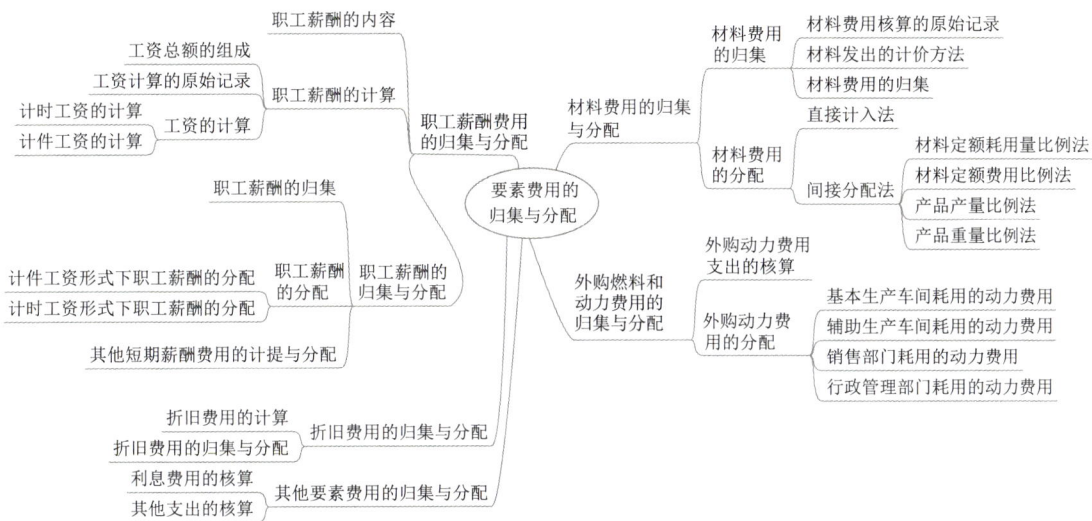

闯关考验

第一部分　基础知识训练

一、单项选择题

1. 如产品成本明细账中设置"燃料及动力"成本项目，发生的直接用于产品生产的动力费用，应借记（　　）。

A. "生产成本——基本生产成本"账户的"燃料及动力"成本项目

B. "生产成本——基本生产成本"账户的"制造费用"成本项目

C. "制造费用"账户

D. "生产成本——辅助生产成本"账户

2. 基本生产车间领用的直接用于产品生产、有助于产品形成的辅助材料，应借记的账户为（　　）。

A. 生产成本——辅助生产成本　　　　B. 制造费用

C. 生产成本——基本生产成本　　　　D. 原材料

3. 一定产量下按照材料消耗定额计算的可以消耗的数量称为（　　）。

A. 材料定额耗用量　　B. 材料实际耗用量　　C. 材料消耗定额　　D. 材料计划耗用量

4. 基本生产车间直接用于产品生产、构成产品实体的原材料和主要材料，应通过（　　）成本项目反映。

A. 原材料　　　　　　B. 直接材料　　　　　C. 外购材料　　　　　D. 原料及主要材料

5. 下列人员中，其工资应计入产品成本中直接人工项目的是（　　）。

A. 产品生产工人　　B. 车间管理工人　　C. 厂部管理工人　　D. 专职销售工人

6. 企业行政管理部门计提的固定资产折旧费，应借记（　　）账户。

A. "财务费用"　　　　B. "管理费用"　　　　C. "制造费用"　　　　D. "累计折旧"

7. 为了正确计算材料消耗，对于已领未用材料，应当填制（　　）办理退料手续。

A. 领料单　　　　B. 限额领料单　　　　C. 退料单　　　　D. 领料登记表

8. 某企业生产工人林飞 2023 年 3 月生产甲产品合格品 200 件，废品 8 件，其中：工废 3 件，料废 5 件。甲产品计件单价为 10 元。该员工当月的计件工资为（　　）元。

A. 2 080　　　　B. 2 070　　　　C. 2 060　　　　D. 2 050

9. 基本生产车间机器设备的折旧费应计入（　　）账户的借方。

A. 累计折旧　　　　　　　　　　B. 管理费用

C. 制造费用　　　　　　　　　　D. 生产成本——基本生产成本

10. 某企业生产甲、乙两种产品，共发生生产工人工资 80 000 元。上述人工费按生产工时比例在甲、乙两种产品间分配，其中甲产品的生产工时为 1 200 小时，乙产品的生产工时为 800 小时。该企业生产甲产品应分配的人工费为（　　）元。

A. 28 000　　　　B. 32 000　　　　C. 42 000　　　　D. 48 000

二、多项选择题

1. 下列各项中，不属于产品生产成本项目的是（　　）。

A. 外购动力　　　　B. 工资费用　　　　C. 折旧费用　　　　D. 直接材料

2. 下列各项中，不计入产品成本的费用是（　　）。

A. 工人工资　　　　B. 销售费用　　　　C. 财务费用　　　　D. 管理费用

3. 发生下列各项费用时，可以直接借记"生产成本——基本生产成本"账户的有（　　）。

A. 车间照明用电费　　　　　　　　B. 构成产品实体的原材料费用

C. 车间管理人员工资　　　　　　　D. 车间生产工人工资

4. 下列项目中，属于制造费用的有（　　）。

A. 生产车间固定资产折旧　　　　　B. 生产车间管理人员工资

C. 生产车间办公费　　　　　　　　D. 生产车间水电费

5. 固定资产计提折旧的主要方法有（　　）。

A. 平均年限法　　　　B. 工作量法　　　　C. 双倍余额递减法　　　　D. 年数总和法

6. 材料发出按实际成本计价时，可采用的计价方法有（　　）。

A. 先进先出法　　　　B. 后进先出法　　　　C. 加权平均法　　　　D. 移动平均法

7. 下列项目中，不属于制造费用的有（　　）。

A. 生产车间设备维修费　　　　　　B. 厂部办公楼折旧

C. 生产车间管理人员薪酬　　　　　D. 季节性停工损失

8. 企业基本生产发生的各项费用，借记"生产成本——基本生产成本"账户时，对应贷方账户可能有（　　）。

A. 原材料　　　　　　　　　　　　B. 生产成本——辅助生产成本

C. 制造费用　　　　　　　　　　　D. 管理费用

9. 下列属于产品生产成本构成内容的费用是（　　）。

A. 直接材料　　　　B. 管理费用　　　　C. 直接人工　　　　D. 制造费用

10. 对于几种产品共同耗用的原材料，常用的分配方法有（　　）。

A. 定额耗用量比例法　　　　　　　B. 定额费用比例法

C. 生产工时比例法　　　　　　　　D. 机器工时比例法

三、分析判断题

1. "制造费用"账户用来核算企业为管理和组织生产经营活动而发生的各项费用。（　　）

2. 企业可以根据生产特点和成本管理要求，对成本项目作适当的增减。（　　）

3. 基本生产成本在月末要全部分配转出，因而基本生产成本月末没有余额。（　　）

4. 在一定的会计期间内，一个企业的生产费用总额与其完工产品成本总额一定相等。

（　　）

5. 企业发生的产品成本费用，包括直接人工、直接材料、制造费用，均为直接费用。

（　　）

四、分析思考题

1. 材料费用分配的方法有哪些？

2. 计时工资和计件工资的分配有何不同？

第二部分　任务操作实训

一、材料费用的核算

【实训资料】

红星机械厂 2023 年 3 月生产甲、乙两种产品。本月生产甲产品 600 件，单件产品 C 材料消耗定额为 10 千克；生产乙产品 500 件，单件产品 C 材料消耗定额为 8 千克。该企业采用定额消耗量比例法分配计算甲、乙两种产品共同耗用的原材料费用。本月领料汇总表如表 2 - 14 所示。

表 2 - 14　本月领料汇总表

2023 年 3 月 31 日　　　　　　　　　　　　　　　　　　元

领料部门	用途	材料品名	金额
基本生产车间	甲产品直接耗用	A 材料	240 000
	乙产品直接耗用	B 材料	30 000
	甲、乙产品共同耗用	C 材料	20 000
	一般耗用	D 材料	12 000
辅助生产车间	一般耗用	A 材料	36 000
合计			338 000

【实训要求】

1. 根据上述资料，编制材料费用分配汇总表，如表 2 - 15 所示。

2. 根据材料费用分配汇总表，编制有关会计分录。

表 2 - 15　材料费用分配汇总表

2023 年 3 月

项目		直接计入金额/元	分配计入金额			材料费用合计/元
			分配标准（定额耗用量）/千克	分配率	分配金额/元	
基本生产车间生产耗用	甲产品					
	乙产品					
	小计					
基本生产车间一般耗用						
辅助生产车间耗用						
合计						

二、外购动力费用的核算

【实训资料】

正兴机械厂设有一个基本生产车间以及运输车间、修理车间两个辅助生产车间。基本生产车间2023年3月生产甲、乙、丙三种产品。辅助生产车间为基本生产车间和其他部门提供运输和修理服务。该工厂属于增值税一般纳税人。

1. 各部门用电汇总表如表2-16所示。

表2-16　各部门用电汇总表

2023年3月　　　　　　　　　　　　　　　　　　　　　千瓦时

部门	生产用电	照明用电	合计
基本生产车间	3 000	300	3 300
运输车间		100	100
修理车间		300	300
管理部门		300	300
合计	3 000	1 000	4 000

2. 3月底供电局开出的增值税专用发票中注明用电数量4 000千瓦时，单价0.8元，税费合计3 616元，其中税额416元。

3. 生产工时统计表如表2-17所示。

表2-17　生产工时统计表　　　　　　　　　　　　　　小时

产品名称	生产工时
甲产品	2 000
乙产品	1 800
丙产品	1 000
合计	4 800

【实训要求】

1. 根据各部门用电汇总表、电费发票、生产工时统计表，编制外购动力费用分配表，如表2-18所示。（生产用电按照生产工时比例在甲、乙、丙三种产品之间分配）。

表2-18　外购动力费用分配表

2023年3月

分配对象		成本费用项目	数量		单价/元	金额/元
			生产工时/小时	用电量/千瓦时		
基本生产车间	甲产品	燃料及动力				
	乙产品	燃料及动力				
	丙产品	燃料及动力				
	小计					
	照明用电	电费				

续表

分配对象		成本费用项目	数量		单价/元	金额/元
			生产工时/小时	用电量/千瓦时		
辅助生产车间	运输车间	电费				
	修理车间	电费				
	小计					
管理部门		电费				
合计						

2. 根据外购动力费用分配表，编制相关会计分录。

三、职工薪酬费用的核算

【实训资料】

昆仑公司 2023 年 3 月大量生产甲、乙两种产品，职工薪酬费用如下：生产工人工资 48 000元，车间管理人员工资 20 000 元，厂部管理人员工资 23 000 元。甲产品的生产工时为 2 000 小时，乙产品的生产工时为 2 800 小时。

【实训要求】

1. 按照产品的生产工时比例分配计算甲、乙两种产品应负担的职工薪酬，编制职工薪酬分配表，如表 2－19 所示。

表 2－19　职工薪酬分配表

2023 年 3 月

应借科目		生产工人工资分配			直接工资/元	合计/元
		生产工时/小时	分配率	分配金额/元		
生产成本——基本生产成本	甲产品		—			
	乙产品		—			
小计						
制造费用						
管理费用						
合计						

2. 根据职工薪酬分配表，编制相关会计分录。

项目三

综合费用的核算

教学目标 \\\

1. 知识目标

（1）掌握辅助生产费用归集与分配的方法及核算。

（2）掌握制造费用归集与分配的方法及核算。

（3）掌握废品损失的核算。

（4）熟悉停工损失的核算。

2. 能力目标

（1）能够运用恰当的方法进行辅助生产费用的分配和会计核算。

（2）能够运用恰当的方法进行制造费用的分配和会计核算。

（3）能够运用恰当的方法进行废品损失的核算。

3. 素质目标

（1）培养学生规范核算、注重质量、节约成本的企业管理观念。

（2）增强学生的爱国主义信念，提升民族自豪感。

（3）培养学生灵活运用各种方法进行费用分配的能力。

（4）培养学生遵守法律法规，树立客观严谨的工作理念。

内容提要 \\\

（1）辅助生产费用分配的方法有：直接分配法、交互分配法、计划成本分配法、顺序分配法和代数分配法。

（2）制造费用常用的分配方法有四种：生产工时比例分配法、生产工人工资比例分配法、机器工时比例分配法和按年度计划分配率分配法。

（3）生产损失主要包括废品损失和停工损失，为计算发生的损失性费用，企业可设置"废品损失""停工损失"成本项目，在产品成本项目中单独列示。

（4）废品按其废损情况和修复价值，分为可修复废品和不可修复废品两种，其中，可修复废品是指技术上、工艺上可以修复而且所花费的修复费用在经济上合算的废品；不可修复废品是指技术上、工艺上不可修复或虽然可修复但所花费的修复费用在经济上不合算的废品。

任务一　辅助生产费用的归集与分配

任务导入

兴鲁制造有限责任公司是一家生产型企业，设有一个基本生产车间以及供水车间、供电车间两个辅助生产车间。2023 年 3 月，辅助生产车间劳务供应表中显示，供水车间本月供水总量为 32 000 立方米，供电车间本月供电总量为 73 200 千瓦时，两个辅助车间除了向基本生产车间、行政管理部门以及专设销售机构提供水、电以外，相互之间也提供了产品，供水车间用电量为 3 200 千瓦时，供电车间用水量为 2 000 立方米。

韩琦是大数据与会计专业的一名大学毕业生，财务经理让他结合企业实际情况，对本月辅助生产费用进行会计核算。韩琦按照大学所学专业知识查阅了辅助生产车间劳务供应的原始记录以及企业相关制度，发现该企业两个辅助生产车间之间相互提供产品不多而且比较均衡，针对企业实际，韩琦选用直接分配法来分配辅助生产费用，然后编制辅助生产费用分配表，完成记账凭证并登账。随着财务工作的开展，韩琦的操作技能越来越熟练了。

知识链接与任务操作

工业企业的生产按照生产职能的不同分为基本生产和辅助生产两种，辅助生产所提供的产品和劳务，有时也对外销售和服务，但主要是为本企业服务。辅助生产车间为生产提供工业性产品和劳务所发生的人力、物力等经济资源的耗费称作辅助生产费用。核算企业产品成本时，需要首先核算辅助生产产品或劳务的成本并将其在各受益单位之间进行分配，才能正确核算基本生产产品的成本。辅助生产费用归集和分配的结果，会影响产品成本和当期损益计算的正确性。

由于辅助生产车间提供的可能是产品，也可能是劳务，所以核算的方法不尽相同。若提供的是产品，如模具、修理用备件等，其核算与基本生产车间产品生产核算接近，应在产品完工时转入"周转材料——低值易耗品""原材料"等账户的借方，贷记"生产成本——辅助生产成本"账户；若提供的是水、电等不能验收入库的商品或者运输、维修等劳务，则应根据辅助生产车间所提供的产品或劳务的数量及其受益单位所耗用的劳务数量等资料，采用适当的方法进行分配，从"生产成本——辅助生产成本"账户的贷方分别转入"生产成本——基本生产成本""制造费用""管理费用""销售费用"等账户的借方。本节所介绍的辅助生产费用分配方法主要针对不能入库的产品或劳务而言。

一、辅助生产费用的归集

为了归集所发生的辅助生产费用，应设置"生产成本——辅助生产成本"账户，并按辅助生产车间及其生产的产品、劳务的种类设置明细账，进行明细核算。

微课视频 2　辅助生产的概念和特点

"生产成本——辅助生产成本"账户的借方登记日常发生的辅助生产产品或提供劳务的各种辅助生产费用以及在辅助生产车间之间相互提供劳务的情况下，各受益辅助生产车间从提供劳务的辅助生产车间分配转入的劳务成本。该账户的贷方反映分配转出的劳务成本以及完工入库的产品生产成本的转出数。在单一品种的辅助生产中，该账户期末一般无余额。

需要说明的是，辅助生产车间发生的制造费用，可以直接在"生产成本——辅助生产成本"账户的借方归集；也可以先计入"制造费用"账户的借方，月末再由贷方结转到"生产成本——辅助生产成本"账户的借方。

（一）不单独开设"制造费用"账户的辅助生产车间

通常，规模较小、辅助生产车间的制造费用数额较小或者只生产一种产品、提供一种劳务的辅助生产车间，不开设"制造费用"账户，发生的所有费用均计入"生产成本——辅助生产成本"账户。此种情况下，"生产成本——辅助生产成本"总账和明细账内按若干费用项目设置专栏。

（二）单独开设"制造费用"账户的辅助生产车间

对于辅助生产车间的制造费用数额较大或者辅助生产车间对外提供产品、劳务的情况下，一般单独设置"制造费用——辅助生产车间"账户，辅助生产部门的制造费用，应通过"制造费用——辅助生产车间"账户归集，其发生的制造费用，先计入"制造费用——辅助生产车间"账户的借方，然后转入"生产成本——辅助生产成本"账户的借方，计入辅助生产产品或劳务的成本，最后将"生产成本——辅助生产成本"账户归集的辅助生产费用分配给各受益部门。

为计算简便，如无特殊说明，本书假设企业辅助生产车间不单独开设"制造费用"账户。

二、辅助生产费用分配的核算

企业按辅助生产车间分别归集发生的各项直接或间接的辅助生产费用后，月末需采用一定方法在各受益单位之间进行分配。辅助生产车间提供的产品或劳务，主要是为基本生产车间服务的，但有时也存在辅助生产车间之间相互提供产品或劳务的情况，如企业的供电车间要为供水车间提供动力，而供水车间又为供电车间提供水，这就使得各辅助生产车间费用的分配必然互相影响、彼此制约。因此，在选择辅助生产费用分配方法时需要考虑如何处理辅助生产车间之间相互提供产品或劳务的问题。实务中，辅助生产费用的分配是通过编制辅助生产费用分配表进行的，通常有以下五种分配方法可供选择：直接分配法、交互分配法、计划成本分配法、顺序分配法和代数分配法。

（一）直接分配法

直接分配法是指不考虑辅助生产车间之间相互提供产品或劳务的情况，各辅助生产车间发生的辅助生产费用，直接分配给除辅助生产车间以外的各受益单位的一种分配方法。其计算公式如下：

1. 计算辅助生产费用分配率

$$某辅助生产费用分配率 = \frac{该辅助生产车间待分配辅助生产费用}{该辅助生产车间产品（劳务）总量 - 其他辅助生产车间耗用量}$$

2. 分配辅助生产费用

各受益单位应分配的辅助生产费用 = 各受益单位耗用产品（劳务）总量 × 辅助生产费用分配率

任务操作 3 – 1

兴鲁制造有限责任公司有供水和供电两个辅助生产车间，主要为本企业基本生产车间和行政管理部门等提供服务。2023 年 3 月，会计人员将两个辅助生产车间的辅助生产成本明细账上所归集的费用进行汇总，供水车间本月共发生费用 24 000 元，供电车间共发生费用 28 000 元。各辅助车间供应产品或劳务的情况如表 3 – 1 所示。

表 3 – 1　各辅助车间供应产品或劳务的情况

2023 年 3 月

受益单位	供水车间供水/立方米	供电车间供电/千瓦时
供水车间	—	3 200
供电车间	2 000	—

受益单位	供水车间供水/立方米	供电车间供电/千瓦时
基本生产车间——甲产品	15 000	38 000
基本生产车间（一般耗用）	6 000	14 500
行政管理部门	6 800	9 200
专设销售机构	2 200	8 300
合计	32 000	73 200

根据上述资料，各辅助生产车间采用直接分配法进行辅助生产费用的分配，计算过程如下：

（1）计算辅助生产费用分配率。

$$供水车间费用分配率 = 24\,000/(32\,000 - 2\,000) = 0.8$$
$$供电车间费用分配率 = 28\,000/(73\,200 - 3\,200) = 0.4$$

（2）分配辅助生产费用。

$$基本生产车间——甲产品应分配的水费 = 15\,000 × 0.8 = 12\,000（元）$$
$$基本生产车间——甲产品应分配的电费 = 38\,000 × 0.4 = 15\,200（元）$$
$$合计 = 27\,200（元）$$
$$基本生产车间（一般耗用）应分配的水费 = 6\,000 × 0.8 = 4\,800（元）$$
$$基本生产车间（一般耗用）应分配的电费 = 14\,500 × 0.4 = 5\,800（元）$$
$$合计 = 10\,600（元）$$
$$行政管理部门应分配的水费 = 6\,800 × 0.8 = 5\,440（元）$$
$$行政管理部门应分配的电费 = 9\,200 × 0.4 = 3\,680（元）$$
$$合计 = 9\,120（元）$$
$$专设销售机构应分配的水费 = 2\,200 × 0.8 = 1\,760（元）$$
$$专设销售机构应分配的电费 = 8\,300 × 0.4 = 3\,320（元）$$
$$合计 = 5\,080（元）$$

编制辅助生产费用分配表，如表3-2所示。

表3-2　辅助生产费用分配表

2023年3月

项目		供水车间	供电车间	合计
待分配辅助生产费用/元		24 000	28 000	52 000
供应除辅助生产以外的劳务量		30 000	70 000	—
计量单位		立方米	千瓦时	—
辅助生产费用分配率		0.8	0.4	—
基本生产车间——甲产品	耗用数量	15 000	38 000	—
	分配金额	12 000	15 200	27 200
基本生产车间	耗用数量	6 000	14 500	—
	分配金额	4 800	5 800	10 600
行政管理部门	耗用数量	6 800	9 200	—
	分配金额	5 440	3 680	9 120

项目		供水车间	供电车间	合计
专设销售机构	耗用数量	2 200	8 300	—
	分配金额	1 760	3 320	5 080
合计		24 000	28 000	52 000

根据上述辅助生产费用分配表，编制会计分录如下：

借：生产成本——基本生产成本——甲产品　　　　　　　　　　　　　27 200
　　制造费用——基本生产车间　　　　　　　　　　　　　　　　　　10 600
　　管理费用　　　　　　　　　　　　　　　　　　　　　　　　　　 9 120
　　销售费用　　　　　　　　　　　　　　　　　　　　　　　　　　 5 080
　　贷：生产成本——辅助生产成本——供水车间　　　　　　　　　　24 000
　　　　　　　　　　　　　　　　　——供电车间　　　　　　　　　　28 000

采用直接分配法，不考虑辅助生产车间之间相互提供产品或劳务的情况，计算工作简便。但在该方法下，各辅助生产车间之间相互提供的产品或劳务不参与分配，不便于考核各辅助生产车间的真正耗费水平，尤其是当辅助生产车间之间相互提供产品或劳务量差异较大时，分配结果往往与实际不符，导致各辅助生产车间的成本计算不准确。因此，这种方法只适用于辅助生产车间之间相互提供产品或劳务较少的企业。

（二）交互分配法

交互分配法又称一次交互分配法，是指辅助生产车间发生的辅助生产费用先在辅助生产车间进行一次交互分配，然后再将各辅助生产车间交互分配后的费用在除辅助生产车间以外的各受益部门之间进行分配的方法。在该方法下，辅助生产车间的费用分为两个阶段进行：第一阶段将各辅助生产车间发生的费用按相互提供的产品或劳务的数量以及交互分配前的单位成本，在辅助生产车间之间进行第一次交互分配；第二阶段将各辅助生产车间交互分配后的费用（即交互分配前的费用加上交互分配转入的费用，减去交互分配转出的费用），按其提供给基本生产车间和其他部门产品或劳务的数量以及交互分配后的单位成本，在辅助生产车间以外的各受益单位之间进行分配。

采用这种方法时，辅助生产费用的分配过程如下：

1. 各辅助生产车间之间进行第一次费用分配（交互分配）

将各辅助生产车间发生的费用按相互提供的产品或劳务的数量以及交互分配前的单位成本，在辅助生产车间之间进行第一次交互分配，其他受益单位暂不分配。这一分配过程一般称为对内分配。计算公式如下：

$$某辅助生产车间第一次分配的费用分配率 = \frac{该辅助生产车间直接发生的费用总额}{该辅助生产车间提供的产品（劳务）总量}$$

某辅助车间应分配的辅助生产费用 = 该辅助生产车间耗用其他辅助生产车间的产品（劳务）数量 × 其他辅助生产车间第一次分配的费用分配率

2. 各辅助生产车间进行第二次费用分配（对外分配）

各辅助生产车间进行第二次费用分配，是将各辅助生产车间直接发生的费用总额加上交互分配转入的费用减去交互分配转出的费用，在辅助生产车间以外的各受益单位进行分配。这一分配过程一般称为对外分配。计算公式如下：

某辅助生产车间第二次待分配的费用（交互分配后的费用）= 该辅助生产车间直接发生的费用 + 交互分配时从其他辅助生产车间分配转入的数额 − 交互分配时转给其他辅助

生产车间的费用

某辅助生产车间第二次分配的费用分配率＝该辅助生产车间交互分配后的费用/〔该辅助
生产车间提供的产品（劳务）总量－其他辅助生产车间产品（劳务）耗用量〕
某辅助生产车间以外的受益单位应分配的费用＝该受益单位耗用的产品
（劳务）数量×该辅助生产车间第二次分配的费用分配率

任务操作 3 - 2

沿用任务操作 3 - 1 的资料，兴鲁制造有限责任公司采用交互分配法分配辅助生产车间的费用。

计算过程如下：

（1）交互分配。

供水车间第一次分配的费用分配率＝24 000/32 000＝0.75
供电车间第一次分配的费用分配率＝28 000/73 200＝0.382 51
供水车间应分配的电费＝3 200×0.382 51＝1 224（元）
供电车间应分配的水费＝2 000×0.75＝1 500（元）

（2）对外分配。

供水车间交互分配后的费用＝24 000＋1 224－1 500＝23 724（元）
供电车间交互分配后的费用＝28 000＋1 500－1 224＝28 276（元）
供水车间第二次分配的费用分配率＝23 724/(32 000－2 000)＝0.790 8
供电车间第二次分配的费用分配率＝28 276/(73 200－3 200)＝0.403 94
基本生产车间——甲产品应分配的水费＝15 000×0.790 8＝11 862（元）
基本生产车间——甲产品应分配的电费＝38 000×0.403 94＝15 349.72（元）
合　计＝27 211.72（元）
基本生产车间（一般耗用）应分配的水费＝6 000×0.790 8＝4 744.8（元）
基本生产车间（一般耗用）应分配的电费＝14 500×0.403 94＝5 857.13（元）
合　计＝10 601.93（元）
行政管理部门应分配的水费＝6 800×0.790 8＝5 377.44（元）
行政管理部门应分配的电费＝9 200×0.403 94＝3 716.25（元）
合　计＝9 093.69（元）
专设销售机构应分配的水费＝2 200×0.790 8＝1 739.76（元）
专设销售机构应分配的电费＝8 300×0.403 94＝3 352.9（元）
合　计＝5 092.66（元）

采用交互分配法编制辅助生产费用分配表，如表 3 - 3 所示。

表 3 - 3　辅助生产费用分配表

2023 年 3 月

项目	交互分配			对外分配		
辅助车间名称	供水车间	供电车间	合计	供水车间	供电车间	合计
待分配辅助生产费用/元	24 000	28 000	52 000	23 724	28 276	52 000
劳务供应量	32 000	73 200	—	30 000	70 000	—
计量单位	立方米	千瓦时	—	立方米	千瓦时	—

项目	交互分配			对外分配		
辅助车间名称	供水车间	供电车间	合计	供水车间	供电车间	合计
辅助生产费用分配率	0.75	0.382 51	—	0.790 8	0.403 94	—
辅助生产车间耗用 — 供水车间 — 耗用数量		3 200				
辅助生产车间耗用 — 供水车间 — 分配金额		1 224	1 224			
辅助生产车间耗用 — 供电车间 — 耗用数量	2 000					
辅助生产车间耗用 — 供电车间 — 分配金额	1 500		1 500			
基本生产车间 ——甲产品 — 耗用数量				15 000	38 000	—
基本生产车间 ——甲产品 — 分配金额				11 862	15 349.72	27 211.72
基本生产车间 — 耗用数量				6 000	14 500	—
基本生产车间 — 分配金额				4 744.8	5 857.13	10 601.93
行政管理部门 — 耗用数量				6 800	9 200	—
行政管理部门 — 分配金额				5 377.44	3 716.25	9 093.69
专设销售机构 — 耗用数量				2 200	8 300	—
专设销售机构 — 分配金额				1 739.76	3 352.9*	5 092.66
分配金额合计	1 500	1 224	2 724	23 724	28 276	52 000

注:
① *表示此数据由待分配费用减去已分配费用倒挤得出。
② 费用分配率取小数点后 5 位小数,为计算简便,表 3-3 中交互分配金额取整数。

根据上述辅助生产费用分配表,编制会计分录如下:
(1) 交互分配。
借:生产成本——辅助生产成本——供水车间　　　　　　　　　　　1 224
　　　　　　　　　　　　　　　——供电车间　　　　　　　　　　　1 500
　　贷:生产成本——辅助生产成本——供水车间　　　　　　　　　　1 500
　　　　　　　　　　　　　　　——供电车间　　　　　　　　　　　1 224
(2) 对外分配。
借:生产成本——基本生产成本——甲产品　　　　　　　　　　27 211.72
　　制造费用　　　　　　　　　　　　　　　　　　　　　　　10 601.93
　　管理费用　　　　　　　　　　　　　　　　　　　　　　　 9 093.69
　　销售费用　　　　　　　　　　　　　　　　　　　　　　　 5 092.66
　　贷:生产成本——辅助生产成本——供水车间　　　　　　　　　23 724
　　　　　　　　　　　　　　　——供电车间　　　　　　　　　　28 276

交互分配法反映了辅助生产车间之间相互提供产品或劳务的关系,分配结果符合实际情况,提高了辅助生产费用分配的准确性,但该方法计算工作量较大。交互分配法适用于各个辅助生产车间之间相互提供产品或劳务较多且不平衡的情况。

(三) 计划成本分配法

计划成本分配法(简称计划分配法)是指先将辅助生产车间为各受益单位提供的产品或劳务按照事先确定的计划单位成本进行分配,然后将辅助生产车间实际发生的费用与按计划单位成本分配转出的费用之间的差异再做调整分配的一种方法。采用计划成本分配法分配辅助生产费用时，也需要进行两次分配：第一次是按照计划单位成本分配；第二次是调整分配费用差异。

采用计划成本分配法时，辅助生产费用的分配过程如下：

（1）按各辅助生产车间的计划单位成本向各受益单位分配辅助生产费用，即根据各受益单位（包括辅助生产车间）耗用产品或劳务的数量以及辅助生产车间的计划单位成本，计算分配辅助生产费用。计算公式如下：

$$某受益单位应分配的辅助生产费用的计划成本 = 该受益单位耗用的产品（劳务）数量 \times$$
$$该产品（劳务）计划单位成本$$

（2）计算成本差异并进行差异调整，即将各辅助生产车间实际发生的成本与该车间按计划单位成本分配转出的成本之间的差异进行调整分配。计算公式如下：

$$某辅助生产车间成本差异 = 该辅助生产车间实际成本 - 该车间按计划$$
$$单位成本分配转出的计划成本$$
$$某辅助生产车间实际成本 = 该辅助生产车间直接发生的成本 +$$
$$按计划成本分配转入的成本$$

辅助生产成本差异确定之后，应将差异进行调整分配。调整分配一般有两种方法：一是将差异按辅助生产车间以外的各受益单位的受益比例分配；二是将差异全部分配给企业行政管理部门，计入"管理费用"账户。由于第二种方法简便易行，也有利于加强对基本生产车间的业绩考核，因而在实际工作中被广泛采用。

任务操作 3 - 3

沿用任务操作 3 - 1 的资料，兴鲁制造有限责任公司采用计划成本分配法分配辅助生产车间的费用。

假设每立方米水的计划单位成本为 0.7 元，每千瓦时电的计划单位成本为 0.5 元。假设该企业辅助生产成本差异全部计入管理费用。

计算过程如下：

（1）按各辅助生产车间的计划单位成本向各受益单位分配辅助生产费用。

$$供水车间应分配的电费 = 3\,200 \times 0.5 = 1\,600（元）$$
$$供电车间应分配的水费 = 2\,000 \times 0.7 = 1\,400（元）$$
$$基本生产车间——甲产品应分配的水费 = 15\,000 \times 0.7 = 10\,500（元）$$
$$基本生产车间——甲产品应分配的电费 = 38\,000 \times 0.5 = 19\,000（元）$$
$$合计 = 29\,500（元）$$
$$基本生产车间应分配的水费 = 6\,000 \times 0.7 = 4\,200（元）$$
$$基本生产车间应分配的电费 = 14\,500 \times 0.5 = 7\,250（元）$$
$$合计 = 11\,450（元）$$
$$行政管理部门应分配的水费 = 6\,800 \times 0.7 = 4\,760（元）$$
$$行政管理部门应分配的电费 = 9\,200 \times 0.5 = 4\,600（元）$$
$$合计 = 9\,360（元）$$
$$专设销售机构应分配的水费 = 2\,200 \times 0.7 = 1\,540（元）$$
$$专设销售机构应分配的电费 = 8\,300 \times 0.5 = 4\,150（元）$$
$$合计 = 5\,690（元）$$

（2）计算辅助生产成本差异。

$$供水车间实际成本 = 24\,000 + 1\,600 = 25\,600（元）$$
$$供电车间实际成本 = 28\,000 + 1\,400 = 29\,400（元）$$

供水车间成本差异＝供水车间实际成本－供水车间按计划单位成本分配转出的计划成本
＝25 600－32 000×0.7＝3 200（元）

供电车间成本差异＝29 400－73 200×0.5＝－7 200（元）

采用计划成本分配法编制辅助生产费用分配表，如表 3－4 所示。

表 3－4　辅助生产费用分配表

2023 年 3 月

项目			按计划单位成本分配		
辅助车间名称			供水车间	供电车间	合计/元
待分配辅助生产费用/元			24 000	28 000	52 000
劳务供应量			32 000	73 200	—
计量单位			立方米	千瓦时	—
计划单位成本			0.7	0.5	—
辅助生产车间耗用	供水车间	耗用数量	—	3 200	—
		分配金额	—	1 600	1 600
	供电车间	耗用数量	2 000	—	—
		分配金额	1 400	—	1 400
基本生产车间——甲产品		耗用数量	15 000	38 000	—
		分配金额	10 500	19 000	29 500
基本生产车间		耗用数量	6 000	14 500	—
		分配金额	4 200	7 250	11 450
行政管理部门		耗用数量	6 800	9 200	—
		分配金额	4 760	4 600	9 360
专设销售机构		耗用数量	2 200	8 300	—
		分配金额	1 540	4 150	5 690
按计划单位成本分配金额合计/元			22 400	36 600	59 000
辅助生产车间实际费用/元			25 600	29 400	55 000
辅助生产成本差异/元			3 200	－7 200	－4 000

根据上述辅助生产费用分配表，编制会计分录如下：

（1）按计划单位成本分配。

借：生产成本——辅助生产成本——供水车间 1 600
　　生产成本——辅助生产成本——供电车间 1 400
　　生产成本——基本生产成本——甲产品 29 500
　　制造费用 11 450
　　管理费用 9 360
　　销售费用 5 690
　　贷：生产成本——辅助生产成本——供水车间 22 400
　　　　　　　　　　　　　　　——供电车间 36 600

（2）调整分配辅助生产成本差异。

借：生产成本——辅助生产成本——供电车间　　　　　　　　7 200

　　贷：生产成本——辅助生产成本——供水车间　　　　　　　　3 200

　　　　管理费用　　　　　　　　　　　　　　　　　　　　　4 000

采用计划成本分配法分配辅助生产费用，只需获知各受益单位耗用的产品或劳务的数量以及计划单位成本，即可进行辅助生产费用的分配，因而核算简便、及时，加速了分配的计算工作。该方法也考虑了辅助生产车间之间相互提供产品或劳务的情况，同时，还能反映辅助生产车间实际成本与计划成本的差异，便于考核辅助生产车间的经济效益。要注意的是，该方法以事先确定的产品或劳务的计划单位成本为分配依据，这就要求计划单位成本必须切合实际，否则会造成成本差异过大，影响成本计算的准确性。计划成本分配法适用于各辅助生产车间产品或劳务的计划单位成本较为准确、稳定的企业。

（四）顺序分配法

顺序分配法又称梯形分配法，是指在各辅助生产车间分配费用时，按照各辅助生产车间受益多少的顺序排列，并逐一将其费用分配给其他车间、部门（包括排在后面的辅助生产车间）的一种分配方法。在顺序分配法下，首先需要根据各辅助生产车间相互受益产品或劳务的多少确定排列顺序，受益少的辅助生产车间排在前面，受益多的辅助生产车间排在后面，然后按照前后顺序将各辅助生产车间发生的费用依次向后面各车间、部门分配，其重要特点是排在前面的辅助生产车间不承担排在它后面的辅助生产车间的费用。

采用顺序分配法应注意以下两个问题：

（1）排列在前的车间将费用分配给排列在后面的车间，不再承担后面车间的费用；

（2）后面车间应分配的费用，要在原费用的基础上加上前面车间的分配转入数。

任务操作 3 - 4

沿用任务操作 3 - 1 的资料，兴鲁制造有限责任公司采用顺序分配法分配辅助生产车间的费用。按照受益多少的顺序，可将两个辅助生产车间按供水车间、供电车间排列。

计算过程如下：

供水车间费用分配率 = 24 000/32 000 = 0.75

供电车间待分配费用 = 28 000 + 1 500 = 29 500（元）

供电车间劳务供应量 = 73 200 - 3 200 = 70 000（千瓦时）

供电车间费用分配率 = （28 000 + 1 500）/（73 200 - 3 200）= 0.421 43

采用顺序分配法编制辅助生产费用分配表，如表 3 - 5 所示。

表 3 - 5　辅助生产费用分配表

2023 年 3 月

受益单位	供水车间	供电车间	合计/元
劳务供应总量	32 000	70 000	—
计量单位	立方米	千瓦时	—
待分配费用/元	24 000	29 500	53 500
分配率	0.75	0.421 43	—

受益单位		供水车间	供电车间	合计/元
供电车间	耗用数量	2 000	—	—
	分配金额	1 500	—	1 500
基本生产车间 ——甲产品	耗用数量	15 000	38 000	—
	分配金额	11 250	16 014.34	27 264.34
基本生产车间	耗用数量	6 000	14 500	
	分配金额	4 500	6 110.74	10 610.74
行政管理部门	耗用数量	6 800	9 200	—
	分配金额	5 100	3 877.16	8 977.16
专设销售机构	耗用数量	2 200	8 300	—
	分配金额	1 650	3 497.76*	5 147.76
分配金额合计/元		24 000	29 500	53 500

注：＊表示此数据由待分配费用减去已分配费用倒挤得出。

根据上述辅助生产费用分配表，编制会计分录如下：

借：生产成本——基本生产成本——甲产品　　　　　　　　　　27 264.34
　　　制造费用　　　　　　　　　　　　　　　　　　　　　　10 610.74
　　　管理费用　　　　　　　　　　　　　　　　　　　　　　 8 977.16
　　　销售费用　　　　　　　　　　　　　　　　　　　　　　 5 147.76
　　　生产成本——辅助生产成本——供电车间　　　　　　　　 1 500
　　贷：生产成本——辅助生产成本——供水车间　　　　　　　24 000
　　　　　　　　　　　　　　　　——供电车间　　　　　　　29 500

采用顺序分配法在一定程度上考虑了辅助生产车间之间相互提供产品或劳务的情况，各种辅助生产费用只计算一次，计算简便。但由于排列在前的辅助生产车间不负担排列在后的辅助生产车间的费用，因而分配结果的准确性受到一定的影响。所以，这种方法仅适用于各辅助生产车间之间相互受益程序有明显顺序的企业采用。

（五）代数分配法

代数分配法，是指运用代数中多元一次联立方程的原理，在辅助生产车间之间相互提供产品或劳务的情况下的一种辅助生产费用分配方法。

采用代数分配法时，辅助生产费用的分配过程如下：

（1）根据各辅助生产车间相互提供产品或劳务的数量，求解联立方程式，计算辅助生产产品或劳务的单位成本；

（2）根据各受益单位（包括辅助生产车间内部和外部）耗用产品或劳务的数量和单位成本，计算分配辅助生产费用。

任务操作 3-5

沿用任务操作 3-1 的资料，兴鲁制造有限责任公司采用代数分配法分配辅助生产车间的费用。

设供水车间每立方米的水单位成本为 x，供电车间每千瓦时电的单位成本为 y，则可以建立二元一次联立方程组：

$$\begin{cases} 24\ 000 + 3\ 200y = 32\ 000x \\ 28\ 000 + 2\ 000x = 73\ 200y \end{cases}$$

通过求解，得：

$$x = 0.790\ 41$$

$$y = 0.404\ 1$$

根据上述计算结果，编制辅助生产费用分配表，如表 3-6 所示。

表 3-6　辅助生产费用分配表

2023 年 3 月

受益单位			供水车间	供电车间	合计/元
劳务供应量			32 000	73 200	—
计量单位			立方米	千瓦时	—
分配率			0.790 41	0.404 1	—
辅助生产车间耗用	供水车间	耗用数量	—	3 200	—
		分配金额	—	1 293.12	1 293.12
	供电车间	耗用数量	2 000	—	—
		分配金额	1 580.82	—	1 580.82
基本生产车间——甲产品		耗用数量	15 000	38 000	—
		分配金额	11 856.15	15 355.80	27 211.95
基本生产车间		耗用数量	6 000	14 500	—
		分配金额	4 742.46	5 859.45	10 601.91
行政管理部门		耗用数量	6 800	9 200	—
		分配金额	5 374.79	3 717.72	9 092.51
专设销售机构		耗用数量	2 200	8 300	—
		分配金额	1 738.90	3 354.03	5 092.93
分配金额合计/元			25 293.12	29 580.12	54 873.24

根据上述辅助生产费用分配表，编制会计分录如下：

借：生产成本——基本生产成本——甲产品	27 211.95
制造费用	10 601.91
管理费用	9 092.51
销售费用	5 092.93
生产成本——辅助生产成本——供水车间	1 293.12
——供电车间	1 580.82
贷：生产成本——辅助生产成本——供水车间	25 293.12
——供电车间	29 580.12

采用代数分配法分配辅助生产费用，分配结果最准确。但如果企业设立的辅助生产车间数量较多，未知数较多，求解联立方程组的工作量就非常大，因而这种分配方法适于辅助生产车间数量不多或者成本计算工作已经实现电算化的企业。

任务小结

辅助生产费用核算流程如图 3-1 所示。

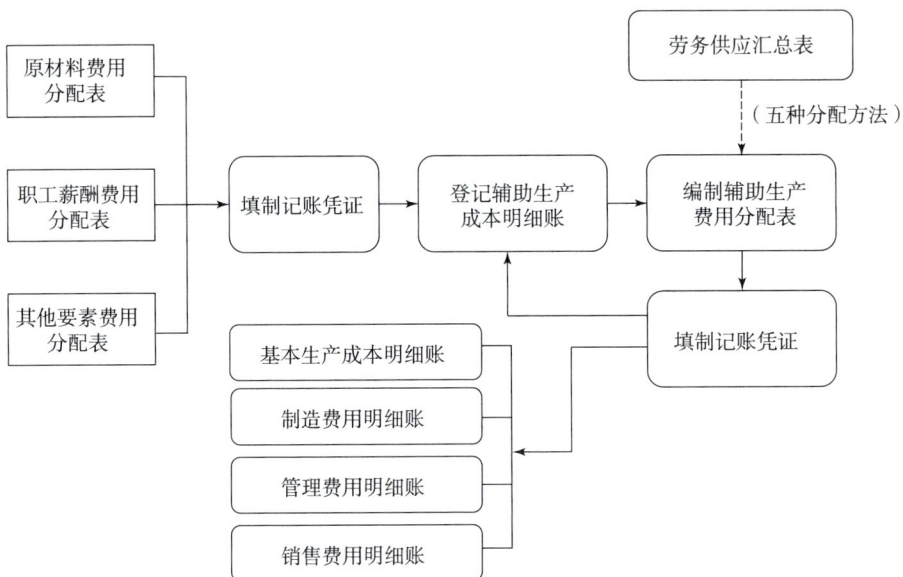

图 3-1 辅助生产费用核算流程

任务二 制造费用的归集与分配

任务导入

兴鲁制造有限责任公司是一家生产型企业，设有一个基本生产车间以及供水车间、供电车间两个辅助生产车间。基本生产车间生产甲、乙两种产品。2023 年 3 月，该基本生产车间发生机物料消耗 2 200 元，车间管理人员工资 4 900 元，车间办公费 820 元，车间设备折旧费 3 680 元。据统计，甲、乙两种产品生产工人工时分别为 650 小时、800 小时。

李华是大数据与会计专业的一名大学毕业生，财务经理让他结合企业实际情况，对本月制造费用进行会计核算。他陷入思考：基本生产车间发生的这些耗费应如何核算？甲、乙两种产品各自应如何负担这些耗费？

李华认真查阅了制造费用明细账、有关记账凭证以及原始凭证，还研究学习了企业成本核算相关制度，该企业基本生产车间机械化程度不是很高，甲、乙两种产品生产的机械化程度大致相同。针对企业实际，李华选用生产工时比例法来分配制造费用，然后编制制造费用分配表，完成记账凭证并登账。在制造费用核算过程中，李华还对照了本月和上月基本生产车间制造费用明细账上的数据，发现本月办公费比上个月增加了 120 元，他准备跟财务经理提出建议，号召同事节约办公消耗，以降低制造费用。

知识链接与任务操作

制造费用是指生产企业在生产产品或提供劳务的过程中发生的应间接计入产品或劳务成本的各项生产费用。

一、制造费用的归集

（一）制造费用的定义

制造费用是指产品生产成本中除直接材料和直接人工以外的其余一切生产成本，主要包括企业各生产单位（车间、分厂）为组织和管理生产所发生的费用。

（二）制造费用的内容

1. 间接材料成本

间接材料成本是指企业生产单位在生产过程中发生的间接消耗的但不能归类为特定产品的材料成本，如基本生产车间机物料消耗。

2. 间接人工成本

间接人工成本是指企业生产单位不直接参与产品生产的人员的薪酬成本或其他不能直接计入人工的成本，如车间管理人员薪酬。

3. 其他间接费用

其他间接费用主要是指基本生产车间为组织和管理生产所发生的费用，如照明费、差旅费、水电费、固定资产折旧、无形资产摊销、劳动保护费、办公费、国家规定的相关环保费、修理期间的季节性和停工损失等。

小提示：新《企业会计准则》规定，不满足固定资产准则第四条规定确认条件的固定资产修理费等，应当在发生时计入当期损益，并在《企业会计准则——应用指南》的附录《会计科目和主要账务处理》中明确指出：企业发生的与专设销售机构相关的固定资产修理费用等后续支出，在"销售费用"科目核算；企业生产车间（部门）和行政管理部门等发生的固定资产修理费用等后续支出，在"管理费用"科目核算。"制造费用"科目与固定资产有关的费用项目是生产车间的机物料消耗、固定资产折旧，无固定资产修理费项目。

如企业基本生产车间生产多种产品，制造费用发生时一般无法直接判定它所归属的成本计算对象，因此不能直接计入产品成本，而应按费用发生的地点先归集，月末再采用一定的方法在各成本计算对象间进行分配，计入各成本计算对象的成本中。

企业应设置"制造费用"账户进行总分类核算。该账户应按不同的生产单位设立明细账，账内按照费用项目设立专栏或专行，分别反映生产单位各项制造费用的发生情况。"制造费用"账户属于成本类账户，借方登记归集发生的制造费用，贷方反映制造费用的分配，除季节性生产的企业外，该账户月末一般无余额。

各生产单位制造费用发生时，应根据有关业务原始凭证编制记账凭证后登记"制造费用"总账及明细账。生产车间发生的机物料消耗、生产车间管理人员的工资等职工薪酬、生产车间计提的固定资产折旧、生产车间支付的办公费和水电费等，应计入"制造费用"账户的借方，同时分别计入"原材料""应付职工薪酬""累计折旧""银行存款"等账户的贷方。期末，按照一定标准将制造费用进行分配时，应借记"生产成本——基本生产成本"账户，贷记"制造费用"账户。

二、制造费用的分配

月末，企业应将制造费用明细账中归集的制造费用，按照一定的标准分配计入各种产品成本中。如果生产单位生产单一品种产品，则归集的制造费用无须分配，全部由该种产品负担，直接计入该种产品的生产成本；如果生产单位生产多种产品，则应采用适当的方法分配计入各种产品的成本。

企业发生的制造费用一般应区别各生产单位的具体情况，选择适当的分配标准，采用适当的分配方法进行分配。常用的分配方法有四种：生产工时比例分配法、生产工人工资比例分配法、机器工时比例分配法和按年度计划分配率分配法。

小提示：分配方法一经确定，不得随意变更。

（一）生产工时比例分配法

生产工时比例分配法是指以各种产品的生产工时（实际工时或定额工时）的比例作为分配标准来分配制造费用的一种方法。计算公式如下：

微课视频3 制造费用的归集与分配

$$制造费用分配率 = \frac{制造费用总额}{各种产品生产工时之和}$$

$$某种产品应分配的制造费用 = 该种产品生产工时 \times 制造费用分配率$$

任务操作 3 – 6

兴鲁制造有限责任公司基本生产车间生产甲、乙两种产品。2023 年 3 月，该基本生产车间发生机物料消耗 2 200 元，车间管理人员工资 4 900 元，车间办公费 820 元，车间设备折旧费 3 680 元。据统计，甲、乙两种产品生产工人工时分别为 650 小时、800 小时。该企业采用生产工时比例分配法分配制造费用。

计算过程如下：

基本生产车间发生的制造费用 = 2 200 + 4 900 + 820 + 3 680 = 11 600（元）

制造费用分配率 = 11 600/(650 + 800) = 8

甲产品应分配的制造费用 = 650 × 8 = 5 200（元）

乙产品应分配的制造费用 = 800 × 8 = 6 400（元）

根据上述计算结果，编制制造费用分配表，如表 3 – 7 所示。

表 3 – 7 制造费用分配表

车间名称：基本生产车间　　　　　　　　　　　2023 年 3 月

应借科目		生产工时/小时	分配率	分配金额/元
生产成本——基本生产成本	甲产品	650		5 200
	乙产品	800		6 400
合计		1 450	8	11 600

根据制造费用分配表，编制会计分录如下：

借：生产成本——基本生产成本——甲产品　　　　　　　　　　5 200

　　　　　　　　　　　　　——乙产品　　　　　　　　　　6 400

　　贷：制造费用——基本生产车间　　　　　　　　　　　　　11 600

生产工时比例分配法是一种比较常用的分配方法。按照生产工时比例法分配制造费用，能将劳动生产率和各种产品负担的制造费用水平联系起来，如劳动生产率提高，单位产品所耗用生产工时减少，产品负担的制造费用就相应降低，因此分配结果较为合理。此外，企业一般都有完整的生产工时记录，这种方法可以很方便地取得分配标准的相关资料，手续比较简便，因而被企业广泛采用。值得注意的是，该方法所指生产工时通常为产品生产的实际工时，如企业实际生产工时记录不准确，也可以采用定额工时作为分配标准。

（二）生产工人工资比例分配法

生产工人工资比例分配法是指以各种产品的生产工人工资的比例作为分配标准来分配制造费用的一种方法。计算公式如下：

$$制造费用分配率 = \frac{制造费用总额}{各种产品生产工人工资之和}$$

$$某种产品应分配的制造费用 = 该种产品生产工人工资 \times 制造费用分配率$$

采用生产工人工资比例分配法分配制造费用，由于职工薪酬费用分配表中有工人工资现成的资料，因此可以很方便地取得分配标准，计算简便。但要注意，这种方法适用于各种产品机械化程度和加工技术等级大致相同的情况，如各种产品机械化程度相差较大，以生产工人工资作为分配标准，会使机械化程度低、加工技术等级高的产品负担较多的制造费用，影响费用分配的合理性和产品成本计算的准确性。

（三）机器工时比例分配法

机器工时比例分配法是指以各种产品生产所耗用的机器设备运转时间为分配标准来分配制造费用的一种方法。计算公式如下：

$$制造费用分配率 = \frac{制造费用总额}{各种产品机器设备运转工时之和}$$

$$某种产品应分配的制造费用 = 该种产品耗用机器设备工时 \times 制造费用分配率$$

在产品生产工艺过程高度机械化和自动化的生产单位，制造费用中与机器设备的使用关系密切的折旧费等费用所占比重较大，因此，采用机器工时作为分配标准比较合理。但机器工时比例分配法的分配标准不是现成的资料，需要花费时间去收集，核算有一定的滞后性。

生产工时比例分配法、生产工人工资比例分配法和机器工时比例分配法都是根据当期实际发生的制造费用和确定的分配标准，先计算制造费用分配率，再据以分配制造费用的方法，这三种方法又称为实际分配率分配法。其计算公式可以概括如下：

$$制造费用分配率 = \frac{制造费用总额}{分配标准之和}$$

$$某种产品应分配的制造费用 = 该种产品分配标准 \times 制造费用分配率$$

（四）年度计划分配率分配法

年度计划分配率分配法是指按照各生产单位年度制造费用计划数和计划产量的定额工时以及年初确定的计划分配率来分配制造费用的一种方法。

采用年度计划分配率分配法，无论企业各月实际发生的制造费用为多少，每月计入各产品成本的制造费用，均按年度计划分配率进行分配。这样，各月实际发生的制造费用与按年度计划分配率分配的制造费用数额不同，"制造费用"账户平时各月就会有余额，余额可能在借方，也可能在贷方。各月实际发生的制造费用与按年度计划分配率分配的制造费用所产生的差异，平时不进行调整，通常在年末将差异按照各种产品已分配数额的比例一次性调整计入 12 月的产品成本中。如果实际发生的制造费用大于按年度计划分配率分配的制造费用，应补充分配，借记"生产成本——基本生产成本"账户，贷记"制造费用"账户；反之，应做相反的会计分录，即借记"制造费用"账户，贷记"生产成本——基本生产成本"账户。经年末调整后，"制造费用"应无余额。

在实际工作中，如果发现制造费用实际数与按年度计划分配率计算的分配额相差较大时，应及时调整计划分配率。

计算公式如下：

1. 年初根据全年制造费用计划总额、各种产品计划产量以及定额工时，确定全年内适用的年度计划分配率

$$年度计划分配率 = \frac{年度制造费用计划总额}{年度各种产品计划产量的定额工时之和}$$

2. 各月月末，根据年度计划分配率以及该月各产品的实际产量、定额工时，计算每种产品应分配的制造费用

某月某种产品应分配的制造费用 = 该月该种产品实际产量的定额工时 × 年度计划分配率

3. 年末，对全年制造费用的实际发生额与按年度计划分配率分配的制造费用的差异进行调整

年度制造费用差异额 = 全年实际发生的制造费用总额 − 按年度计划分配率分配的制造费用总额

$$差异额调整分配率 = \frac{年度制造费用差异额}{年度各种产品按计划分配率已分配制造费用之和}$$

某种产品应分配的差异额 = 该产品按计划分配率已分配制造费用 × 差异额调整分配率

小提示：

（1）年度制造费用差异额为正，表示产生超支差异，"制造费用"有借方余额，应补充分配制造费用。

（2）年度制造费用差异额为负，表示产生节约差异，"制造费用"有贷方余额，应冲减已分配的制造费用。

任务操作 3 - 7

阳光鑫海制造有限责任公司主要从事的是 XY - 1、XY - 2 两种产品的生产。基本生产车间 2023 年全年计划制造费用总额 633 000 元，两种产品的年度计划产量为 XY - 1 产品 21 500 件、XY - 2 产品 25 000 件。单件产品的定额工时为 XY - 1 产品 4 小时、XY - 2 产品 5 小时。

2023 年 1 月，两种产品实际产量为 XY - 1 产品 1 500 件、XY - 2 产品 2100 件；1 月实际发生制造费用 49 000 元。

该企业采用年度计划分配率分配法分配制造费用。

计算过程如下：

（1）计算各种产品年度计划产量的定额工时。

XY - 1 产品年度计划产量的定额工时 = 21 500 × 4 = 86 000（小时）

XY - 2 产品年度计划产量的定额工时 = 25 000 × 5 = 125 000（小时）

（2）计算年度计划分配率。

年度计划分配率 = 633 000 / (86 000 + 125 000) = 3

（3）计算 1 月各种产品实际产量的定额工时。

XY - 1 产品本月实际产量的定额工时 = 1 500 × 4 = 6 000（小时）

XY - 2 产品本月实际产量的定额工时 = 2 100 × 5 = 10 500（小时）

（4）计算各种产品本月应分配的制造费用。

XY - 1 产品本月应分配的制造费用 = 6 000 × 3 = 18 000（元）

XY - 2 产品本月应分配的制造费用 = 10 500 × 3 = 31 500（元）

根据以上计算结果，编制会计分录如下：

借：生产成本——基本生产成本——XY - 1 产品　　　　　　　　　18 000
　　　　　　　　　　　　——XY - 2 产品　　　　　　　　　31 500
　　贷：制造费用——基本生产车间　　　　　　　　　　　　　　49 500

1 月制造费用发生与分配过程如图 3 - 2 所示。

基本生产车间 1 月实际发生的制造费用为 49 000 元，该费用与按照年度计划分配率分配给两种产品的制造费用差额为 500 元，为当月月末"制造费用"账户的贷方余额，无须调整，待年末一并调整。

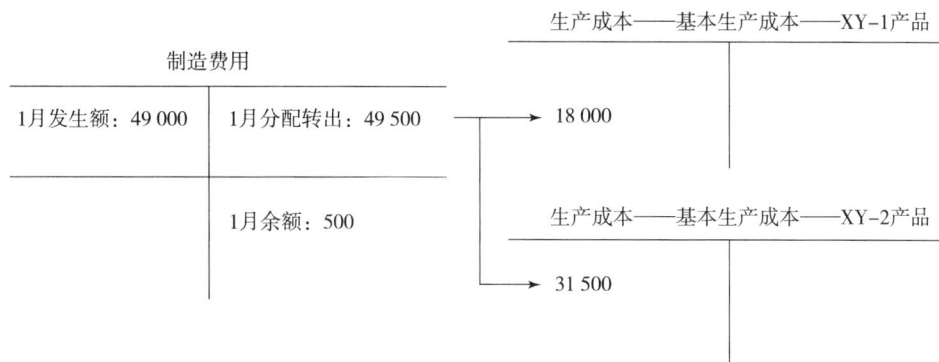

图 3 - 2　1 月制造费用发生与分配过程

任务操作 3 - 8

承上例，假定阳光鑫海制造有限责任公司基本生产车间全年实际发生制造费用为 581 950 元。截至 2023 年年末，两种产品已按照年度计划分配率分配制造费用总额 565 000 元，其中 XY - 1 产品已分配 265 000 元，XY - 2 产品已分配 300 000 元。

年末应对实际制造费用与已按照计划分配率分配的制造费用之间的差额进行调整，计算如下：

（1）计算年度制造费用差异额。

年度制造费用差异额 = 全年实际发生的制造费用总额 - 按年度计划分配率分配的制造费用总额
= 581 950 - 565 000 = 16 950（元）

（2）由于全年实际发生的制造费用大于已按年度计划分配率分配的制造费用，全年制造费用差异额为正数，制造费用余额为借方 16 950 元，因此应按照各种产品已分配的金额比例补充分配制造费用至其成本中。

差异额调整分配率 = 16 950/（265 000 + 300 000）= 0.03
XY - 1 产品应分配的差异额 = 265 000 × 0.03 = 7 950（元）
XY - 2 产品应分配的差异额 = 300 000 × 0.03 = 9 000（元）

根据计算结果，编制调整会计分录如下：

借：生产成本——基本生产成本——XY - 1 产品　　　　　　　　　　7 950
　　　　　　　　　　——XY - 2 产品　　　　　　　　　　9 000
　　贷：制造费用——基本生产车间　　　　　　　　　　　　　　　　　16 950

若"制造费用"账户出现贷方余额，年末进行调整分配时，应编制与上述会计分录相反的会计分录。

按照年度计划分配率分配制造费用，核算工作简便，便于及时计算产品成本。在季节性生产的企业中，如果按照实际分配率分配制造费用，会出现各月产品成本中制造费用水平忽高忽低的现象，不利于成本分析。如果采用年度计划分配率来分配，则不受淡季和旺季产量相差悬殊的影响。因此，这种方法特别适用于季节性生产的单位。值得注意的是，采用这种方法要求企业有较高的计划工作和定额管理水平，否则会导致按年度计划分配率分配的制造费用数额与实际发生额偏离太大，影响制造费用分配结果的准确性，进而影响产品成本计算的正确性。

任务小结

制造费用核算流程如图 3 - 3 所示。

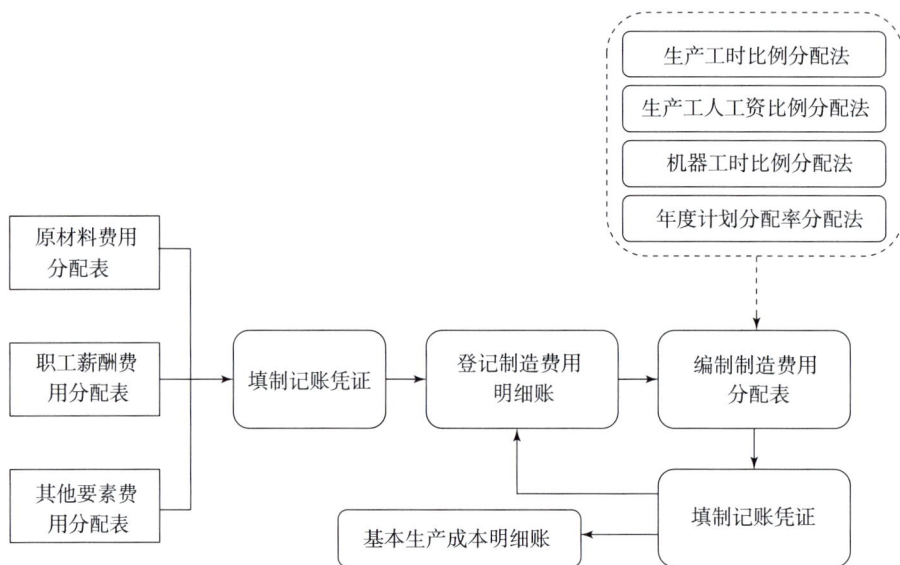

图 3 – 3　制造费用核算流程

任务三　损失性费用的核算

案例导入

　　兴鲁制造有限责任公司是一家生产型企业，设有一个基本生产车间以及供水车间、供电车间两个辅助生产车间。基本生产车间生产甲、乙两种产品。2023 年 3 月，该基本生产车间质量检验员杨鑫在质检中发现 10 件甲产品出现砂眼和气孔，32 件乙产品出现裂纹。经技术部门鉴定产品的缺损情况，认定砂眼可通过添加填补剂、气孔可通过补焊等措施修复，且修复费用较低，应予以修复；裂纹虽可修复，但花费大，经济上不划算，出现裂纹的乙产品应予以报废。

　　李华是大数据与会计专业的一名大学毕业生，财务经理让他结合企业实际情况，对本月出现的废品进行会计核算。他陷入思考：可修复废品和不可修复的废品是如何界定的？这两种形式的废品在会计核算方面有哪些区别？

　　李华认真查阅了基本生产车间产品生产成本明细账、有关记账凭证以及原始凭证，还研究学习了企业成本核算相关制度。针对企业实际，李华单独设立"废品损失"账户，选用定额成本法来核算不可修复废品的损失，并采用恰当方法完成了可修复废品损失的核算。在废品损失核算过程中，李华还得到一个结论，对企业而言，废品无论是返修还是报废，都会增加额外支出，造成损失。他列示了数据，准备跟财务经理提出建议，企业必须牢固树立质量观念，建立和完善严格的生产责任制度，严格执行技术操作规程。由于生产损失需要由产品制造成本承担，企业还必须做好损失性费用的核算工作，正确反映和监督生产损失的发生情况，分析原因，采取措施，努力减少生产损失，以提高企业经济效益。

知识链接与任务操作

　　在工业企业生产经营活动中，难免会由于各种原因发生各种意外从而给企业带来损失。这些损失中与生产无关的损失称为非生产损失，包括坏账损失、固定资产盘亏、罚款支出等。非生产损失同产品生产没有直接关系，不计入产品成本，本任务只介绍与生产有关的损失，即生产损失。

　　所谓生产损失，是指企业在生产过程中由于原材料等质量不符合要求、生产工人违规操作、机器设备故障等原因而发生的各种损失。生产损失都是与产品生产直接有关的损失，因此，生产损失是产品制造成本的组成部分，应由产品制造成本承担。由生产损失引起的各项耗费，称为损失性费用。损失性费用主要包括废品损失和停工损失。

一、核算废品损失

废品是指生产过程中发现的不符合规定技术标准，不能按照原定用途使用，或者需要加工修理才能使用的在产品、半成品或产成品。

需要指出的是，产成品入库后，由于保管不善等原因而发生的损坏变质损失，属管理上的问题，应作为管理费用处理，不应作为废品损失处理；经过质量检验部门鉴定，不需返修而降价出售的不合格品，应作为次品处理，在计算销售损益时体现降价损失，也不作为废品损失处理；实行"三包"（包退、包修、包换）的企业，在产品出售后发现的废品所发生的一切损失，应计入销售费用，也不应包括在废品损失内。

废品按其废损情况和修复价值，分为可修复废品和不可修复废品两种。其中，可修复废品是指技术上、工艺上可以修复并且所花费的修复费用在经济上合算的废品；不可修复废品是指技术上、工艺上不可修复或虽然可修复但所花费的修复费用在经济上不合算的废品。

核算废品损失依据的原始凭证主要是废品通知单。废品通知单能反映废品数量和废品产生原因，一般是一式三联：第一联由生产单位留存，第二联交质量检验部门，第三联交财务部门核算废品损失。经审核之后的废品通知单是核算废品损失的依据。其基本格式如表 3－8 所示。

微课视频 4
废品的种类

表 3－8　废品通知单

生产车间：　　　　　　　　　　年　　月　　　　　　　　　　　　　编号：
生产班组：　　　　　　　　开工日期：　　年　　月　　日

| 原工作通知单编号 | 零件 | | 工序 | 计量单位/件 | 定额工时/分钟 | 计件单价/元 | 废品数量 | | | 实际工时/分钟 | 应负担薪酬/元 |
	名称	编号					工废	料废	返修		
工废工件											
退修工件											

| 责任者 | | | 赔偿责任 | | | 备注 |
姓名	工种	工号	数量/件	单价/元	金额/元	

如果企业废品损失在产品成本中所占的比重较大，对产品成本的影响也较大，应设置"废品损失"账户，单独归集并在产品生产成本明细账中增设"废品损失"这一成本项目。"废品损失"账户应按基本生产车间分产品品种设置明细分类账，账内按不同成本项目开设专栏。该账户的借方登记不可修复废品已耗的生产成本以及可修复废品的修复费用。不可修复废品的生产成本，应根据不可修复废品损失计算表，借记"废品损失"账户，贷记"生产成本——基本生产成本"账户；可修复废品的修复费用，应根据各种费用分配表所列废品损失数额，借记"废品损失"账户，贷记"原材料""应付职工薪酬""制造费用"等账户。"废品损失"账户贷方登记废品回收的残值以及应向责任人索赔的款项。废品残料回收时，借记"原材料"等账户，贷记"废品损失"账户；应向责任人索赔款项时，借记"其他应收款"账户，贷记"废品损

失"账户。月末结转前,"废品损失"账户余额在借方,表示本月发生的废品净损失,应由本期完工的同种产品的成本负担。月末,将废品净损失从"废品损失"账户的贷方,转至"生产成本——基本生产成本"账户的借方,"废品损失"账户月末无余额。

按照废品的分类,核算废品损失的内容相应地也有两个部分:核算不可修复废品损失和核算可修复废品损失。

(一) 核算不可修复废品损失

不可修复废品损失,是指废品生产过程中截至报废为止已耗费的生产成本扣除回收的残料价值及应收责任人赔偿款后的损失。核算不可修复废品损失的关键是确定截至报废为止已耗费的生产成本。

废品已耗费生产成本的确定可以采用以下两种方法:一是按废品实际成本计算;二是按废品定额成本计算。

1. 按废品实际成本计算

实务中,由于废品报废之前发生的生产成本是与合格产品一并计算的,因此,要采用适当的分配方法将这些归集在一起的实际耗费的全部成本在合格品与废品之间进行分配,进而计算出废品已耗费的成本。发现废品的时间不同,其所承担的生产成本计算过程也不同。

1) 生产完工后发现的废品

如果废品是在产品生产完工以后进行验收入库时发现的,则单位废品负担的各项生产费用应与单位合格产品完全相同,可按合格品产量和废品的数量比例分配各项生产费用,计算废品的实际成本。计算公式如下:

$$某项生产费用分配率 = \frac{该项生产费用总额}{合格品数量 + 废品数量}$$

$$废品应负担的某项生产费用 = 废品数量 \times 该项生产费用分配率$$

2) 生产过程中发现的废品

如果是产品生产过程中发现的废品,其所承担的材料费用和加工费用应分别进行计算。一般地,假设工业企业原材料为生产开始时一次投入,单件废品所耗用原材料和单件合格产品所耗用原材料相同,废品应负担的直接材料可以按照产量比例进行分配;直接人工和制造费用等加工费用与产品加工程度直接相关,因此废品应负担的这两项费用可以按照生产工时比例进行分配。计算公式如下:

$$材料费用分配率 = \frac{直接材料成本总额}{合格品数量 + 废品数量}$$

$$废品应负担的材料费用 = 废品数量 \times 材料费用分配率$$

$$直接人工分配率 = \frac{直接人工成本总额}{合格品生产工时 + 废品生产工时}$$

$$废品应负担的直接人工费用 = 废品生产工时 \times 直接人工分配率$$

$$制造费用分配率 = \frac{制造费用总额}{合格品生产工时 + 废品生产工时}$$

$$废品应负担的制造费用 = 废品生产工时 \times 制造费用分配率$$

废品损失的计算一般是通过编制废品损失计算表进行的。废品损失计算表是一种自制原始凭证,企业可根据具体情况自行设计格式。

任务操作 3-9

兴鲁制造有限责任公司基本生产车间生产甲、乙两种产品。2023年3月,该基本生产车间质量检验员杨鑫在质检中发现32件乙产品出现裂纹。经技术部门鉴定,出现裂纹的乙产品应予以报废。成本核算资料显示，本月共生产乙产品1 000件，合格品和废品共同发生生产费用180 000元，其中，原材料费用90 000元，直接人工费用50 000元，制造费用40 000元。原材料在生产开始时一次投入。产品生产工时统计资料显示，合格产品耗用4 790小时，废品耗用210小时。废品残料价值200元，回收入库。

根据上述资料，计算不可修复废品损失如下。

（1）计算不可修复废品已耗生产成本。

$$直接材料分配率 = 90\ 000/(968 + 32) = 90$$
$$废品应负担的直接材料费用 = 32 × 90 = 2\ 880（元）$$
$$直接人工分配率 = 50\ 000/(4\ 790 + 210) = 10$$
$$废品应负担的直接人工费用 = 210 × 10 = 2\ 100（元）$$
$$制造费用分配率 = 40\ 000/(4\ 790 + 210) = 8$$
$$废品应负担的制造费用 = 210 × 8 = 1\ 680（元）$$

（2）计算不可修复废品净损失。

$$不可修复废品净损失 = 不可修复废品已耗生产成本 - 回收的残料价值$$
$$= (2\ 880 + 2\ 100 + 1\ 680) - 200 = 6\ 460（元）$$

根据以上计算结果，编制不可修复废品损失计算表，如表3-9所示。

表3-9　不可修复废品损失计算表（按废品实际成本计算）

2023年3月

产品名称：乙产品　　　　　　　　　　　　　　　　　　　　　废品数量：32件

车间名称：基本生产车间

项目	数量/件	直接材料/元	生产工时/小时	直接人工/元	制造费用/元	合计/元
费用总额	1 000	90 000		50 000	40 000	180 000
费用分配率		90		10	8	
废品成本	32	2 880	210	2 100	1 680	6 660
减：残料价值		200				200
废品净损失		2 680		2 100	1 680	6 460

根据不可修复废品损失计算表，编制如下会计分录：

（1）结转不可修复废品生产成本。

借：废品损失——乙产品　　　　　　　　　　　　　　　　　　　　　6 660
　　贷：生产成本——基本生产成本——乙产品　　　　　　　　　　　　　　6 660

（2）回收材料入库。

借：原材料　　　　　　　　　　　　　　　　　　　　　　　　　　　200
　　贷：废品损失——乙产品　　　　　　　　　　　　　　　　　　　　　200

（3）结转不可修复废品净损失。

借：生产成本——基本生产成本——乙产品　　　　　　　　　　　　　　6 460
　　贷：废品损失——乙产品　　　　　　　　　　　　　　　　　　　　　6 460

小提示：不可修复废品的产生，会降低产品的总成本，但合格品数量减少，最终导致合格品单位成本提高。

上述不可修复废品损失处理结束后，"生产成本——基本生产成本——乙产品"账户余额为179 800（180 000 - 6 660 + 6 460）元，但这并不意味着乙产品成本因为废品产生而降低，因为这里降低的只是总成本，当产品验收入库时，产品成本明细账中合格品验收数量为968件，总成本为179 800元，单位产品成本为185.74元。如果没有出现废品，则合格品验收数量为1 000件，总成本为180 000元，单位产品成本为180元。因此，不可修复废品的产生，会降低产品的总成本，但合格品数量减少，最终导致合格品单位成本提高。

按废品所耗实际生产成本计算废品损失，计算结果准确，符合实际情况，但核算工作量较大，而且只能等到月末各项生产费用汇总以后才能进行，不利于及时控制废品损失。

2. 按废品定额成本计算

在消耗定额和费用定额比较健全的企业，可以按照废品定额成本计算不可修复废品的损失，即不考虑废品实际发生的费用，直接按不可修复废品的数量和各项费用定额计算废品的定额成本，再将废品定额成本扣除废品残料回收价值和应收责任人赔款计算出废品净损失。

任务操作 3-10

阳光鑫海制造有限责任公司基本生产车间2023年3月对完工XY-1产品进行质量验收时发现有20件产品出现质量问题，经技术部门鉴定，20件XY-1产品应予以报废。该企业具备比较完善的定额管理资料，采用废品定额成本法计算不可修复废品的损失。资料显示，单件XY-1产品的直接材料费用定额为125元，单件XY-1产品工时定额为10小时。每生产工时的费用定额为直接人工6元，制造费用5元。该批废品残料价值180元，回收入库。

根据上述资料，计算过程如下：

（1）计算不可修复废品各项费用定额。

$$直接材料费用定额 = 20 \times 125 = 2\ 500（元）$$
$$直接人工费用定额 = 20 \times 10 \times 6 = 1\ 200（元）$$
$$制造费用定额 = 20 \times 10 \times 5 = 1\ 000（元）$$

（2）计算不可修复废品净损失。

$$不可修复废品净损失 = 不可修复废品定额成本 - 回收的残料价值$$
$$= (2\ 500 + 1\ 200 + 1\ 000) - 180$$
$$= 4\ 520（元）$$

根据以上计算结果，编制不可修复废品损失计算表，如表3-10所示。

表3-10　不可修复废品损失计算表（按废品定额成本计算）

2023年3月

产品名称：XY-1产品　　　　　　　　　　　　　　　　　　　　废品数量：20件

车间名称：基本生产车间

项目	直接材料/元	定额工时/小时	直接人工/元	制造费用/元	成本合计/元
每件或每小时费用定额	125		6	5	
废品定额成本	2 500	200	1 200	1 000	4 700
减：残料价值	180				180
废品损失	2 320		1 200	1 000	4 520

根据不可修复废品损失计算表，编制如下会计分录：

（1）结转不可修复废品定额成本。

借：废品损失——XY-1产品　　　　　　　　　　　　　　　　4 700

　　　贷：生产成本——基本生产成本——XY-1产品　　　　　　　　　　4 700

（2）回收材料入库。

借：原材料　　　　　　　　　　　　　　　　　　　　　　　　180
　　贷：废品损失——XY-1产品　　　　　　　　　　　　　　　　180
（3）结转不可修复废品净损失。
借：生产成本——基本生产成本——XY-1产品　　　　　　　　4 520
　　贷：废品损失——XY-1产品　　　　　　　　　　　　　　　4 520

按照废品定额成本归集和分配不可修复废品的损失，计算工作比较简便，而且可以不受废品实际费用水平高低的影响，便于及时进行成本的分析与考核，应用较为广泛。但采用这一方法，企业必须具备较为准确的消耗定额和费用定额资料。

（二）核算可修复废品损失

可修复废品损失是指在废品修复过程中发生的各种费用扣除回收的残料价值及应收责任人赔偿款后的损失。可修复废品返修以前发生的生产耗费，不是废品损失，留在"生产成本——基本生产成本"明细账中不必转出。修复过程中发生的各项费用，一般包括修复过程中消耗的材料、发生的人工费用和应分摊的制造费用，应计入"废品损失"账户的借方，并同时贷记"原材料""应付职工薪酬""制造费用"等有关账户。如果有废品回收残料价值或应收责任人赔款，应计入"废品损失"科目的贷方，借记"原材料""其他应收款"等有关账户。月末结转前，"废品损失"账户余额在借方，表示本月发生的废品净损失，应由本期完工的同种产品的成本负担。月末，将废品净损失从"废品损失"账户的贷方，转至"生产成本——基本生产成本"账户的借方，"废品损失"账户月末无余额。

任务操作 3-11

兴鲁制造有限责任公司基本生产车间生产甲、乙两种产品。2023年3月，该基本生产车间生产的产品进行质量验收时，质量检验员杨鑫发现10件甲产品出现砂眼和气孔。经技术部门鉴定，产品应予以修复。成本核算资料显示，本月共生产甲产品700件，已耗生产费用90 000元，其中，原材料费用40 000元，直接工资费用30 000元，制造费用20 000元。为修复这批废品，共耗费材料费用360元，生产工时30小时。本月直接人工分配率4元/小时，制造费用分配率3元/小时。经查，该批废品应由责任人刘云赔偿85元。

根据上述资料，计算过程如下：
（1）计算可修复废品损失。
$$可修复废品损失 = 直接材料费用 + 直接人工费用 + 制造费用$$
$$= 360 + 30 \times 4 + 30 \times 3 = 570（元）$$
（2）计算可修复废品净损失。
$$可修复废品净损失 = 570 - 85 = 485（元）$$
根据上述计算过程，编制会计分录如下：
（1）归集可修复废品损失。
借：废品损失——甲产品　　　　　　　　　　　　　　　　　　570
　　贷：原材料　　　　　　　　　　　　　　　　　　　　　　360
　　　　应付职工薪酬　　　　　　　　　　　　　　　　　　　120
　　　　制造费用　　　　　　　　　　　　　　　　　　　　　　90
（2）结转责任人刘云赔偿款项。
借：其他应收款——刘云　　　　　　　　　　　　　　　　　　　85
　　贷：废品损失——甲产品　　　　　　　　　　　　　　　　　85
（3）结转废品净损失。

借：生产成本——基本生产成本——甲产品　　　　　　　　485

　　贷：废品损失——甲产品　　　　　　　　　　　　　　　　485

小提示： 产生可修复废品，合格品数量不变，但产品总成本提高，最终导致合格品单位成本提高。

上述可修复废品损失处理结束后，"生产成本——基本生产成本——甲产品"账户余额为90 485（90 000＋485）元，当产品验收入库时，产品成本明细账中合格品验收数量为700件，总成本为90 485元，单位产品成本为129.26元。如果没有出现废品，则合格品验收数量为700件，总成本为90 000元，单位产品成本为128.57元。因此，产生可修复废品，合格品数量不变，但产品总成本提高，最终导致合格品单位成本提高。

如果废品损失属于偶尔发生，金额较小，对产品成本影响不大，通常没有必要单独核算，可将发生的损失性费用包含在正常的成本项目之中。在不单独核算"废品损失"的生产企业，不设"废品损失"账户，产品成本项目中也不设"废品损失"项目，只是在回收残值或应收赔偿款时贷记"生产成本——基本生产成本"账户，并从其产品成本明细账的有关成本项目中扣除。

二、核算停工损失

停工损失是指企业生产单位由于停电、待料、机器设备发生故障或进行大修、发生非常灾害等停止正常生产所造成的损失。实务中，为简化核算工作，停工不满一个工作日的，一般不计算停工损失。

为了单独核算停工损失，企业应设置"停工损失"账户，并在成本项目中增设"停工损失"项目。"停工损失"账户借方归集停工期内发生的各种费用，贷方用于分配结转停工损失。该账户应按车间分别设置明细账，账内分设专栏或专行进行明细分类核算。

停工时，车间应填列停工报告单，经有关部门审核后作为停工损失核算的依据。归集停工期内发生的各种费用时，借记"停工损失"账户，贷记"原材料""应付职工薪酬""制造费用"等账户。归集在借方的停工损失进行分配结转时，应贷记"停工损失"账户，并区分不同原因计入不同的借方账户。对于应向过失人或保险公司索赔的，借记"其他应收款"账户；属于自然灾害等原因引起的非正常停工损失，借记"营业外支出"账户；对于其他原因造成的停工损失，则应计入产品成本，借记"生产成本——基本生产成本"账户。"停工损失"账户月末无余额。

⬥ 任务操作 3－12

山东利生制造有限责任公司单独设置"停工损失"科目。2023年3月2日至2023年3月25日，第二生产车间因车间多台设备大修导致停工。停工报告单如表3－11所示。

表 3－11　停工报告单

2023年3月25日　　　　　　　　　　　　　　　　编号：TK－0012

部门	基本生产车间	停工范围	第二生产车间	设备	切床、砖床等	
停工时间			停工损失/元		停工原因	设备大修（计划性大修）
起	止	工资金额	福利金额	制造费用		
3月2日	3月25日	7 500	1 650	5 000		
停工影响	导致第二生产车间木制文件柜的生产中断					
工人从事其他工作记录：无						
备注						
审核	赵阳光	生产主管	陈杰	制单	汪峰	

注：本单由生产管理部门发出，经生产管理人员填妥后呈总经理批示后存生产管理部门。

2023 年 3 月 25 日，根据停工报告单归集的停工期间各项费用，编制会计分录如下：

借：停工损失——第二生产车间　　　　　　　　　　　　　　14 150

　　贷：应付职工薪酬——工资、资金、津贴和补贴　　　　　　7 500

　　　　应付职工薪酬——职工福利费　　　　　　　　　　　　1 650

　　　　制造费用　　　　　　　　　　　　　　　　　　　　　5 000

3 月 31 日，结转停工期间损失，编制会计分录如下：

借：生产成本——基本生产成本——木制文件柜　　　　　　14 150

　　贷：停工损失——第二生产车间　　　　　　　　　　　　14 150

　　如果企业不单独核算停工损失，则不设立"停工损失"账户，不设立"停工损失"成本项目，停工期间发生的属于停工损失的各种费用，分别计入"制造费用""营业外支出"等账户。另外，季节性生产企业的季节性停工以及企业因为大修理等原因发生的停工是生产经营过程中的正常现象，停工期间发生的各项费用不属于停工损失，不作为停工损失核算，而是作为生产产品而发生的费用，需先计入制造费用，再分配计入产品成本中。

任务小结

　　废品损失核算流程如图 3 – 4 所示。

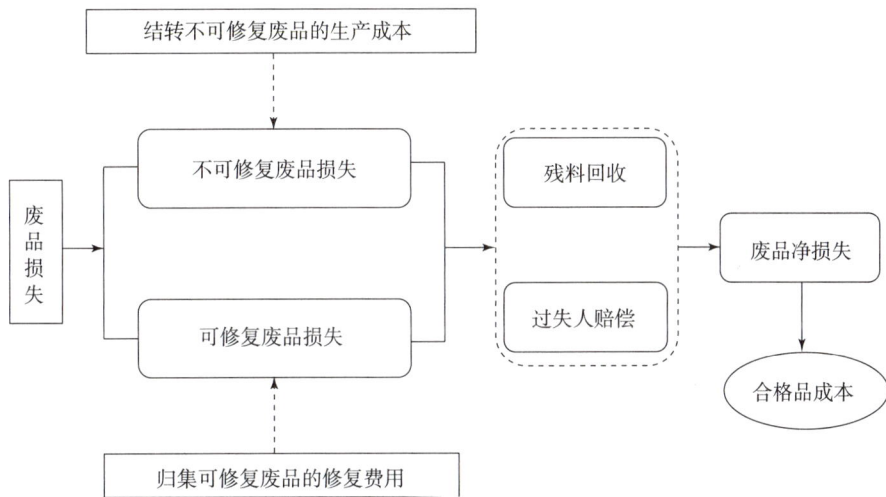

图 3 – 4　废品损失核算流程

职业道德与素养

【案例】

成本降低效益来

　　年年岁岁花相似，岁岁年年"表"不同。随着企业发展的与日俱进，中航工业东安（简称东安）各项经营数据也随之日新月异。展开东安 2011—2013 年度财务报表，营业收入、成本费用、总资产周转率的变化曲线最引人瞩目，分别呈现出"高低快"的发展趋势。"高"即营业收入逐年攀高，"低"是指成本费用连年降低，"快"则体现在总资产周转率依次加快。这一系列数据的变化展现了中航工业东安快速发展的丰硕成果，见证了公司狠抓降本增效带来的巨大变化。

1. 对症下药，止住关键"出血点"

铝镁合金铸造是东安的核心业务，国内唯一的航空大型铝镁合金铸造基地也定点于此。曾几何时，重要铝镁合金铸件质量波动大、部分铸件质量在低水平徘徊、废品损失居高不下，成为沉没公司质量效益的关键"出血点"。2010—2012 年数据显示，铸造每年废品损失在 3 000 万元以上，3 年累计损失金额占公司废品损失总量的 70%。"出血点"就是降成本的主攻方向，东安大刀阔斧地精益改善、技术攻关、提质降耗三管齐下、相得益彰，仅 2012 年就较上一年降低各类损耗 1 100 余万元。自 2013 年年底开始，中航工业东安又以 5 种事关全局的铸件为突破口，开展了专项质量提升工作；同时，加大了对铸造材料的循环利用，利用率由 30% 提升至 70%……采取一系列举措后，成效初显：2014 年第一季度，5 种关键铝镁合金铸件产品合格率均有所提升。

制造成本是影响质量效益的晴雨表，制造成本降低了，企业就会赢在起跑线上。针对制造成本"虚高"这一问题，东安充分与市场接轨，建立了市场化的价格评审体系，从严管控工序外委、采购、工装刀具、中小修环节的成本。公司还开展了强化效能监察工作，发挥纪检监察"保健良医"的作用，有效堵塞了成本管理的漏洞。据统计，2013 年，东安制造成本同口径降低了 3 800 余万元，昔日沉没的成本摇身一变，化作可观利润，为公司效益增长提供了"源头活水"。

2. 巧灭"苍蝇"，消除身边小微浪费

如果把剑指铸造比作打"老虎"，那么消除职工身边习以为常的小微浪费，可算作灭"苍蝇"。过去，受传统计划经济的影响，有的职工片面地认为生产进度大于一切，先干出产品再计较成本；有的职工自恃"家大业大"，认为浪费个把螺钉螺母不算啥。小微浪费看似不起眼，危害却很大。

近年来，东安本着"精细每一处、节约每一分"的成本理念，以 EVA、综合平衡计分卡考核为杠杆，使各单位和职工肩上扛有降本指标，激发基层参与降本增效的积极性。航空产品中小件加工车间的职工价值档案十分引人关注。车间职工领用的物品，从价值不菲的进口刀具，到一副手套、一张砂纸、一个螺钉，一个不少地记录在档。手套、砂纸、螺钉，这些以往成打、成包、成盒领用的用品，如今，职工已经自觉地"按需领用"。年底时，车间将职工价值档案来个大起底，奖优罚劣。全员价值管理的导入，增强了职工的成本意识。不久前，1 500 余个在精加工车间遭到"淘汰"的刀片，经过修磨后，在粗加工车间又获得了"上岗证"，焕发了生命的"第二春"，修旧利废使东安在刀具采购方面一年就少花了 470 余万元。不仅如此，铸造产生的废料能回炉的全部回炉；试车用过的滑油，经过二次提取循环利用；办公用笔、墨盒以旧换新……小微节约看似不起眼，但集腋成裘，汇聚起来就是一笔不小的利润。以非生产性费用为例，东安通过遏制差旅、会议、办公等环节的不必要开支，一年就节约资金 300 余万元。

企业管理既要管住不必要的物质消耗，也要开源和精打细算。东安推进了精益管理，加快各生产环节的存货向可销售状态转化；清理了存量资产，提升了资产利用率和运行质量；加强了应收账款管理，降低了应收款项占用。同时，还进一步强化了全面预算管理，实现了预算管理对生产经营过程的全覆盖，从源头上控制资金流向，花钱更加精打细算。

2012 年以来，东安已经连续两年同口径降低成本费用 6 000 余万元，完成中航工业发动机下达的利润总额考核指标，总资产周转率实现大幅提升。然而最美的风景依然在前方，中航工业东安将继续强化降本增效，转变经济增长方式，力求走出一条内涵式增长的新路。

资料来源：《中国航空报》，2014 年 9 月 25 日，第 2777 期（有删改）

【问题】结合东安降本增效的做法，企业如何提高资产利用率？如何实现"高低快"的发展趋势？

【分析】成本是综合反映企业工作质量的重要指标，企业经营管理中各方面工作的成绩，比如，劳动生产率的高低、产品质量的高低、固定资产的利用情况等，都可以直接或间接地通过成本反映出来。在产品价格一定的情况下，成本的高低直接影响着企业盈利的多少，降低成本有利于提高企业在市场竞争中的优势，企业应当树立"精细每一处、节约每一分"的成本理念。废品损失的发生会使产品成本提高，企业应注重改进生产技术、提高产品质量、降低废品损失。

党的二十大报告中提出："坚持把发展经济的着力点放在实体经济上，推进新型工业化，加快建设制造强国、质量强国、航天强国、交通强国、网络强国、数字中国。"加强资金管理，努力提高资金使用效益，有助于提高资产利用率。每一名员工都是企业降本增效的践行者，企业要加强全员成本意识，提倡吃苦耐劳、奋斗进取的精神，加强自身产品的研发与优化，不断提高产品的竞争力与性价比。企业在开源的同时，要做好节流工作，加强成本管控，降本增效，以实现内涵式增长。

单元小结

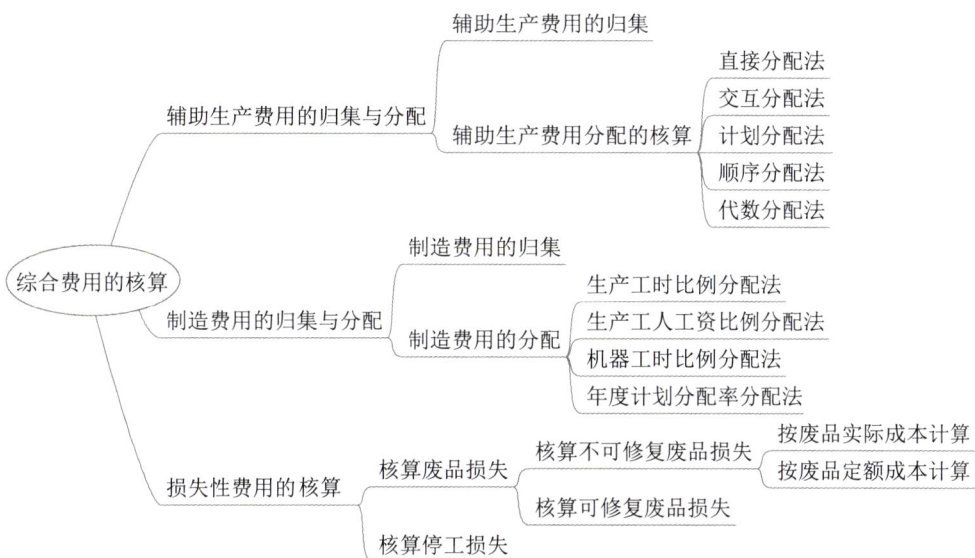

闯关考验

第一部分　基础知识训练

一、单项选择题

1. 交互分配法是将辅助生产费用先在（　　）之间进行一次交互分配，然后再进行对外分配。

A. 企业各生产单位　　　　　　B. 企业各生产车间、部门

C. 企业各辅助生产车间　　　　D. 辅助生产车间和基本生产车间

2. 辅助生产费用直接分配法的适用条件是（　　）。

A. 企业未实行电算化　　　　　B. 企业的计划成本不够准确

C. 辅助生产车间相互提供劳务不多　D. 辅助生产车间相互受益程度有明显顺序

3. 计划成本分配法是将辅助生产费用按照提供的产品或劳务的数量和计划单位成本（　　）进行分配的方法。

A. 在各受益单位之间

B. 在辅助生产车间以外的受益单位之间

C. 在辅助生产车间之间

D. 先通过交互分配法算出辅助生产的实际费用分配率，再按其对外的受益单位

4. 在各辅助生产车间相互提供产品或劳务很少的情况下，适宜采用的辅助生产费用分配方法是（　　　）。

A. 直接分配法　　　　B. 交互分配法　　　　C. 计划成本分配法　　D. 代数分配法

5. 下列各项中，在不考虑各辅助生产车间之间相互提供产品或劳务的情况下，将各辅助生产费用直接分配给辅助生产以外的各受益单位的分配方法是（　　　）。

A. 计划成本分配法　　B. 直接分配法　　　　C. 顺序分配法　　　　D. 代数分配法

6. 采用计划成本分配法进行辅助生产费用的分配，辅助生产实际成本应根据辅助生产车间按计划成本分配前的费用（　　　）计算。

A. 加上按计划成本分配转入的费用

B. 减去按计划成本分配转出的费用

C. 加上按计划成本分配转入的费用，减去按计划成本分配转出的费用

D. 直接

7. 在辅助生产费用的各种分配法中，能分清内部经济责任，有利于实现厂内经济核算的是（　　　）。

A. 直接分配法　　　　B. 交互分配法　　　　C. 顺序分配法　　　　D. 计划成本分配法

8. 辅助生产费用分配采用计划成本分配法计算出的辅助生产成本差异，为简化核算一般可全部计入（　　　）科目。

A. 财务费用　　　　　B. 制造费用　　　　　C. 销售费用　　　　　D. 管理费用

9. 基本生产车间机器设备的折旧费应计入（　　　）账户的借方。

A. 生产成本——基本生产成本　　　　　　　B. 制造费用

C. 管理费用　　　　　　　　　　　　　　　D. 累计折旧

10. 下列各项损失中，属于废品损失的是（　　　）。

A. 生产过程中发现的不可修复废品的生产成本扣除残料价值后的损失

B. 产品入库后由于保管不善发生的损失

C. 可以降价出售的不合格品的降价损失

D. 出售以后发现废品所发生的一切损失

二、多项选择题

1. 在下列方法中，属于辅助生产费用分配法的有（　　　）。

A. 交互分配法　　　　B. 代数分配法　　　　C. 定额比例法　　　　D. 直接分配法

2. 辅助生产车间可以不设"制造费用"账户核算的情形包括（　　　）。

A. 辅助生产车间数量很少　　　　　　　　　B. 辅助生产车间不对外提供产品或劳务

C. 辅助生产车间规模小　　　　　　　　　　D. 为简化核算工作

3. 辅助生产车间发生的固定资产折旧费，可能借记的账户有（　　　）。

A. 制造费用　　　　　　　　　　　　　　　B. 管理费用

C. 生产成本——基本生产成本　　　　　　　D. 生产成本——辅助生产成本

4. 下列关于辅助生产费用分配方法的表述，正确的是（　　　）。

A. 采用交互分配法，辅助生产费用需要经过两次分配完成

B. 采用计划成本分配法，不考虑辅助生产车间之间相互提供的产品或劳务

C. 采用直接分配法，不考虑辅助生产车间之间相互提供的产品或劳务

D. 采用顺序分配法，辅助生产车间受益多的先分配，受益少的后分配

5. 下列项目中，属于制造费用的有（　　　）。

A. 生产车间设备折旧费　　　　　　　　　　B. 生产车间管理人员薪酬

C. 生产工人工资　　　　　　　　　　D. 生产车间固定资产日常修理费

6. "废品损失"账户借方的对应账户可能有（　　　）。

A. 原材料　　　　　　　　　　　　　B. 应付职工薪酬

C. 生产成本——基本生产成本　　　　D. 管理费用

7. 下列各项损失中，不属于废品损失的有（　　　）。

A. 产品入库时发现的不可修复废品的损失

B. 产品入库以后发现的由于保管不善发生的废品的损失

C. 降价出售不合格品的降价损失

D. 产品销售后发现的废品由于包退发生的损失

8. 计算不可修复废品净损失时，需要考虑的因素包括（　　　）。

A. 不可修复废品所耗人工费用　　　　B. 回收的废品残值

C. 废品的应收赔款　　　　　　　　　D. 不可修复废品所耗材料费用

9. 下列各项中，计算废品净损失时应考虑的因素有（　　　）。

A. 应收的过失人赔偿款　　　　　　　B. 不可修复废品的生产成本

C. 可修复废品的修复费用　　　　　　D. 可修复废品返修前发生的生产耗费

10. 下列各项中，应计入废品损失的有（　　　）。

A. 产品入库时发现的不可修复废品的生产成本

B. 库存商品因保管不善而损坏变质的产品成本

C. 不需要返修、可降价出售的不合格产品成本

D. 生产过程中发生的不可修复废品的生产成本

三、分析判断题

1. 按计划成本分配法分配辅助生产费用时，为简化分配，成本差异较小时，可全部计入管理费用。　　　　　　　　　　　　　　　　　　　　　　　　　　　　　　　　　（　　　）

2. 辅助生产费用分配的交互分配法，只进行辅助生产车间之间的交互分配，不进行对外分配。　　　　　　　　　　　　　　　　　　　　　　　　　　　　　　　　　　　　　（　　　）

3. 辅助生产的主要任务是，在为基本生产提供服务的同时，对外销售产品和提供劳务。
　　　　　　　　　　　　　　　　　　　　　　　　　　　　　　　　　　　　　（　　　）

4. 采用交互分配法分配辅助生产费用时，对外分配的辅助生产费用，应为交互分配前的费用加上交互分配时分配转入的费用。　　　　　　　　　　　　　　　　　　　　　　（　　　）

5. 直接分配法不考虑各辅助生产车间之间相互提供产品或劳务的情况，将各种辅助生产费用直接分配给辅助生产车间以外的各受益单位。　　　　　　　　　　　　　　　　（　　　）

四、分析思考题

1. 辅助生产费用的分配方法有哪几种？各种方法的优缺点是什么？各种方法适用的范围是怎样的？

2. 废品损失中，不可修复废品和可修复废品的损失各包含哪些内容？其核算方法有何不同？

第二部分　任务操作实训

一、辅助生产费用的核算

（一）辅助生产费用的直接分配法

【实训资料】

汇鑫公司设有供水、供电两个辅助生产车间，2023 年 3 月各辅助生产车间发生的成本和提供的劳务情况如表 3 – 12 所示。

表 3 – 12　劳务供应汇总表

2023 年 3 月

受益单位	供水车间/立方米	供电车间/千瓦时
供水车间	—	300
供电车间	100	—
基本生产车间	1 800	6 600
行政管理部门	200	600
劳务供应量合计	2 100	7 500
本月耗费合计/元	5 040	9 000

【实训要求】

1. 采用直接分配法分配辅助生产费用，编制辅助生产费用分配表，如表 3 – 13 所示。

表 3 – 13　辅助生产费用分配表

2023 年 3 月

项目		供水车间	供电车间	合计
待分配辅助生产费用/元				
供应除辅助生产以外的劳务量				—
计量单位		立方米	千瓦时	—
辅助生产费用分配率				
基本生产车间	耗用数量			—
	分配金额			
行政管理部门	耗用数量			—
	分配金额			
合计/元				

2. 根据辅助生产费用分配表，编制相应的会计分录。

（二）辅助生产费用的交互分配法

【实训资料】

参见辅助生产费用直接分配法的资料，如表 3 – 12 所示。

【实训要求】

1. 采用交互分配法分配辅助生产费用，编制辅助生产费用分配表，如表 3 – 14 所示。

表 3 – 14　辅助生产费用分配表

2023 年 3 月

项目	交互分配			对外分配		
辅助车间名称	供水车间	供电车间	合计	供水车间	供电车间	合计
待分配辅助生产费用/元						
劳务供应量						
计量单位	立方米	千瓦时		立方米	千瓦时	

续表

项目			交互分配			对外分配		
辅助车间名称			供水车间	供电车间	合计	供水车间	供电车间	合计
辅助生产费用分配率								
辅助生产车间	供水车间	耗用数量						
		分配金额						
	供电车间	耗用数量						
		分配金额						
基本生产车间		耗用数量						
		分配金额						
行政管理部门		耗用数量						
		分配金额						
分配金额合计/元								

注：辅助生产费用分配率保留小数点后 5 位小数。

2. 根据辅助生产费用分配表，编制相应的会计分录。

（三）辅助生产费用的计划成本分配法

【实训资料】

参见辅助生产费用直接分配法的资料，如表 3-12 所示。假定该企业每立方米水的计划成本为 2.5 元，每千瓦时电的计划成本为 1.8 元。

【实训要求】

1. 采用计划成本分配法分配辅助生产费用（假定差异全部计入管理费用），编制辅助生产费用分配表，如表 3-15 所示。

表 3-15　辅助生产费用分配表
2023 年 3 月

项目			供水车间	供电车间	合计
待分配辅助生产费用/元					
劳务供应量					
计量单位			立方米	千瓦时	—
计划单位成本/元					
辅助生产车间	供水车间	耗用数量			
		分配金额			
	供电车间	耗用数量			
		分配金额			
基本生产车间		耗用数量			
		分配金额			
行政管理部门		耗用数量			
		分配金额			

续表

项目	供水车间	供电车间	合计
按计划成本分配金额合计/元			
辅助生产实际成本/元			
辅助生产成本差异/元			

2. 根据辅助生产费用分配表，编制相应的会计分录。

二、制造费用的核算

（一）按生产工时比例法分配制造费用

【实训资料】

兴发公司有一个基本生产车间，生产甲、乙、丙三种产品，2023年3月该车间共发生制造费用98 000元，本月三种产品的生产工时分别为12 000小时、8 000小时、4 500小时。

【实训要求】

1. 按生产工时比例法分配制造费用，并填制制造费用分配表，如表3－16所示。

表3－16　制造费用分配表
年　月

应借科目		制造费用分配			合计/元
		生产工时/小时	分配率	分配金额/元	
生产成本——基本生产成本	甲产品				
生产成本——基本生产成本	乙产品				
生产成本——基本生产成本	丙产品				
合计					

2. 根据制造费用分配表，编制相应的会计分录。

（二）按年度计划分配率分配法分配制造费用

【实训资料】

东华公司是一家季节性生产企业，基本生产车间2023年制造费用计划数为234 000元，全年各种产品的计划产量分别甲产品19 000件，乙产品6 000件，丙产品8 000件。单件产品工时定额分别甲产品5小时，乙产品7小时，丙产品7.25小时。

2023年3月各产品实际产量分别为：甲产品1 800件，乙产品700件，丙产品500件。该月实际发生的制造费用为20 600元。

【实训要求】

1. 计算本年度计划制造费用分配率；

2. 按年度计划分配率分配法分配2023年3月的制造费用，填制制造费用分配表，如表3－17所示。

表3－17　制造费用分配表
年　月

产品名称	实际产量定额工时/小时	年度计划分配率	分配金额/元
甲产品			
乙产品			

续表

产品名称	实际产量定额工时/小时	年度计划分配率	分配金额/元
丙产品			
合计			

3. 根据制造费用分配表，编制相应的会计分录。

三、废品损失的核算

（一）按废品实际成本计算不可修复废品损失

【实训资料】

锦辉公司第一基本生产车间 2023 年 3 月生产甲产品 500 件，其中合格品 480 件，在生产过程中产生不可修复废品 20 件。本月甲产品的工时为 6 000 小时，其中合格品工时 5 500 小时，废品 500 小时。产品成本明细账所记合格品和废品生产成本合计为 14 600 元，其中直接材料 5 000 元，直接人工 4 200 元，制造费用 5 400 元。原材料是在生产开始时一次投入。不可修复废品残料 60 元已回收入库。

【实训要求】

1. 按实际成本计算并结转不可修复废品的成本，编制相应的会计分录，填制不可修复废品损失计算表，如表 3 - 18 所示。

表 3 - 18　不可修复废品损失计算表

项目	数量/件	直接材料/元	生产工时/小时	直接人工/元	制造费用/元	成本合计/元
费用总额						
费用分配率						
废品成本						
减：残料价值						
废品损失						

2. 结转回收废品残料价值，编制相应的会计分录；

3. 计算并结转废品净损失，编制相应的会计分录。

（二）按废品定额成本计算不可修复废品损失

【实训资料】

瑞立公司第一基本生产车间 2023 年 3 月在生产乙产品的过程中，产生不可修复废品 20 件，按其所耗定额费用计算废品的生产成本。单件乙产品原材料费用定额为 600 元，废品已完成的定额工时共计 300 小时，每小时的费用定额为职工薪酬 4.5 元，制造费用 8 元。废品残料计价 1 000 元已回收入库。

【实训要求】

1. 按废品定额成本计算并结转不可修复废品的成本，编制相应的会计分录，填制不可修复废品损失计算表，如表 3 - 19 所示。

表 3 - 19　不可修复废品损失计算表

项目	直接材料/元	定额工时/小时	直接人工/元	制造费用/元	成本合计/元
每件或每小时费用定额					
废品定额成本					

续表

项目	直接材料/元	定额工时/小时	直接人工/元	制造费用/元	成本合计/元
减：残料价值					
废品损失					

2. 结转回收废品残料价值，编制相应的会计分录；

3. 计算并结转废品净损失，编制相应的会计分录。

（三）核算可修复废品损失

【实训资料】

卓远公司基本生产车间 2023 年 3 月完工生产丙产品 300 件，进行质量验收时发现 10 件可修复废品。为修复这批废品，共耗费材料费用 620 元，生产工时 80 小时，本月直接人工分配率 4.5 元/小时，制造费用分配率 3 元/小时。经查，该批废品应由责任人王芳赔偿 120 元。

【实训要求】

1. 计算并结转可修复废品的成本，编制相应的会计分录；

2. 结转责任人应收赔偿款，编制相应的会计分录；

3. 计算并结转废品净损失，编制相应的会计分录。

生产费用在完工产品和在产品之间的分配

教学目标

1. 知识目标

（1）了解在产品的数量核算。

（2）掌握生产费用在完工产品与在产品之间进行分配的各种方法。

（3）掌握产品成本计算单的填制。

（4）掌握完工产品成本结转。

2. 能力目标

（1）能够进行在产品收发结存的核算。

（2）能够运用恰当方法将生产费用分配给完工产品与在产品。

（3）能计算完工产品成本并填制产品成本计算单，登记生产成本明细账。

（4）能进行完工产品成本结转。

3. 素质目标

（1）养成规范核算、节约成本的企业管理观念。

（2）培养灵活运用各种方法进行费用分配的能力。

（3）学习大国工匠精益求精的精神，提高职业素养，实现自身的全面发展。

内容提要

（1）在产品和完工产品是两个不同的概念，均有狭义和广义之分。

（2）生产费用在完工产品和在产品之间分配的方法有七种：不计算在产品成本法、在产品按年初固定成本计价法、在产品按所耗直接材料费用计价法、约当产量比例法、在产品按完工产品成本计价法、在产品按定额成本计价法、定额比例法。

（3）约当产量，是指在产品按其完工程度折合成完工产品的产量。约当产量比例法适用于月末在产品数量较大，各月末在产品数量变化也较大，同时产品成本中直接材料费用和直接人工及制造费用的比重相差不大的企业。

（4）定额比例法是将生产费用按完工产品和月末在产品的定额消耗量或定额费用的比例分配计算完工产品和月末在产品成本的一种方法。

任务一　核算在产品

任务导入

刘兴是大数据与会计专业的学生，2023 年暑假期间他到兴鲁制造有限责任公司进行岗位实习。7 月 31 日，他随同基本生产车间成本核算人员张会计一起进行盘点工作，他发现在盘点中除了对原材料、周转材料、库存商品等资产进行实地盘点外，还要对生产线上尚未完工的在产品进行盘点。他带着疑问咨询张会计，张会计耐心地告诉刘兴，通过盘点可以查明有关资产账存与实存的差异，进而查明盘盈盘亏原因，保证存货的安全性与完整性。在产品也是重要的存货。各月末在产品的数量以及成本，对完工产品成本的计算都有重大影响。为了计算完工产品成本，就必须先确定在产品的数量。刘兴认真地撰写了实习日志，将盘点所见所得进行了总结，这些经历提高了他对会计岗位的认知，拓展了业务能力。

知识链接与任务操作

经过前述任务中要素费用以及综合费用的归集和分配，企业发生的各项生产费用已经全部归集到各成本核算对象"生产成本——基本生产成本"账户的借方。在一个成本核算期内，如果某种产品已经全部完工，归集在该产品"生产成本——基本生产成本"明细账中的全部生产费用，就是该产品完工产品的总成本；如果某种产品全部未完工，归集在该产品"生产成本——基本生产成本"明细账中的全部生产费用，就是该产品在产品的成本；如果某种产品既有完工产品，又有在产品，在这种情况下，归集在该产品"生产成本——基本生产成本"明细账中的全部生产费用，就需要采用适当的方法在完工产品和月末在产品之间进行分配，从而计算出完工产品总成本、单位成本以及月末在产品成本。

一、在产品与完工产品的概念

在产品和完工产品是两个不同的概念，均有狭义和广义之分。狭义的在产品，是就某一生产车间或某一生产步骤而言的，是指尚在某一生产车间或某一生产步骤处于加工、检验等过程中的产品。广义的在产品，是指没有完成全部生产过程不能作为商品进行销售的产品，不仅包括在某一生产车间或生产步骤正在加工中的在产品，即狭义的在产品，还包括已完成某一生产步骤转入半成品库和以后各步骤继续加工但尚未最后完工制成产成品的半成品，以及未经验收入库的完工产品和待返修的废品。狭义的完工产品是指在一个企业内已完成全部生产过程、按规定标准检验合格、可供销售的产品，也称产成品。广义的完工产品不仅包括产成品，而且包括完成部分加工过程，已由生产车间半成品仓库验收，但尚未完成全部生产过程，尚需继续在本企业内进一步加工制造的自制半成品。

二、在产品与完工产品之间的关系

根据投入产出的原理，月初在产品成本、本月发生的生产成本与本月完工产品成本、月末在产品成本之间的关系，可用下列公式表达：

月初在产品成本 + 本月发生的生产成本 = 本月完工产品成本 + 月末在产品成本

同样的道理，月初在产品数量、本月投入的生产数量与本月完工产品数量、月末在产品数量之间也有如下关系：

月初在产品数量 + 本月投入的生产数量 = 本月完工产品数量 + 月末在产品数量

从上述公式可以看出，在已知月初在产品成本和本月生产成本的前提下，可以有三个途径确定完工产品成本与月末在产品成本：

（一）先计算确定月末在产品成本，再计算完工产品成本

计算公式如下：

完工产品成本＝月初在产品成本＋本月发生的生产成本－月末在产品成本

（二）先计算确定完工产品成本，再计算月末在产品成本

计算公式如下：

月末在产品成本＝月初在产品成本＋本月发生的生产成本－完工产品成本

（三）生产费用按一定比例在完工产品和月末在产品之间进行分配，同时求得完工产品成本和在产品成本

无论采用哪一种方法，各月末在产品的数量和费用的大小，对完工产品成本的计算都有重大影响，为正确计算完工产品成本，就必须先确定在产品的数量。

三、在产品的核算

在产品的核算主要包括两项内容：一是在产品收入、完工、结存的核算；二是在产品清查盘点工作。

（一）在产品收入、完工、结存的核算

车间在产品收发结存数量的日常核算，通常是通过在产品台账进行的。在产品台账又称在产品收发结存账，可以分车间、班组设置，由车间和班组核算人员对在产品的收发结存进行登记，期末由车间核算人员审核汇总，并报给财会部门进行成本核算。在产品收发结存账的格式可由企业根据需要自行设计，其样式如表4－1所示。

表4－1　在产品收发结存账

车间名称：　　　　　　在产品名称：　　　　　　计量单位：

日期	摘要	收入		完工				结存		备注
		凭证号	数量	凭证号	合格品	废品	短缺	凭证号	数量	

根据在产品收发结存账所记录的收入、完工、结存的在产品数量，分别乘以在产品的定额成本，可以掌握在产品生产进度，了解在产品资金占用情况，有利于加强生产管理。

（二）在产品清查盘点工作

为了核实在产品实际结存数量，保护在产品的安全完整，企业应定期或不定期地进行在产品清查。在实际工作中，清查人员根据在产品实际盘点数和账面资料编制在产品盘点表，列明在产品的账存数、实存数、盘盈盘亏数以及盘盈盘亏的原因和处理意见等，对于报废和毁损的在产品，如果可以回收利用，还要登记残值。

1. 在产品盘盈

在产品发生盘盈时，应按在产品计划成本或定额成本记入"生产成本——基本生产成本"账户的借方，同时记入"待处理财产损溢"账户的贷方，盘盈的存货，通常是由企业日常收发计量或计算上的差错所造成的，即正常损失。按规定核销在产品盘盈价值时，记入"待处理财

产损溢"账户的借方,同时贷记"制造费用"账户。

（1）发现盘盈时,按盘盈在产品计划成本或定额成本入账。

借:生产成本——基本生产成本

　　贷:待处理财产损溢——待处理流动资产损溢

（2）按规定核销时,冲减制造费用。

借:待处理财产损溢——待处理流动资产损溢

　　贷:制造费用

2. 在产品盘亏和毁损

在产品发生盘亏和毁损时,应记入"待处理财产损溢"账户的借方,并冲减在产品账面成本,贷记"生产成本——基本生产成本"账户。毁损在产品如有回收残值,记入"原材料""银行存款"等账户的借方,同时贷记"待处理财产损溢"账户。盘亏和毁损的在产品按规定核销时,应根据不同情况分别处理。如果盘亏属于定额内损耗以及存货日常收发计量上的差错,即正常损失,经批准后转作制造费用,应记入"制造费用"账户的借方,贷记"待处理财产损溢";如果盘亏和毁损是由于自然灾害造成的非常损失,应记入"营业外支出"账户的借方,贷记"待处理财产损溢";如果盘亏和毁损应由保险公司或者过失人员赔偿,应记入"其他应收款"账户的借方,贷记"待处理财产损溢"。

（1）发生盘亏和毁损时,按在产品计划成本或定额成本冲减在产品成本。

借:待处理财产损溢——待处理流动资产损溢

　　贷:生产成本——基本生产成本

（2）毁损在产品残值回收。

借:原材料

　　贷:待处理财产损溢——待处理流动资产损溢

（3）如果盘亏属于定额内损耗以及存货日常收发计量上的差错。

借:制造费用

　　贷:待处理财产损溢——待处理流动资产损溢

（4）如果盘亏和毁损是由于自然灾害造成的非常损失。

借:营业外支出

　　贷:待处理财产损溢——待处理流动资产损溢

（5）如果盘亏和毁损应由保险公司或者过失人员赔偿。

借:其他应收款

　　贷:待处理财产损溢——待处理流动资产损溢

小提示:根据《增值税暂行条例及其实施细则》,非正常损失的购进货物及其相应的应税劳务,非正常损失的在产品、产成品所耗用的购进货物或应税劳务,其进项税额不得从销项税额中抵扣。因此,纳税人存货盘亏需分析具体原因,凡属于非正常损失造成的,对应的进项税额需做转出处理。

由于在产品的成本影响到完工产品成本的计算结果,企业成本核算人员应对在产品盘点表进行认真审核,并报有关部门审批,同时对在产品盘盈、盘亏进行正确的账务处理。

任务小结

在产品清查盘点流程如图4-1所示。

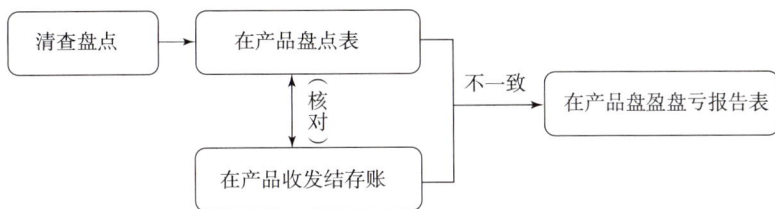

图 4 - 1　在产品清查盘点流程

任务二　生产费用在完工产品和在产品之间的分配

任务导入

正源制造有限责任公司基本生产车间主要生产 ZY - A 产品，原材料在生产开始时一次投入。2023 年 3 月投产 100 件 ZY - A 产品，本月共发生直接材料费用 16 000 元，直接人工费用 6 800 元，制造费用 4 900 元。月末完工产品 85 件，尚有 15 件在产品。该公司月末在产品所耗用的直接材料费用在全部成本中占较大比重，其他加工费用相对较少。成本核算人员张虹陷入思考：本月发生的生产费用是否都应该计入完工产品成本？如果在产品需要负担生产费用，该采用何种方法分配完工产品和在产品的成本？

经过查阅资料以及企业成本核算制度，张虹选用在产品按所耗直接材料费用计价法进行生产费用的分配。

知识链接与任务操作

合理核算完工产品成本和月末在产品成本，是产品成本计算工作中一个重要而复杂的问题。生产费用在完工产品和在产品之间的分配，主要有以下七种常用的方法：不计算在产品成本法、在产品按年初固定成本计价法、在产品按所耗直接材料费用计价法、约当产量比例法、在产品按完工产品成本计价法、在产品按定额成本计价法、定额比例法。

一、不计算在产品成本法

不计算在产品成本法是指月末无在产品或者月末虽然有在产品，但在产品数量很少、价值很低而对月末在产品成本忽略不计的一种方法。这种方法的特点是每月发生的成本费用全部由完工产品负担，在产品不负担任何成本费用。在这种情况下，产品成本计算单中归集的本月发生的生产费用就是本月该完工产品总成本，用完工产品总成本除以完工产品数量就是单位产品成本。

这种方法适用于月末在产品数量很少甚至无在产品的企业，如发电、供水、采掘等企业。

小提示：不计算在产品成本法适用于月末在产品数量很少甚至无在产品的企业。

二、在产品按年初固定成本计价法

在产品按年初固定成本计价法是指以年初固定的在产品成本作为每个月（1—11 月）月末在产品成本的一种方法。这种方法的特点是年内各月在产品成本都按年初在产品成本计算，固定不变。

在这种方法下，各月月初、月末在产品成本均为年初固定数，因此，产品成本计算单中归集的本月发生的生产费用即为当月完工产品的成本。这种方法适用于月末在产品数量较少或者月末在产品数量虽多，但各月在产品数量变化不大的企业，如炼铁、化工企业。

需要注意的是，为避免长时间内以一个固定不变的在产品成本计价导致在产品成本脱离实际成本过多的情况，在每年的 12 月，应对在产品进行实际盘点，并采用一定方法将生产费用在完工产品和月末在产品之间进行分配，以重新计算的月末在产品成本作为下一个年度每月固定的在产品成本。

小提示：在产品按年初固定成本计价法适用于月末在产品数量较少或者月末在产品数量虽多，但各月末在产品数量变化不大的企业。

三、在产品按所耗直接材料费用计价法

在产品按所耗直接材料费用计价法是指在产品成本只按所耗的直接材料成本确认，直接人工、制造费用等加工费用全部由本月完工产品负担的一种方法。这种方法的特点是月末在产品只计算其所耗的原材料费用，不计算直接人工、制造费用等加工费用。

如果月末在产品所耗用的直接材料费用在全部成本中占较大比重，其他费用相对较少，为简化核算工作，在产品可以只负担直接材料费用，全部生产费用减去按所耗直接材料费用计算的在产品成本即为完工产品成本。这种方法适用于月末在产品数量较大，各月在产品数量变化也较大，同时直接材料费用在成本中所占比重较大的产品，如纺织、造纸等行业。

小提示：在产品按所耗直接材料费用计价法适用于月末在产品数量较大，各月在产品数量变化也较大，同时直接材料费用在成本中所占比重较大的产品。

任务操作 4 - 1

正源制造有限责任公司基本生产车间主要生产 ZY - A 产品，原材料在生产开始时一次投入。2023 年 3 月投产 100 件 ZY - A 产品，ZY - A 产品月初在产品直接材料为 2 500 元。本月共发生直接材料费用 16 000 元，直接人工费用 6 800 元，制造费用 4 900 元。月末完工产品 85 件，尚有15 件在产品。该公司月末在产品所耗用的直接材料费用在全部成本中占较大比重，其他加工费用相对较少。公司采用在产品按所耗直接材料费用计价法进行完工产品与月末在产品成本的分配。

计算过程如下：

$$直接材料费用分配率 = (2\ 500 + 16\ 000)/(85 + 15) = 185$$
$$月末在产品成本 = 月末在产品应分配的材料费用 = 15 \times 185 = 2\ 775\ （元）$$
$$完工产品总成本 = 完工产品应分配的材料费用 + 直接人工费用 + 制造费用$$
$$= 85 \times 185 + 6\ 800 + 4\ 900 = 27\ 425\ （元）$$

四、约当产量比例法

约当产量是指将月末在产品数量按照完工程度折算为完工产品的产量。约当产量比例法（简称约当产量法）是指按照完工产品产量和月末在产品约当产量的比例分配生产费用，计算完工产品成本和在产品成本的一种方法。这种方法的特点是先将月末在产品数量折算为约当产量，然后将月初结存在产品成本与本月发生的生产费用之和，按完工产品数量与月末在产品约当产量的比例进行分配。

约当产量比例法适用于月末在产品数量较大，各月末在产品数量变化也较大，同时产品成本中直接材料费用和直接人工费用及制造费用的比重相差不大的企业。在实际工作中，约当产量比例法应用较广泛。

约当产量比例法的计算公式如下：

$$在产品约当产量 = 月末在产品数量 \times 月末在产品完工程度 （或投料程度）$$
$$约当总产量 = 本月完工产品产量 + 月末在产品约当产量$$

$$某项生产费用分配率 = \frac{该项生产费用总额}{约当总产量} = \frac{月初在产品成本 + 本月发生的生产费用}{完工产品产量 + 月末在产品约当产量}$$

$$完工产品应分配该项生产费用 = 完工产品产量 \times 该项生产费用分配率$$

$$月末在产品应分配该项生产费用 = 月末在产品约当产量 \times 该项生产费用分配率$$

或者：

$$月末在产品应分配该项生产费用 = 该项生产费用总额 - 完工产品负担的该项生产费用$$

采用约当产量比例法，由于月末在产品的各项生产费用的投入程度不同，因此要分成本项目计算在产品的约当产量。通常，直接材料应根据月末在产品所耗直接材料的投料程度计算约当产量，直接人工费用和制造费用等则按加工程度计算约当产量。

小提示：约当产量比例法适用于月末在产品数量较大，各月末在产品数量变化也较大，同时产品成本中直接材料费用和直接人工费用及制造费用的比重相差不大的企业。

（一）直接材料项目约当产量的确定

直接材料项目约当产量的确定，取决于产品生产过程中的投料程度。实际工作中，原材料的投料进程与产品的完工程度不一定同步，因此要将材料费用与其他加工费用分别加以计算。原材料投料方式不同，在产品投料程度的确定方法也不同。

1. 生产开始时一次投料

生产开始时一次投料是指产品生产开始时一次投入该产品生产所需的全部材料。如果直接材料是在生产开始时一次投入，在这种情况下，一件完工产品与一件月末在产品所耗用的直接材料成本是相等的，因此，不论在产品完工程度如何，投料程度均为100%，在产品的约当产量即为其实际结存数量，直接材料费用可按完工产品产量和月末在产品的实际结存数量分配。

2. 原材料按生产工序分次投入，且在每道工序开始时一次投料

每道工序开始时一次投料是指在产品生产的每道工序开始时投入该工序所需的全部材料。此时，每道工序上的在产品应负担的材料费用是截至该工序为止的累计投料额。确定每道工序上的在产品投料程度时，以各工序直接材料消耗定额为依据，投料程度按本工序投料的100%折算。月末在产品的投料程度计算公式如下：

$$某道工序在产品投料程度 = \frac{前面工序累计材料消耗定额 + 本道工序材料消耗定额 \times 100\%}{完工产品材料消耗定额} \times 100\%$$

任务操作 4 - 2

盛福制造有限责任公司基本生产车间主要生产 SF - 1 产品，产品需经过两道工序完成，单件 SF - 1 产品材料消耗定额为 200 千克，其中第一道工序直接材料消耗定额 120 千克，第二道工序直接材料消耗定额 80 千克。2023 年 3 月，完工产品 2 000 件，月末在产品数量共计 1 000 件，其中第一道工序在产品 800 件，第二道工序在产品 200 件。原材料按生产工序分次投入，且在每道工序开始时一次投料。各道工序在产品投料程度以及约当产量计算过程如表 4 - 2 所示。

表 4 - 2　在产品投料程度和约当产量计算表

产品名称：SF - 1 产品　　　　　　　　2023 年 3 月

工序	直接材料消耗定额/千克	投料程度	在产品约当产量/件	完工产品产量/件	约当总产量/件
1	120	120/200 = 60%	800 × 60% = 480	—	—
2	80	（120 + 80）/200 = 100%	200 × 100% = 200	—	—
合计	200	—	680	2 000	2 680

任务操作 4 - 3

承任务操作 4 - 2, 盛福制造有限责任公司 2023 年 3 月的成本资料显示, 月初在产品直接材料费用 16 520 元, 本月发生直接材料费用 21 000 元。该公司采用约当产量比例法分配直接材料费用的过程如下:

$$直接材料费用分配率 = (16\ 520 + 21\ 000)/(2\ 000 + 680) = 14$$
$$完工产品应分配的直接材料费用 = 2\ 000 \times 14 = 28\ 000（元）$$
$$月末在产品应分配的直接材料费用 = 680 \times 14 = 9\ 520（元）$$

3. 直接材料在生产过程中陆续投入且投入量与加工进度一致

当直接材料随着生产过程陆续投入且投入量与加工进度一致时, 在产品投料程度的计算与完工程度的计算相同。此时, 分配直接材料费用的在产品约当产量按完工程度折算。

4. 直接材料在生产过程中陆续投入且投入量与加工进度不一致

当直接材料随生产过程陆续投入且投入量与加工进度不一致时, 各工序在产品投料程度由前面各工序累计材料消耗比例加本道工序消耗定额的 50% 构成, 并据以计算各工序月末在产品的约当产量。

月末在产品的投料程度计算公式如下:

$$某道工序在产品投料程度 = \frac{前面工序累计材料消耗定额 + 本道工序材料消耗定额 \times 50\%}{完工产品材料消耗定额} \times 100\%$$

任务操作 4 - 4

全福制造有限责任公司基本生产车间主要生产 QF - 1 产品, 产品需经过两道工序完成, 单件 QF - 1 产品材料消耗定额为 600 千克, 其中第一道工序直接材料消耗定额 240 千克, 第二道工序直接材料消耗定额 360 千克。2023 年 3 月, 完工产品 200 件, 月末在产品数量共计 320 件, 其中第一道工序在产品 220 件, 第二道工序在产品 100 件。成本资料显示, 月初在产品直接材料费用 18 620 元, 本月发生直接材料费用 31 620 元。假设 QF - 1 产品所耗直接材料在生产过程中陆续投入且投入量与加工进度不一致。该公司采用约当产量比例法分配本月完工产品和在产品直接材料费用, 编制在产品投料程度和约当产量计算表, 如表 4 - 3 所示。

表 4 - 3　在产品投料程度和约当产量计算表

产品名称: QF - 1 产品　　　　　　　2023 年 3 月

工序	直接材料消耗定额/千克	投料程度	在产品约当产量/件	完工产品产量/件	约当总产量/件
1	240	(240 × 50%)/600 = 20%	220 × 20% = 44	—	—
2	360	(240 + 360 × 50%)/600 = 70%	100 × 70% = 70	—	—
合计	600	—	114	200	314

$$直接材料费用分配率 = (18\ 620 + 31\ 620)/(200 + 114) = 160$$
$$完工产品应分配的直接材料费用 = 200 \times 160 = 32\ 000（元）$$
$$月末在产品应分配的直接材料费用 = 114 \times 160 = 18\ 240（元）$$

(二) 加工费用项目约当产量的确定

采用约当产量比例法分配加工费用时, 首先需要测定在产品的完工程度, 在此基础上, 计算在产品的约当产量, 进而进行加工费用的分配。

1. 企业生产进度比较均衡

如果企业生产进度比较均衡，各道工序在产品加工数量相差不大且单位产品在各道工序的加工量相差不多时，为简化核算，月末在产品完工程度通常按50%平均计算。

2. 企业月末在产品各道工序加工程度不均衡

如果企业月末在产品各道工序加工程度不均衡，则必须根据各道工序在产品累计工时定额占完工产品工时定额的比例，分别计算各道工序在产品的完工程度。其计算公式如下：

$$某道工序在产品完工程度 = \frac{前面各道工序累计工时定额 + 本道工序工时定额 \times 50\%}{完工产品工时定额} \times 100\%$$

上列公式中"前面各道工序累计工时定额"，对本道工序而言，前面工序已经完工，所以前面各道工序的工时定额都以100%计入；对于"本道工序工时定额"，为简化核算工作，在产品所在工序的加工程度一般不逐一测定，而是以本道工序工时定额的50%计入。

任务操作 4 - 5

浩福制造有限责任公司基本生产车间主要生产 HF - 1 产品，产品需经过三道工序完成，单位产品工时定额为40小时，其中第一道工序工时定额为8小时，第二道工序工时定额为12小时，第三道工序工时定额为20小时。各道工序在产品加工程度以本道工序工时定额的50%计入。

各道工序在产品完工程度计算如下：

第一道工序在产品完工程度：

$$(8 \times 50\%)/40 = 10\%$$

第二道工序在产品完工程度：

$$(8 + 12 \times 50\%)/40 = 35\%$$

第三道工序在产品完工程度：

$$(8 + 12 + 20 \times 50\%)/40 = 75\%$$

月末为计算出完工产品成本，必须先根据各道工序的月末在产品数量和完工程度，计算各道工序月末在产品的约当产量，进而求得加工费用分配率，据以分配加工费用。

任务操作 4 - 6

承任务操作4 - 5，2023年3月，浩福制造有限责任公司 HF - 1 产品完工数量275件，月末在产品数量共计180件，其中，第一道工序40件，第二道工序60件，第三道工序80件。月初在产品直接人工费用7 720元，制造费用4 360元，本月发生直接人工费用11 000元，制造费用6 800元。

分配本月完工产品和在产品加工费用如下：

（1）编制在产品完工程度和约当产量计算表，如表4 - 4所示。

表 4 - 4　在产品完工程度和约当产量计算表

产品名称：HF - 1 产品　　　　　　　　　　2023 年 3 月

工序	完工程度/%	在产品数量/件	约当产量/件	完工产品数量/件	合计/件
1	10	40	4	—	—
2	35	60	21	—	—
3	75	80	60	—	—
合计	—	180	85	275	360

（2）分配本月完工产品和在产品加工费用。

①分配直接人工费用。

$$直接人工费用分配率 = (7\,720 + 11\,000)/(275 + 85) = 52$$
$$完工产品分配直接人工费用 = 275 \times 52 = 14\,300（元）$$
$$在产品分配直接人工费用 = 85 \times 52 = 4\,420（元）$$

②分配制造费用。

$$制造费用分配率 = (4\,360 + 6\,800)/(275 + 85) = 31$$
$$完工产品分配制造费用 = 275 \times 31 = 8\,525（元）$$
$$在产品分配制造费用 = 85 \times 31 = 2\,635（元）$$

在实务中，采用约当产量比例法将生产费用分配给完工产品和月末在产品，必须注意直接材料费用、直接人工费用、制造费用等成本项目分别进行分配。

任务操作 4-7

兴福制造有限责任公司生产 XF-1 产品，2023 年 3 月生产资料如下：月初在产品成本中直接材料费用 1 290 元，直接人工费用 3 110 元，制造费用 1 400 元；本月发生直接材料费用 15 710 元，直接人工费用 4 800 元，制造费用 3 120 元。本月完工产品 190 件，月末在产品 60 件，原材料在生产开始时一次投入，在产品的完工程度为 60%。

生产费用在完工产品和在产品之间的分配过程如下：

（1）直接材料费用的分配。

$$在产品约当产量 = 60 \times 100\% = 60（件）$$
$$直接材料费用分配率 = (1\,290 + 15\,710)/(190 + 60) = 68（元）$$
$$完工产品分配直接材料费用 = 190 \times 68 = 12\,920（元）$$
$$在产品分配直接材料费用 = 60 \times 68 = 4\,080（元）$$

（2）直接人工费用的分配。

$$在产品直接人工约当产量 = 60 \times 60\% = 36（件）$$
$$直接人工分配率 = (3\,110 + 4\,800)/(190 + 36) = 35（元）$$
$$完工产品分配直接人工费用 = 190 \times 35 = 6\,650（元）$$
$$在产品分配直接人工费用 = 36 \times 35 = 1\,260（元）$$

（3）制造费用的分配。

$$在产品制造费用约当产量 = 60 \times 60\% = 36（件）$$
$$制造费用分配率 = (1\,400 + 3\,120)/(190 + 36) = 20（元）$$
$$完工产品分配制造费用 = 190 \times 20 = 3\,800（元）$$
$$在产品分配制造费用 = 36 \times 20 = 720（元）$$

（4）汇总计算完工产品成本和月末在产品成本。

$$完工产品成本 = 12\,920 + 6\,650 + 3\,800 = 23\,370（元）$$
$$月末在产品成本 = 4\,080 + 1\,260 + 720 = 6\,060（元）$$

微课视频 5 约当产量法的应用

五、在产品按完工产品成本计价法

在产品按完工产品成本计价法是指将在产品视同完工产品计算、分配生产费用的一种方法。这种分配方法适用于月末在产品已接近完工，或产品已经加工完毕但尚未验收或包装入库的产品。由于在产品成本已接近完工产品成本，为了简化核算工作，可将在产品视同完工产品，按两者数量比例分配生产费用。

小提示：在产品按完工产品成本计价法适用于月末在产品已接近完工，或产品已经加工完毕但尚未验收或包装入库的产品。

任务操作 4 – 8

隆福制造有限责任公司生产 LF – 1 产品，2023 年 3 月生产资料如下：月初在产品成本中直接材料费用 2 120 元，直接人工费用 2 500 元，制造费用 855 元；本月发生的直接材料费用 10 800 元，直接人工费用 9 400 元，制造费用 2 205 元。本月完工产品 210 件，月末在产品 130 件。月末在产品已接近完工，在产品成本按照完工产品成本计算。

生产费用在完工产品和在产品之间的分配过程如下：

（1）直接材料费用的分配。

$$直接材料费用分配率 = (2\ 120 + 10\ 800)/(210 + 130) = 38$$
$$完工产品分配直接材料费用 = 210 \times 38 = 7\ 980（元）$$
$$月末在产品分配直接材料费用 = 130 \times 38 = 4\ 940（元）$$

（2）直接人工费用的分配。

$$直接人工费用分配率 = (2\ 500 + 9\ 400)/(210 + 130) = 35$$
$$完工产品分配直接人工费用 = 210 \times 35 = 7\ 350（元）$$
$$月末在产品分配直接人工费用 = 130 \times 35 = 4\ 550（元）$$

（3）制造费用的分配。

$$制造费用分配率 = (855 + 2\ 205)/(210 + 130) = 9$$
$$完工产品分配制造费用 = 210 \times 9 = 1\ 890（元）$$
$$月末在产品分配制造费用 = 130 \times 9 = 1\ 170（元）$$

（4）汇总计算完工产品成本和月末在产品成本。

$$完工产品成本 = 7\ 980 + 7\ 350 + 1\ 890 = 17\ 220（元）$$
$$月末在产品成本 = 4\ 940 + 4\ 550 + 1\ 170 = 10\ 660（元）$$

六、在产品按定额成本计价法

在产品按定额成本计价法是指按照月末在产品数量和事先制定的单位定额成本计算月末在产品成本，然后用某种产品全部生产费用减去月末在产品的定额成本，将其余额作为完工产品成本的一种方法。每月生产费用脱离定额的差异，全部由完工产品负担。这种方法的特点是根据各种在产品有关定额资料以及在产品月末结存数量，先计算月末在产品的定额成本，再计算完工产品成本。计算公式如下：

$$月末在产品定额成本 = 在产品数量 \times 在产品单位定额成本$$
$$完工产品成本 = 月初在产品定额成本 + 本期生产费用 - 月末在产品定额成本$$

任务操作 4 – 9

天福制造有限责任公司生产 TF – 1 产品，采用在产品按定额成本计价法分配完工产品和在产品成本。2023 年 3 月生产资料如下：月初在产品定额成本为：直接材料费用 4 200 元，直接人工费用 5 500 元，制造费用 2 650 元；本月发生的直接材料费用 56 000 元，直接人工费用 16 000 元，制造费用 10 000 元。本月完工产品 280 件，月末在产品 120 件。原材料在生产开始时一次投入。

在产品单位定额资料如下：原材料消耗定额 25 千克，工时定额 9 小时。该企业原材料计划单价 2 元/千克，计划人工费用分配率 1.5 元/小时，计划制造费用分配率 1.2 元/小时。

生产费用在完工产品和在产品之间的分配过程如下：

（1）计算在产品定额成本。

$$在产品直接材料定额成本 = 120 \times 25 \times 2 = 6\ 000（元）$$
$$在产品直接人工定额成本 = 120 \times 9 \times 1.5 = 1\ 620（元）$$
$$在产品制造费用定额成本 = 120 \times 9 \times 1.2 = 1\ 296（元）$$
$$月末在产品定额成本 = 6\ 000 + 1\ 620 + 1\ 296 = 8\ 916（元）$$

（2）计算完工产品成本。

$$完工产品应分配的直接材料费用 = 4\ 200 + 56\ 000 - 6\ 000 = 54\ 200（元）$$
$$完工产品应分配的直接人工费用 = 5\ 500 + 16\ 000 - 1\ 620 = 19\ 880（元）$$
$$完工产品应分配的制造费用 = 2\ 650 + 10\ 000 - 1\ 296 = 11\ 354（元）$$
$$完工产品总成本 = 54\ 200 + 19\ 880 + 11\ 354 = 85\ 434（元）$$

或者：

$$完工产品成本 = 月初在产品定额成本 + 本期生产费用 - 月末在产品定额成本$$
$$= (4\ 200 + 56\ 000) + (5\ 500 + 16\ 000) + (2\ 650 + 10\ 000) - 8\ 916$$
$$= 85\ 434（元）$$

在产品按定额成本计价法，可以简化生产费用在完工产品和月末在产品之间的分配工作，但月末在产品定额成本与实际成本之间的差异全部由本月完工产品负担不尽合理，尤其是差异较大时，会影响产品成本计算的准确性。这种方法适用于定额管理基础工作比较健全，各项消耗定额或费用定额比较稳定、准确，且各月在产品数量变动不大的产品。

小提示：在产品按定额成本计价法适用于定额管理基础工作比较健全，各项消耗定额或费用定额比较稳定、准确，且各月在产品数量变动不大的产品。

七、定额比例法

定额比例法是指将产品的生产费用按完工产品和月末在产品的定额消耗量或定额费用的比例，分配计算完工产品和月末在产品成本的一种方法。其中，原材料费用可以按原材料费用定额消耗量或原材料定额费用比例分配；分配直接人工费用、制造费用等时，由于定额耗用量（工时）资料容易取得，一般按定额耗用量（工时）比例分配。计算公式如下：

$$材料费用分配率 = \frac{月初在产品材料实际成本 + 本月发生材料实际成本}{完工产品材料定额消耗量（定额费用）+ 月末在产品材料定额消耗量（定额费用）}$$

$$完工产品应分配的直接材料费用 = 完工产品材料定额耗用量（定额费用）\times 材料费用分配率$$

$$月末在产品应分配的直接材料费用 = 月末在产品材料定额耗用量（定额费用）\times 材料费用分配率$$

$$直接人工费用分配率 = \frac{月初在产品人工费用实际成本 + 本月发生人工费用实际成本}{完工产品定额工时 + 月末在产品定额工时}$$

$$完工产品应分配的直接人工费用 = 完工产品定额工时 \times 直接人工费用分配率$$
$$月末在产品应分配的直接人工费用 = 月末在产品定额工时 \times 直接人工费用分配率$$

$$制造费用分配率 = \frac{月初在产品制造费用实际成本 + 本月发生制造费用实际成本}{完工产品定额工时 + 月末在产品定额工时}$$

$$完工产品应分配的制造费用 = 完工产品定额工时 \times 制造费用分配率$$
$$月末在产品应分配的制造费用 = 月末在产品定额工时 \times 制造费用分配率$$

任务操作 4 - 10

东福制造有限责任公司生产 DF - 1 产品。2023 年 3 月生产资料如下：月初在产品成本中直接材料费用 3 050 元，直接人工费用 3 200 元，制造费用 2 260 元；本月发生直接材料费用 8 900 元，直接人工费用 6 100 元，制造费用 4 250 元。本月完工产品 800 件，单位完工产品原材料费用定额 5 元，工时定额 2 小时。月末在产品 260 件，单位在产品原材料费用定额 3 元，工时定额 1 小时。采用定额比例法分配完工产品和在产品成本时，原材料费用按原材料定额费用比例分配，其他加工费用按定额工时比例分配。其计算分配结果如下：

（1）直接材料费用的分配。

$$完工产品直接材料定额费用 = 800 \times 5 = 4\,000（元）$$
$$月末在产品直接材料定额费用 = 260 \times 3 = 780（元）$$
$$原材料费用分配率 = (3\,050 + 8\,900)/(4\,000 + 780) = 2.5$$
$$完工产品分配直接材料费用 = 4\,000 \times 2.5 = 10\,000（元）$$
$$月末在产品分配直接材料费用 = 780 \times 2.5 = 1\,950（元）$$

（2）直接人工费用的分配。

$$完工产品定额工时 = 800 \times 2 = 1\,600（小时）$$
$$月末在产品定额工时 = 260 \times 1 = 260（小时）$$
$$直接人工费用分配率 = (3\,200 + 6\,100)/(1\,600 + 260) = 5$$
$$完工产品分配直接人工费用 = 1\,600 \times 5 = 8\,000（元）$$
$$月末在产品分配直接人工费用 = 260 \times 5 = 1\,300（元）$$

（3）制造费用的分配。

$$制造费用分配率 = (2\,260 + 4\,250)/(1\,600 + 260) = 3.5$$
$$完工产品分配制造费用 = 1\,600 \times 3.5 = 5\,600（元）$$
$$月末在产品分配制造费用 = 260 \times 3.5 = 910（元）$$

（4）汇总计算完工产品成本和月末在产品成本。

$$完工产品实际成本 = 10\,000 + 8\,000 + 5\,600 = 23\,600（元）$$
$$月末在产品实际成本 = 1\,950 + 1\,300 + 910 = 4\,160（元）$$

采用定额比例法分配完工产品与月末在产品费用，不仅分配结果比较正确，而且可以将实际消耗量与定额消耗量、实际费用与定额费用相比较，便于分析和考核定额的执行情况。这种方法适用于各项消耗定额或费用定额比较准确、稳定，且各月末在产品数量较大的产品。

小提示：定额比例法适用于各项消耗定额或费用定额比较准确、稳定，且各月末在产品数量较大的产品。

工业企业按照上述方法将生产费用在完工产品和月末在产品之间进行分配之后，应将完工产品成本从"生产成本——基本生产成本"账户的贷方转入"库存商品"账户的借方，而月末在产品成本仍保留在"生产成本——基本生产成本"账户的借方。结转完工产品成本账务处理如下：

　　借：库存商品——××产品
　　　　贷：生产成本——基本生产成本——××产品

任务小结

完工产品与月末在产品成本核算流程如图 4-2 所示。

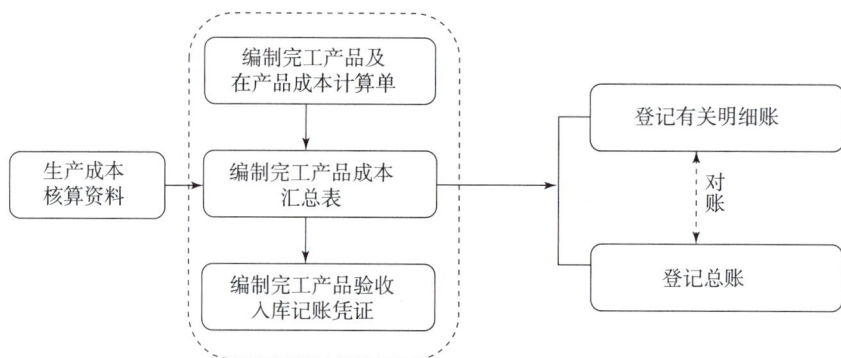

图 4 – 2 完工产品与月末在产品成本核算流程

职业道德与素养

【案例】

虚开发票、虚增成本……财政部对 19 家医药企业作出行政处罚

财政部（2021 年 3 月）12 日发布会计信息质量检查公告，依据《中华人民共和国会计法》，对财政部有关监管局检查的 19 家医药企业作出行政处罚。公告显示，被处罚的 19 家医药企业存在使用虚假发票套取资金、虚构业务事项或利用医药推广公司套取资金、账簿设置不规范等违规行为。

例如，江苏万邦医药营销有限公司 2018 年支付个人代理商销售推广费用，凭证后附的部分发票由与该公司无实质业务往来的第三方公司开具，涉及金额 1.4 亿元。山东步长制药股份有限公司以咨询费、市场推广费名义向医药推广公司支付资金，再由医药推广公司转付给该公司的代理商，涉及金额 5 122.39 万元。财政部均依法对上述企业处以罚款。

记者了解到，此次公布的行政处罚结果，来自财政部会同国家医保局实施的会计信息质量检查。2019 年，针对人民群众长期反映的药价虚高顽疾，两部门对 77 家医药企业实施了会计信息质量检查，检查聚焦医药产品成本费用结构，摸清了药价虚高成因。财政部监督评价局二级巡视员刘峰表示，受疫情影响，行政处罚结果公布时间由去年延至今年。"我们将继续与国家医保局加强合作，切实履行财会监督职责，坚持'强穿透、堵漏洞、用重典、正风气'，加大执法检查力度，切实提高会计审计质量，保障人民群众利益。"刘峰说。

资料来源：中华人民共和国财政部会计信息质量检查公告（第四十号）2021 年 3 月 25 日（有删改）

http://www.mof.gov.cn/index.htm

【问题】药价虚高一直是人民群众关心的问题，药品成本不透明是造成药价虚高的主要原因之一。药品成本主要包括哪些呢？民众急切需要了解其真实成本构成。

【分析】依据《中华人民共和国会计法》，针对人民群众长期反映的药价虚高顽疾，财政部会同国家医保局于 2019 年对 77 家医药企业实施会计信息质量检查，通过检查聚焦医药产品成本费用结构，摸清了药价虚高成因，震慑了医药企业带金销售、哄抬药价等违规行为，保障了药品集中带量采购等重大改革的顺利推进。对企业而言，虚增费用、开假发票都是违法违规的。药品成本主要包括原料成本、辅料成本、包装材料成本、直接人工工资、燃料及动力费用、制造费用等，与药品生产无关的各项费用不得计入药品成本。药品关乎生命，关乎健康，党的二十大报告指出："要提高公共安全治理水平""强化食品药品安全监管，健全生物安全监管预警防控体系。"制药企业要加强质量管理，诚信经营，勇担时代责任，彰显企业担当。

单元小结

```
                              在产品与完工产品的概念
                    核算在产品  在产品与完工产品之间的关系
                              在产品的核算
生产费用在完工产品
和在产品之间的分配                            不计算在产品成本法
                                          在产品按年初固定成本计价法
                                          在产品按所耗直接材料费用计价法
                    生产费用在完工产品和在产品之间的分配  约当产量比例法
                                          在产品按完工产品成本计价法
                                          在产品按定额成本计价法
                                          定额比例法
```

闯关考验

第一部分　基础知识训练

一、单项选择题

1. 狭义的在产品是指（　　）。
   A. 正在车间加工的在产品　　　　　B. 需进一步加工的半成品
   C. 对外销售的自制半成品　　　　　D. 产成品

2. 如果企业定额管理基础较好，能够制定比较准确、稳定的消耗定额，各月末在产品数量变化较大的产品，应采用（　　）。
   A. 定额比例法　　　　　　　　　　B. 在产品按定额成本计价法
   C. 在产品按所耗直接材料费用计价法　D. 在产品按年初固定成本计价法

3. 各项消耗定额或费用定额比较准确、稳定，而且各月末在产品数量变化不大的产品，在完工产品与月末在产品之间分配费用适宜采用（　　）。
   A. 在产品按年初固定成本计价法　　B. 约当产量比例法
   C. 在产品按定额成本计价法　　　　D. 定额比例法

4. 如果企业某种产品各月末在产品数量较大，产品成本中原材料费用所占比重较大，则月末在产品可以（　　）。
   A. 不计算成本　　　　　　　　　　B. 按年初固定成本计价
   C. 按所耗直接材料费用计价　　　　D. 按完工产品成本计价

5. 在某种产品各月末在产品数量较大，但各月之间变化很小的情况下，为简化成本计算工作，其生产费用在该产品的完工产品与在产品之间进行分配时，适宜采用的方法是（　　）。
   A. 不计算在产品成本法　　　　　　B. 在产品按年初固定成本计价法
   C. 在产品按完工产品成本计算法　　D. 约当产量比例法

6. 如果某种产品的月末在产品数量较大，各月在产品数量变化也较大，产品成本中各项费用的比重相差不多，生产费用在完工产品与在产品之间分配，应采用的方法是（　　）。
   A. 不计算在产品成本法　　　　　　B. 约当产量比例法
   C. 在产品按完工产品成本计算法　　D. 定额比例法

7. 某种产品经两道工序加工而成，各道工序原材料消耗定额为：第一道工序 60 千克，第二道工序 40 千克。原材料按工序分次投入，且在每道工序开始时一次投料，则第一道工序在产品投料率为（　　）。

成本核算与管理

A. 20%   B. 40%   C. 60%   D. 80%

8. 某种产品经两道工序加工而成，各道工序原材料消耗定额为：第一道工序 60 千克，第二道工序 40 千克。原材料按工序分次投入，且在每道工序开始时一次投料，则第二道工序在产品投料率为（   ）。

A. 20%   B. 40%   C. 80%   D. 100%

9. 假设某企业生产甲产品经两道工序加工而成，工时定额为 50 小时。各道工序的工时定额为：第一道工序 30 小时，第二道工序 20 小时。则第一道工序在产品的完工程度为（   ）。

A. 30%   B. 50%   C. 80%   D. 90%

10. 假设某企业生产甲产品经两道工序加工而成，工时定额为 50 小时。各道工序的工时定额为：第一道工序 30 小时，第二道工序 20 小时。则第二道工序在产品的完工程度为（   ）。

A. 30%   B. 50%   C. 80%   D. 90%

二、多项选择题

1. 广义的在产品包括（   ）。

A. 正在各个车间加工中的在制品

B. 已经完成一个或几个生产步骤，但还需要继续加工的自制半成品

C. 等待返修的可修复废品

D. 已完工但尚未验收入库的产成品

2. 采用约当产量比例法计算月末在产品成本，在产品的约当产量应按（   ）计算。

A. 投料程度   B. 验收入库进度   C. 预计废品率   D. 完工程度

3. 采用约当产量比例法分配完工产品和在产品费用，适用于（   ）的产品。

A. 月末在产品数量不大

B. 月末在产品数量较大

C. 产品成本中各项费用所占比重相差不多

D. 各月在产品数量变动较大

4. 下列各项中，可用于将生产费用在完工产品和在产品之间进行分配的方法有（   ）。

A. 定额比例法   B. 不计算在产品成本法

C. 约当产量比例法   D. 在产品按年初固定成本计价法

5. 用定额比例法分配完工产品和月末在产品费用，应具备的条件有（   ）。

A. 各月末在产品数量变化较大   B. 各月末在产品数量变化不大

C. 消耗定额或成本定额比较稳定   D. 消耗定额或成本定额波动较大

三、分析判断题

1. 在产品是某一车间或某一道工序正在加工的那一部分产品。（   ）

2. 在产品按定额成本计价法，是指按完工产品与在产品的定额消耗量或定额成本费用的比例分配生产费用，计算完工产品成本与在产品成本的一种方法。（   ）

3. 各月末在产品数量变化不大的产品，可以不计算月末在产品成本。（   ）

4. 按定额比例法计算月末在产品成本，一般以原材料定额消耗量作为分配标准。（   ）

5. 某企业产品成本中原材料费用所占比重较大，在进行完工产品和月末在产品费用分配时，最适合选用的是在产品按定额成本计价法。（   ）

四、分析思考题

1. 生产成本在完工产品和月末在产品之间进行分配的方法有哪几种？这些方法各自适用于何种生产特点的企业？

2. 简述约当产量比例法的原理。

100

第二部分　任务操作实训

一、约当产量比例法的应用

(一) 加工费用项目约当产量的确定

【实训资料】

鑫源公司基本生产车间生产甲产品，需经三道工序连续加工才能完成，各道工序在产品加工程度以本道工序工时定额的50%计入。2023年3月，甲产品各道工序工时定额及在产品数量如表4-5所示。

表4-5　各道工序工时定额及在产品数量表

项目	第一道工序	第二道工序	第三道工序	合计
工时定额/小时	30	40	30	100
在产品数量/件	160	180	200	540

【实训要求】计算填列各道工序在产品完工程度以及在产品约当产量并填入表4-6中。

表4-6　各道工序在产品完工程度以及在产品约当产量计算表

项目	第一道工序	第二道工序	第三道工序	合计
在产品数量/件				
加工程度				
约当产量/件				

(二) 约当产量比例法的综合应用

【实训资料】

瑞泽公司基本生产车间生产乙产品，经三道工序完成。三道工序工时定额分别为30小时、30小时、15小时；乙产品本月完工1 420件，月末在产品240件，三道工序的在产品数量分别为80件、100件、60件。每道工序的在产品完工程度为50%。2023年3月，月初在产品及本月生产成本如表4-7所示。

表4-7　月初在产品及本月生产成本表　　　　　　　　　　　　　元

项目	直接材料	直接人工	制造费用	合计
月初在产品成本	3 820	3 900	4 950	12 670
本月生产成本	7 800	8 500	9 000	25 300

【实训要求】

1. 根据有关资料，计算乙产品各道工序在产品加工程度及约当产量，将结果填入表4-8中。

表4-8　月末在产品完工程度及约当产量计算表

加工工序	工时定额/小时	月末在产品数量/件	加工程度	约当产量/件
第一道工序				
第二道工序				

续表

加工工序	工时定额/小时	月末在产品数量/件	加工程度	约当产量/件
第三道工序				
合计				

2. 按照约当产量比例法计算乙产品完工产品与月末在产品成本，将结果填入表 4 – 9 中。

表 4 – 9　产品生产成本计算表

生产单位：基本生产车间　　　　2023 年 3 月　　　　产品：乙产品　　　　　　元

摘要	直接材料	直接人工	制造费用	合计
月初在产品成本				
本月生产成本				
生产成本合计				
完工产品成本				
单位产品成本				
月末在产品成本				

二、在产品按定额成本计价法的应用

【实训资料】

恒辉公司基本生产车间生产丙产品，采用在产品按定额成本计价法分配完工产品和在产品成本。2023 年 3 月，月初在产品及本月生产成本如表 4 – 10 所示。

表 4 – 10　月初在产品及本月生产成本　　　　　　　　　　元

项目	直接材料	直接人工	制造费用	合计
月初在产品成本	10 000	6 500	8 000	24 500
本月生产成本	34 000	18 000	20 000	72 000

本月完工产品数量为 400 件，月末在产品 160 件。原材料在生产开始时一次投入。单件在产品定额资料如下：原材料消耗定额 30 千克，计划单价 1 元/千克，月末在产品工时定额 8 小时，计划小时工资率 1.5 元/小时，计划小时费用率 2 元/小时。

【实训要求】

完成生产费用在完工产品与在产品之间的分配，填制产品生产成本计算表，如表 4 – 11 所示。

表 4 – 11　产品生产成本计算表

生产单位：基本生产车间　　　　2023 年 3 月　　　　产品：丙产品　　　　　　元

摘要	直接材料	直接人工	制造费用	合计
月初在产品成本				
本月生产成本				
生产成本合计				
完工产品成本				

摘要	直接材料	直接人工	制造费用	合计
单位产品成本				
月末在产品成本				

三、定额比例法的应用

【实训资料】

乐齐公司基本生产车间生产丁产品，2023 年 3 月的生产资料如下：月初在产品成本中直接材料费用 2 300 元，直接人工费用 3 700 元，制造费用 2 600 元；本月发生的直接材料费用 8 500 元，直接人工费用 6 200 元，制造费用 6 040 元。本月完工产品 600 件，原材料费用定额 5 元，工时定额 2.5 小时。月末在产品 200 件，原材料费用定额 3 元，工时定额 1.5 小时。生产费用在完工产品和月末在产品之间分配时，原材料费用按定额费用比例分配，其他加工费用按定额工时比例分配。

【实训要求】

完成生产费用在完工产品与在产品之间的分配，填制产品生产成本计算表，如表 4 - 12 所示。

表 4 - 12　产品生产成本计算表

生产单位：基本生产车间　　　　2023 年 3 月　　　　产品：丁产品　　　　　　元

摘要	直接材料	直接人工	制造费用	合计
月初在产品成本				
本月生产成本				
生产成本合计				
完工产品成本				
单位产品成本				
月末在产品成本				

产品成本计算方法概述

1. 知识目标

（1）掌握企业生产类型按工艺特点和生产组织方式进行的分类。
（2）掌握生产类型对成本计算方法的影响。
（3）掌握成本管理要求对成本计算方法的影响。
（4）掌握成本计算方法的特点。

2. 能力目标

（1）能够按工艺特点对生产类型进行分类。
（2）能够按生产组织方式对生产类型进行分类。
（3）能够根据企业生产类型和成本管理要求选择恰当的成本计算方法。

3. 素质目标

（1）培养学生规范核算、节约成本的企业管理观念。
（2）培养学生树立团队合作的意识。
（3）培养学生树立正确的就业观。

内容提要 ///

（1）按企业生产工艺过程分类，工业企业的生产可分为单步骤生产和多步骤生产两种类型。

（2）按企业生产组织方式分类，工业企业的生产可分为大量生产、成批生产和单件生产三种类型。

（3）企业的生产类型和成本管理要求，对产品成本计算的影响表现在三个方面：对成本计算对象的影响、对成本计算期的影响、对生产费用在完工产品和月末在产品之间分配的影响。

（4）产品成本计算的基本方法包括品种法、分批法、分步法，产品成本计算的辅助方法包括分类法、定额法。

任务一　企业的生产类型和成本管理要求对产品成本计算的影响

任务导入 ///

　　杨平是即将毕业的大数据与会计专业的学生，在校期间他已经系统地学习了该专业的各门课程，在一家服装厂进行了顶岗实习工作，对就业充满信心。在一次招聘会上，一家纺织厂招聘产品成本核算岗位人员，在应聘的过程中，招聘人员提出了这样一个问题：纺织厂和服装厂在生产特点、生产步骤方面有不同，该如何选择成本核算方法?

　　企业的生产类型和成本管理要求都会对产品成本计算方法产生影响。服装厂是按照客户订单成批组织产品生产的生产类型，纺织厂是大量大批多步骤生产类型，两家企业要选择不同的成本核算方法。如果是单件小批生产，选用分批法进行成本核算。如果是大量大批多步骤生产，管理上需要提供半成品成本，应该选用分步法核算。

知识链接与任务操作

　　产品成本核算是对企业生产经营过程中实际发生的直接材料、直接人工、制造费用等生产费用按照一定的对象和标准进行归集和分配，采用适当的方法，计算出各成本计算对象的总成本和单位成本的过程。简言之，成本核算是对生产费用进行归集、分配并予以对象化的过程。成本核算是成本核算岗位的一项重要职能和任务，能为企业成本管理提供成本资料，因此，成本核算采用何种方法、提供何种资料，必须考虑企业成本管理的要求。企业在选择成本核算方法时还需要从企业实际出发，依据企业具体生产特点选择适合的成本核算方法。

一、企业的生产类型分类

　　不同行业企业的生产类型不同，其生产特点也呈现出千差万别，可以按照生产工艺过程和生产组织方式对生产类型进行分类。

（一）按企业生产工艺过程分类

　　按照企业生产工艺过程分类，工业企业的生产可以分为单步骤生产和多步骤生产两种类型。

1. 单步骤生产

　　单步骤生产也称简单生产，是指生产工艺过程不能间断、不便于分散在几个不同地点进行的生产。这类生产的生产周期较短，一般没有在产品或在产品数量很少，通常只能由单个企业独立进行，而不能由几个企业协作进行。例如发电、采掘、铸造等都是这种类型的生产。

2. 多步骤生产

　　多步骤生产也称复杂生产，是指生产工艺过程由若干个可以间断、可以分散在几个不同地点进行的生产步骤所组成的生产。多步骤生产的特点是生产工艺技术上可以间断，生产活动可以分散在不同时间、不同地点进行，生产活动可以在一个企业进行，也可以由几个企业协作进行。例如纺织、冶金、机械制造等都是这种类型的生产。

　　多步骤生产按照产品加工方式的不同又可以分为连续式多步骤生产和装配式多步骤生产。

　　（1）连续式多步骤生产（又称连续加工式多步骤生产）是指产品从生产投入原材料开始，依次经过若干生产步骤的连续加工才能完工的生产。这种生产的特点是各个生产步骤之间紧密衔接，需依照先后顺序进行加工。原材料从第一个生产步骤投入，经过第一个生产步骤加工为半成品，然后依次结转到第二个、第三个以及更多后续生产步骤，直到最后一个加工步骤才形成产成品。例如纺织、冶金等企业都是这种类型的生产。

　　（2）装配式多步骤生产是指原材料平行投入各个生产步骤分别加工生产为产品零件、部件，再集中到某一生产车间进行装配形成产成品的生产。这种生产的特点是各个生产步骤具有相对独立性，不存在先后顺序的依赖关系，各个步骤可以同时或者平行地进行产品零件、部件的加工生产。例如汽车、自行车、家用电器制造等企业都是这种类型的生产。

（二）按企业生产组织方式分类

　　按照企业生产组织方式分类，工业企业的生产可分为大量生产、成批生产和单件生产三种类型。

1. 大量生产

大量生产是指企业不断地重复生产一种或几种品种相同产品的生产。这种生产的特点是产品品种往往比较少，产品规格比较单一且稳定，产量很大，生产的专业化水平较高，通常采用专用设备进行重复生产。例如发电、采掘、纺织、造纸等企业都是这种类型的生产。

2. 成批生产

成批生产是指按照事先规定的产品批别和数量，或根据订货单位的需要分批进行一定种类产品的生产。这种生产的特点是产品品种较多，产品规格也不统一，每个品种的产品产量依据订货单位需求而有所不同，产品大多是每隔一段时间重复生产一批，一般同时采用专用及通用设备进行生产。例如服装、某些机械制造等企业都属于这种类型的生产。

成批生产按照产品批量的大小，又可以分为大批生产和小批生产。大批生产由于产品批量大，因而其性质接近于大量生产；小批生产由于产品批量小，其性质接近于单件生产。

3. 单件生产

单件生产是指按照订货单位的要求，生产个别的、性质特殊的产品的生产。这种生产的特点是产量少、品种多，产品的规格、品种要依据订货单位需求而经常更换，很少重复生产，一般采用通用设备进行生产。例如重型机械、船舶、专用设备制造等企业都是这种类型的生产。

工业企业的生产工艺过程与生产组织方式有一定联系。单步骤生产和连续加工式多步骤生产，往往是大量或大批生产。装配式多步骤生产，可以是大量大批生产，也可以是单件小批生产。需要注意的是，同一企业的各个生产车间（或工段、班组），可能具有不同的生产工艺过程和不同的生产组织方式。例如汽车制造工业，就整个企业的产品生产而言，属于装配式多步骤的大量生产，但是各生产车间所加工的零件、部件，可以按照连续加工式多步骤组织成批生产。

微课视频6 企业的生产类型和成本管理要求对产品成本计算的影响

二、企业的生产类型和成本管理要求对产品成本计算的影响

企业的生产类型不同，对成本管理要求也不同，这些都会影响到产品成本的计算。企业的生产类型和成本管理要求对产品成本计算的影响表现在以下三个方面：

（一）对成本计算对象的影响

成本计算对象是生产费用的承担者，是为计算产品成本而确定的生产费用的归属对象。确定成本计算对象是进行产品成本计算的前提。只有确定了成本计算对象，才能将企业生产产品过程中发生的生产费用按照各个成本计算对象进行归集和分配。根据企业管理的需要，工业企业成本计算对象可以是产品的品种，也可以是产品的批别或产品的生产步骤。

单步骤大量大批生产的企业，由于生产工艺过程不能间断，不需要也不可能分为几个生产步骤进行生产，因而不能分步骤计算产品成本；由于生产组织方式是大量大批生产，也不存在分批别组织生产的问题，因而不要求分批别计算产品成本。所以，单步骤大量大批生产的企业成本计算对象就是不同品种的产品。

多步骤大量大批生产的企业，由于生产工艺过程可以间断，并由若干个生产步骤所组成，因此既可以计算最终完工产品的成本，也可以计算各生产步骤的成本。此时，需要依据企业成本管理的要求来确定成本计算对象。如果是连续加工式生产，管理上要求提供各生产步骤半成品的成本，则将各个生产步骤的各种产品（包括前面生产步骤的半成品及最终步骤的完工产品）作为成本计算对象。如果是装配式生产，管理上不要求提供各生产步骤半成品的成本，则将最终步骤的完工产品作为成本计算对象。可见，在多步骤大量大批生产的情况下，成本计算对象的确定既要考虑产品品种，又要考虑各个生产步骤。

单件小批生产的企业，按照产品件别或批别组织生产，由于生产的批量小，一批产品大多可以同时完工，因此可以按照不同品种产品的件别或批别归集和分配生产费用，计算产品成本，其成本计算对象便是产品的各个批别。

小提示：确定成本计算对象是进行产品成本计算的前提。成本计算对象是设置产品成本明细账、归集生产费用的依据，也是区分各种成本计算基本方法的主要标志。

（二）对成本计算期的影响

成本计算期是企业将生产经营过程发生的费用计入成本计算对象所规定的起止时间范围，简单地说，就是多长时间计算一次产品成本。

企业生产类型不同，产品成本计算期也不同。单件小批生产的企业，由于是按件别或批别组织生产并且大多不重复进行生产，可以在每件或每批产品完工时计算产品成本。因此，成本计算是不定期的，成本计算期一般与产品生产周期保持一致。大量大批生产的企业，由于生产活动连续不断地进行，时常有产品完工，也随时有新的产品投入生产，在这种情况下，不可能按照产品生产周期计算成本，一般以会计报告期作为成本计算期，月末定期进行成本计算。因此，成本计算期与产品生产周期不一致，而与会计报告期一致。

（三）对生产费用在完工产品和月末在产品之间分配的影响

生产类型的特点，还影响到月末进行产品成本计算时是否有在产品，是否需要将生产费用在完工产品和月末在产品之间分配的问题。

单步骤大量大批生产的企业，产品生产周期比较短，往往没有在产品，或在产品很少，因此一般不需要单独计算在产品成本，不需要将生产费用在完工产品和月末在产品之间进行分配。在多步骤生产的条件下，是否需要在完工产品和月末在产品之间分配生产费用，在很大程度上取决于生产组织方式。比如，单件小批生产的企业，由于成本计算期与产品生产周期一致，如果该件、该批产品尚未完工，产品成本明细账中归集的生产费用全部为月末在产品成本，如果该件、该批产品完工，产品成本明细账中归集的生产费用全部为完工产品成本，因此，一般不存在生产费用在完工产品和月末在产品之间分配的问题。只有在同批产品跨月陆续完工的情况下，才有必要将生产费用在完工产品和月末在产品之间进行分配，进而计算完工产品和月末在产品成本。而对于大量大批生产的企业，由于生产不间断地进行，产品完工和新产品投产状态互相交错，通常期末都有在产品，因而月末通常需要将归集的生产费用采用一定方法在完工产品和月末在产品之间进行分配。

任务小结

企业的生产类型和成本管理要求对产品成本计算的影响如表5-1所示。

表5-1 企业的生产类型和成本管理要求对产品成本计算的影响

生产类型		成本管理要求	成本计算方法
生产工艺过程	生产组织方式		
单步骤生产	大量大批	按产品品种计算成本	品种法
连续式多步骤生产	大量大批	不要求提供各生产步骤半成品成本	品种法
		要求提供各生产步骤半成品成本和最终步骤产成品成本	分步法（逐步结转分步法）
装配式多步骤生产	大量大批	按产品品种计算成本	品种法
		既按产品品种计算成本，又计算各步骤应计入产成品的份额	分步法（平行结转分步法）
	单件小批	按产品批别计算成本	分批法

任务二　产品成本计算的方法

任务导入

张小敏是大数据与会计专业的毕业生，在毕业生专场就业招聘会上，她对三家企业的成本核算岗位产生了浓厚的兴趣，这三家企业分别是济南市为民面粉厂、济南市霓裳服装加工厂、莱芜市蓝图纺织厂。招聘人员不约而同地提出了这样的问题：如果你是企业成本核算人员，请你为企业制定成本核算制度，选择产品成本计算方法。在校期间，张小敏勤奋好学，还曾获得成本会计专业课第一名的成绩，她根据日常所学，结合不同企业生产类型和生产组织方式，为企业选择了适当的成本计算方法，她深厚的专业知识以及沉着大方的风格给招聘人员留下了深刻印象，三家企业都向她抛出了橄榄枝。

知识链接与任务操作

企业的生产类型和成本管理要求对产品成本计算的影响表现在对成本计算对象的影响、对成本计算期的影响、对生产费用在完工产品和月末在产品之间分配的影响三个方面，其中最重要的影响就是对成本计算对象的影响。确定成本计算对象是进行产品成本计算的前提。成本计算对象是设置产品成本明细账、归集生产费用的依据，也是区分各种成本计算基本方法的主要标志。

一、产品成本计算的基本方法

产品成本的计算方法，是指按照成本计算对象归集生产费用，并将生产费用在产成品和月末在产品之间进行分配来计算各种产品的总成本以及单位成本的方法。根据企业不同的生产类型和成本管理要求，成本核算工作中确定了三个不同的成本计算对象，并以此为标志，形成三种不同的成本计算的基本方法。

（一）品种法

品种法是以产品品种作为成本计算对象归集和分配生产费用，计算产品成本的一种成本计算方法。这种方法一般适用于单步骤大量大批生产，如采掘、发电等企业，也可以用于管理上不需要分步骤计算成本的多步骤大量大批生产，如水泥生产等企业。

（二）分批法

分批法是以产品批别作为成本计算对象归集和分配生产费用，计算产品成本的一种成本计算方法。这种方法适用于单件小批且管理上不要求分步骤计算成本的多步骤生产，如重型机械、船舶、专用设备制造等企业。

（三）分步法

分步法是以产品生产步骤作为成本计算对象归集和分配生产费用，计算产品成本的一种成本计算方法。这种方法适用于大量大批且管理上要求分步骤计算成本的多步骤生产，如纺织、冶金等企业。

品种法、分批法和分步法是产品成本计算的三种基本方法。成本核算工作要求，无论采用何种成本计算方法，都必须计算出每种产品的成本，因此，品种法是产品成本计算的最基本的方法。

微课视频7　选择成本计算方法

产品成本计算的基本方法的特点如表5-2所示。

表5-2　产品成本计算的基本方法的特点

产品成本计算的基本方法	特点			适用范围	
	成本计算对象	成本计算期	生产费用在完工产品和月末在产品之间的分配	生产组织方式	生产工艺过程及成本管理要求
品种法	产品品种	定期按月计算，与会计报告期一致，与产品生产周期不一致	单步骤生产不需要分配；多步骤生产一般需要分配	大量大批生产	单步骤生产或管理上不需要分步骤计算成本的多步骤生产
分批法	产品批别	不定期计算，与产品生产周期一致，与会计报告期不一致	一般不需要分配	单件小批生产	管理上不要求分步骤计算成本的多步骤生产
分步法	产品品种及所经历的生产步骤	定期按月计算，与会计报告期一致，与产品生产周期不一致	需要分配	大量大批生产	管理上要求分步骤计算成本的多步骤生产

二、产品成本计算的辅助方法

在实际工作中，除上述三种成本计算的基本方法之外，还可以采用一些其他的辅助计算方法。

（一）分类法

分类法是指按产品的类别归集生产费用，先采用产品成本计算的基本方法计算出大类的产品成本，再在大类中采用适当的分配方法，将大类的完工产品成本分配到大类内的各完工产品中，从而计算出产品成本的一种成本计算方法。分类法可以简化成本计算工作，适用于产品品种、规格繁多的工业企业。

（二）定额法

定额法是指事先制定成本定额，作为实际发生成本的一个控制标准，在产品生产过程中将实际成本与定额成本进行比较，从而计算出脱离定额的差异，并找出产生差异的原因，加强成本管理工作的一种成本计算控制方法。定额法有利于加强成本控制，适用于定额管理工作基础较好的工业企业。

分类法和定额法作为产品成本计算的辅助方法，与企业生产类型的特点没有直接联系，也不涉及成本计算对象，一般不单独使用，而是与基本方法结合运用。只要具备条件，任何类型的生产企业都可以运用。

在实际工作中，应根据企业不同的生产特点和成本管理要求，并考虑到企业的规模和管理水平等具体条件，从实际出发，灵活运用各种成本计算方法。另外，还可以将成本计算的基本方法与辅助方法结合起来计算产品的成本。

小提示：在实际工作中，由于企业不同的生产特点和成本管理要求，往往将几种成本计算方法同时应用或结合应用。

任务小结

产品成本计算的基本方法的特点如图5-1所示。

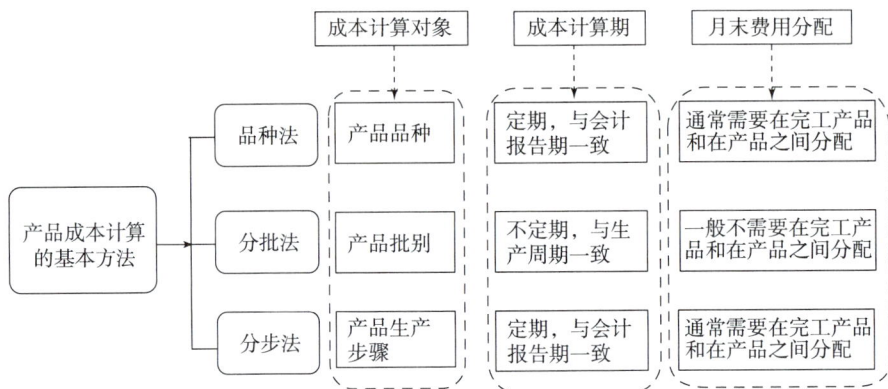

图 5 - 1　产品成本计算的基本方法的特点

职业道德与素养

【案例】

打造蔗糖低成本示范企业　全国"糖人"共聚南宁

"做全国糖业成本最低示范企业",这是广西凤糖生化股份有限公司(以下简称凤糖集团)的战略定位。该公司成立于 2001 年,是一家以甘蔗为原料,生产蔗糖、酒精、生态肥和纸浆的生产制造企业集团。11 月 2—4 日,2017 中国糖业博览会(以下简称糖博会)在南宁国际会展中心举行,凤糖集团报名参展,并与全国"糖人"共同探讨中国糖业转型升级等问题。

1. 循环经济,实现全面发展

循环经济、可持续发展,是凤糖集团一直以来秉承的经营理念。凤糖集团董事长李政介绍,在发展过程中,该集团围绕"糖、纸、酒、肥"做文章,根据蔗糖产业资源,组成了甘蔗种植、制糖系统、糖蜜酒精系统等循环经济五大体系,在循环经济产业链各个板块都能盈利。该集团在商业模式上创新,通过管理输出、技术输出、人才输出,把低成本优势、蔗区管理模式等复制向外输出,提升糖厂综合管理水平。

2. 研究创新,打造综合服务

随着工业化和城镇化进程加快,甘蔗种植劳动力缺乏、劳动生产率低、土地成本上升等问题,严重制约着我国糖业发展。如何突破企业运行成本高、原料蔗种植发展遇瓶颈的问题?凤糖集团曾率先在广西推行原料蔗订单农业,与基地农民建立"利益共享,风险共担"的联结机制。通过向基地农民发放蔗种、化肥贴息贷款等形式,扶持农民发展原料蔗生产。多年来,凤糖集团积极开展农业商业模式、农业运作模式的创新研究,利用制糖企业在食糖产业链中具有的资源整合优势,着力打造以制糖企业为核心的农业综合服务平台。

3. "糖人"共聚,畅谈糖业升级

李政认为,糖博会在南宁召开,体现了国家对广西糖业在国家食糖产业中重要战略地位的充分肯定和高度重视。他也期待着全国"糖人"能借此盛会齐聚一堂,深入探讨中国糖业发展路径,共同促进中国糖业转型升级。李政表示,希望能够通过这次难得的制糖产业盛会,深入了解国际国内宏观经济、糖业发展形势、制糖及先进种植技术等,寻求在现代农业、智慧工业等多方面合作,促进凤糖集团产业升级。

资料来源:中国轻工业信息网(有删改)

http://www.clii.com.cn/zhhylm/zhhylmHangYeZiXun/201711/t20171101_3914031.html

【问题】　随着工业化和城镇化进程加快,甘蔗种植劳动力缺乏、劳动生产率低、土地成本上升等问题，严重制约着我国糖业发展。如何突破企业运行成本高、原料蔗种植发展遇瓶颈的问题？

【分析】凤糖集团积极开展农业商业模式、农业运作模式的创新研究，利用制糖企业在食糖产业链中具有的资源整合优势，着力打造以制糖企业为核心的农业综合服务平台。该集团在商业模式上创新，通过管理输出、技术输出、人才输出，把低成本优势、蔗区管理模式等复制向外输出，提升糖厂综合管理水平。企业应选择适合企业成本管理要求的成本核算方法，加强成本控制和管理，不断挖掘成本降低的潜力，增强可持续发展能力。

单元小结

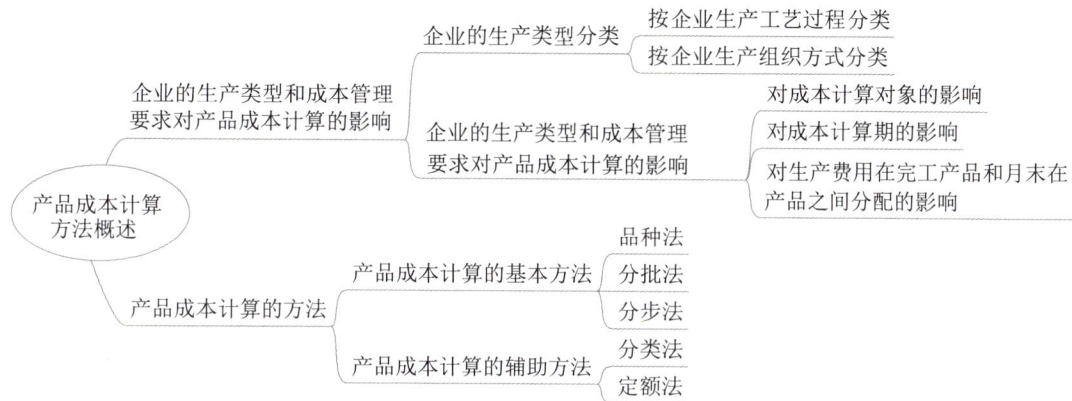

闯关考验

第一部分 基础知识训练

一、单项选择题

1. 工业企业生产类型按生产工艺过程，可以分为（   ）。
A. 简单生产和单步骤生产   B. 单步骤生产和多步骤生产
C. 复杂生产和多步骤生产   D. 大量大批生产和单件小批生产

2. 工业企业的（   ）生产，是按照生产组织方式划分的。
A. 单步骤   B. 连续式多步骤
C. 装配式多步骤   D. 大量

3. 生产类型和成本管理要求对产品成本计算的影响，首先表现在（   ）的确定上。
A. 成本计算对象   B. 成本计算期
C. 间接费用的分配方法   D. 完工产品与在产品之间分配费用的方法

4. 划分产品成本计算方法的首要标志是（   ）。
A. 成本计算期   B. 成本计算对象
C. 产品生产工艺过程   D. 生产组织方式

5. 适用于大量大批单步骤生产的产品成本计算方法是（   ）。
A. 品种法   B. 分类法   C. 分步法   D. 分批法

6. 大量大批多步骤生产企业，如果管理上不要求分步计算产品成本，可采用的成本计算方法是（   ）。
A. 品种法   B. 分批法   C. 分步法   D. 分类法

7. 在下列方法中，属于产品成本计算的辅助方法是（   ）。

A. 品种法　　　　　B. 分批法　　　　　C. 分步法　　　　　D. 分类法

8. 产品成本计算的分批法，适用于（　　）的生产。

A. 单件小批类型　　　　　　　　B. 生产种类繁多的企业

C. 大批量单一品种类型　　　　　D. 大量大批的单步骤

9. 在小批单件多步骤生产情况下，如果管理不要求分步计算产品成本，应采用的成本计算方法是（　　）。

A. 分批法　　　　　B. 分步法　　　　　C. 分类法　　　　　D. 定额成本法

10. 小批单件生产的产品，应采用的成本计算方法是（　　）。

A. 品种法　　　　　B. 分批法　　　　　C. 分步法　　　　　D. 分类法

二、多项选择题

1. 成本计算方法应根据（　　）来确定。

A. 生产组织的特点　　　　　　　B. 成本管理要求

C. 生产工艺过程　　　　　　　　D. 生产规模要求

2. 多步骤生产按照劳动对象的加工程序不同，可划分为（　　）。

A. 简单生产　　　　　　　　　　B. 连续式多步骤生产

C. 复杂生产　　　　　　　　　　D. 装配式多步骤生产

3. 品种法适用于（　　）。

A. 小批单件单步骤生产

B. 大量大批单步骤生产

C. 管理上不要求分步骤计算产品成本的小批单件多步骤生产

D. 管理上不要求分步骤计算产品成本的大量大批多步骤生产

4. 产品成本计算的基本方法主要有（　　）。

A. 定额法　　　　　B. 品种法　　　　　C. 分批法　　　　　D. 分步法

5. 在下列方法中，属于产品成本计算的辅助方法是（　　）。

A. 品种法　　　　　B. 分类法　　　　　C. 定额法　　　　　D. 分步法

三、判断分析题

1. 制造业的生产类型按生产组织方式分为单步骤生产和多步骤生产两种。　　（　　）

2. 成本核算期与产品的生产特点有密切关系。　　（　　）

3. 根据企业生产经营特点和管理要求，单步骤、大量生产的产品一般采用品种法计算产品成本。　　（　　）

4. 工业企业的生产类型按生产工艺的不同分为大量生产、成批生产和单件生产。　　（　　）

5. 多步骤生产按劳动对象加工程序不同，可以分为连续式多步骤生产和装配式多步骤生产。　　（　　）

四、分析思考题

1. 按生产工艺过程将生产划分为哪些类别？按生产组织方式将生产划分为哪些类别？

2. 产品成本计算的基本方法包括哪些方法？各自的适用条件是什么？

第二部分　任务操作实训

连线题

按照生产工艺过程特点，工业企业的生产可以分为单步骤生产和多步骤生产两种类型，多步骤生产又可分为连续式多步骤生产和装配式多步骤生产。请将以下不同的企业与生产类型进行连线归类。

A. 自行车厂

单步骤生产

B. 火力发电厂

C. 纺织企业

连续式多步骤生产

D. 煤炭开采厂

E. 汽车制造公司

装配式多步骤生产

F. 钢铁制造企业

产品成本计算的品种法

教学目标

1. 知识目标

（1）掌握品种法的概念、分类、特点。

（2）掌握品种法的适用范围。

（3）掌握品种法的成本核算程序。

（4）掌握品种法下各种生产费用归集和分配的方法。

2. 能力目标

（1）能够叙述品种法的概念、分类、特点。

（2）能够叙述品种法的适用范围。

（3）能够叙述品种法的成本核算程序。

（4）能够熟练应用品种法核算产品成本。

3. 素质目标

（1）增强学生的爱国主义信念，提升民族自豪感。

（2）培养学生规范核算、节约成本的企业管理观念。

（3）培养学生灵活运用各种方法进行费用分配的能力。

内容提要

（1）品种法是以产品品种作为成本计算对象，按产品品种开设成本明细账，归集生产费用、计算产品成本的一种方法。品种法是最基本的成本核算方法。

（2）品种法的特点主要有三个：品种法的成本计算对象是产品品种；品种法的成本计算期与会计报告期一致，而与产品生产周期不一致；月末应当选择适当的分配方法，将归集的生产费用在完工产品和月末在产品之间进行分配。

（3）品种法适用于大量大批单步骤生产的企业或大量大批多步骤生产且管理上不要求按生产步骤计算产品成本的企业。

任务一　品种法的基本原理

任务导入

清泉自来水厂专门生产自来水，通过供水管道对外供水。该企业生产经营过程单一，只生产单一的产品，不设置制造费用明细账，产品生产成本明细账中归集的生产费用主要包括材料费用、职工薪酬、固定资产折旧以及其他费用。

康安机械制造有限责任公司大量生产 KA – A 产品和 KA – B 产品，两种产品的生产工艺过程均属于单步骤生产。另设有两个辅助生产车间，分别为锅炉车间和供电车间，主要为本企业生产车间和其他部门提供蒸汽和电力服务。

根据以上两家企业生产特点和成本管理要求，成本会计人员应选用何种成本核算方法？

知识链接与任务操作

一、品种法的概念及分类

品种法是以产品品种作为成本计算对象，按产品品种开设成本明细账，归集生产费用、计算产品成本的一种方法。品种法也称简单法，是最基本的成本核算方法。采用这种方法，既不要求按照产品批别计算成本，也不要求按照产品生产步骤计算成本。

（一）品种法的分类

按照成本计算对象的数量，品种法可分为单一品种生产下的品种法和多品种生产下的品种法。

1. 单一品种生产下的品种法

如果企业生产的产品是单一品种，可以直接根据有关原始凭证及费用汇总表登记生产成本明细账，编制产品成本计算单，即可计算该产品的总成本和单位成本。

2. 多品种生产下的品种法

如果企业同时生产两种或两种以上的产品，应按照品种法成本核算的一般程序设置生产成本明细账，将直接费用直接计入某一品种产品生产成本明细账中，将间接费用按照适当的分配方法编制各种费用分配表分配各种要素费用，进而计算出每一品种的产品总成本和单位成本。

（二）品种法的适用范围

品种法一般适用于大量大批单步骤生产的企业，如采掘、发电等企业，也可以用于管理上不需要分步骤计算成本的大量大批多步骤生产的企业，如水泥生产等企业。

二、品种法的特点

（一）成本计算对象

品种法的成本计算对象是产品品种。如果企业只生产一种产品，则某一会计期间发生的全部生产费用都是直接费用，可以直接计入该产品成本明细账的有关成本项目，而不涉及在各成本对象间分配费用的问题。如果企业生产多种产品，产品成本明细账就要按照产品品种分别设置，发生的直接费用可以直接计入各产品成本明细账的有关成本项目，而间接费用要采用适当的分配方法，在各成本对象之间分配，分别计入各产品成本明细账的有关成本项目。

（二）成本计算期

在品种法下一般定期（每月月末）计算产品成本，因此，品种法的成本计算期与会计报告期一致，而与产品生产周期不一致。

（三）生产费用在完工产品和月末在产品之间的分配

大量大批单步骤生产的企业，产品生产周期比较短，往往没有在产品，或在产品很少，因此一般不需要单独计算在产品成本，不需要将生产费用在完工产品和月末在产品之间进行分配。大量大批多步骤生产的企业，由于生产活动连续不断地进行，通常期末都有在产品，因而月末应当选用适当的分配方法，将归集的生产费用在完工产品和月末在产品之间进行分配，以便计算完工产品的总成本和单位成本。

三、品种法的成本核算程序

（一）按产品品种设立基本生产成本明细账

运用品种法进行产品成本计算时，首先应按产品品种设立基本生产成本明细账，并按成本项目开设专栏，如"直接材料""直接人工""制造费用"等。

（二）归集和分配各项要素费用

根据原始凭证和其他有关资料编制要素费用分配表，归集和分配各项要素费用，编制记账凭证并登记基本生产成本明细账、辅助生产成本明细账、制造费用明细账等账簿。

（三）归集和分配辅助生产费用

根据辅助生产车间产品或劳务供应表，将辅助生产成本明细账中归集的生产费用按照各受益单位受益情况采用适当的方法进行分配，编制辅助生产成本分配表，编制记账凭证并登记有关成本费用明细账。

（四）归集和分配制造费用

将制造费用明细账中归集的制造费用，按照一定的分配标准在各种产品之间进行分配，编制制造费用分配表，编制记账凭证并据以登记有关成本费用明细账。

（五）计算完工产品和月末在产品成本

将各产品基本生产成本明细账中归集的生产费用按照成本项目采用适当的方法在完工产品和月末在产品之间分配，计算完工产品成本和月末在产品成本。

（六）结转完工产品成本

根据产品成本计算单的结果汇总编制完工产品成本汇总表，汇总计算各种完工产品的总成本和单位成本，编制记账凭证并结转完工产品成本。

任务小结

品种法的成本核算程序如图 6-1 所示。

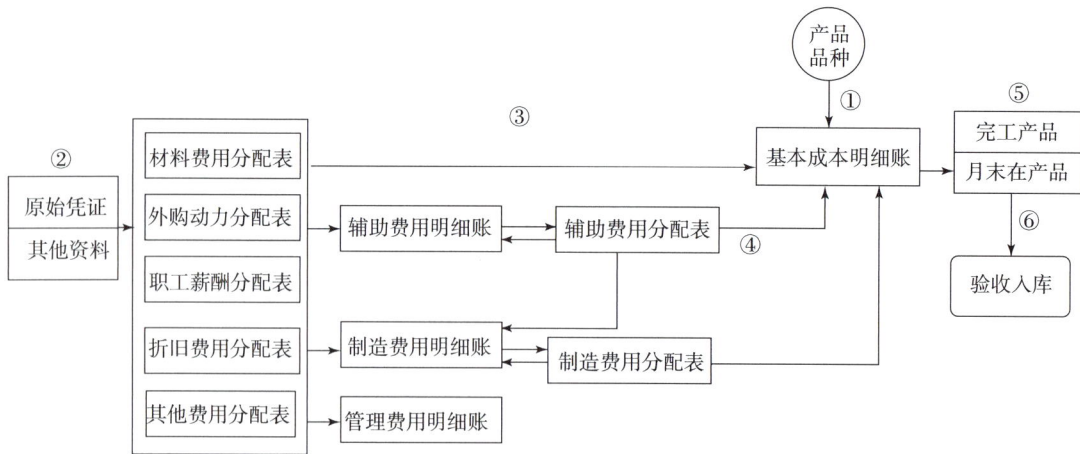

微课视频 8　品种法的成本核算程序

图 6-1　品种法的成本核算程序

任务二　单一品种生产下的品种法

任务导入

清泉自来水厂专门生产自来水，通过供水管道对外供水。该企业生产经营过程单一，只生产单一产品，不设置制造费用明细账，产品生产成本明细账中归集的生产费用主要包括材料费用、职工薪酬、固定资产折旧以及其他费用。

宋乐是该厂新招聘的成本会计人员，按照财务经理的要求，负责产品成本核算工作。宋乐深入生产车间查看工艺流程，在认真学习有关财务制度的基础上，对有关成本核算资料进行梳理、分析，他认为该厂产品品种单一，因此生产过程中发生的费用都是直接费用，可以直接归属到产品明细账的相应成本项目，产品成本明细账归集的全部生产费用就是产品生产总成本。财务经理对他的分析思路表示肯定。宋乐在规定时间内完成了成本核算工作，他严谨认真的工作态度得到了同事的一致好评。

知识链接与任务操作

单一品种生产下的品种法，也称简单品种法，适用于大量大批单步骤生产类型的企业，例如发电、采掘等企业。这种类型的企业主要生产特点是产品品种单一并且生产过程不能间断，月末无在产品或者虽然有在产品，但是数量极少、价值不大，不需要计算月末在产品成本。

简单品种法成本计算较为简单，首先因为是单一品种生产，因此企业发生的全部生产费用都是直接费用，可以直接归属于该产品品种，不存在生产费用在不同的成本计算对象之间分配的问题，不需要设置制造费用明细账。其次，由于月末无在产品或者虽然有在产品，但是数量极少、价值不大，不需要计算月末在产品成本，因此也不存在生产费用在完工产品和月末在产品之间分配的问题。采用简单品种法核算产品成本，根据有关原始凭证及费用汇总表登记生产成本明细账，编制产品成本计算单，即可计算该产品的总成本和单位成本。

任务操作 6-1

承任务导入，2023 年 3 月，清泉自来水厂供水总量为 4 087 500 立方米，其中，水厂生产自用 87 500 立方米，其余为对外供应所用。有关生产资料如下：

（1）领料汇总表如表 6-1 所示。

表 6-1　领料汇总表

领料部门：基本生产车间

材料名称	材料耗用量/千克		材料单价/元	金额/元
	请领	实发		
原材料	9 000	9 000	280	2 520 000
合计				2 520 000

（2）外购动力汇总表如表 6-2 所示。

表6-2 外购动力汇总表

用电部门	用电数量/千瓦时	单价/元	金额/元
基本生产车间	160 000	2.5	400 000
行政管理部门	2 000	2.5	5 000
合计	162 000	2.5	405 000

（3）工资结算汇总表如表6-3所示。

表6-3 工资结算汇总表　　　　　　　　　　　　　　　　　元

人员类别	应付职工薪酬					代扣款项			实发工资
	工资	奖金	津贴	补贴	小计	社会保险费	住房公积金	小计	
生产工人	120 000	25 000	3 000	1 000	149 000	8 000	10 000	18 000	167 000
行政管理	60 000	12 000	2 000	800	74 800	4 000	5 000	9 000	83 800
合计	180 000	37 000	5 000	1 800	223 800	12 000	15 000	27 000	250 800

（4）固定资产折旧汇总表如表6-4所示。

表6-4 固定资产折旧汇总表

使用部门	固定资产原值/元	月折旧率/%	月折旧额/元
基本生产车间	25 000 000	0.5	125 000
行政管理部门	600 000	0.5	3 000
合计	25 600 000	0.5	128 000

（5）以银行存款支付其他费用合计88 000元。其他费用汇总表如表6-5所示。

表6-5 其他费用汇总表　　　　　　　　　　　　　　　　　元

部门	办公费	保险费	合计
基本生产车间	8 000	50 000	58 000
行政管理部门	12 000	18 000	30 000
合计	20 000	68 000	88 000

要求：根据上述资料，编制相关的会计分录。

（1）根据表6-1领料汇总表，编制会计分录如下：

借：生产成本——基本生产成本　　　　　　　　　　　　　　　　　　2 520 000

　　贷：原材料　　　　　　　　　　　　　　　　　　　　　　　　　　　　2 520 000

（2）根据表6-2外购动力汇总表，编制会计分录如下：

借：生产成本——基本生产成本　　　　　　　　　　　　　　　　　　400 000

　　管理费用　　　　　　　　　　　　　　　　　　　　　　　　　　5 000

　　贷：应付账款　　　　　　　　　　　　　　　　　　　　　　　　　　405 000

（3）根据表6-3工资结算汇总表，编制会计分录如下：

借：生产成本——基本生产成本　　　　　　　　　　　　　　　　　　167 000

　　管理费用　　　　　　　　　　　　　　　　　　　　　　　　　　83 800

　　　贷：应付职工薪酬　　　　　　　　　　　　　　　　　　　　　　　250 800
　　（4）根据表6-4固定资产折旧计算表，编制会计分录如下：
　　　借：生产成本——基本生产成本　　　　　　　　　　　　　　　　　125 000
　　　　　管理费用　　　　　　　　　　　　　　　　　　　　　　　　　3 000
　　　贷：累计折旧　　　　　　　　　　　　　　　　　　　　　　　　　128 000
　　（5）根据表6-5其他费用汇总表，编制会计分录如下：
　　　借：生产成本——基本生产成本　　　　　　　　　　　　　　　　　58 000
　　　　　管理费用　　　　　　　　　　　　　　　　　　　　　　　　　30 000
　　　贷：累计折旧　　　　　　　　　　　　　　　　　　　　　　　　　88 000
　　根据上述会计分录，登记产品生产成本明细账，如表6-6所示。(管理费用明细账略)

表6-6　产品生产成本明细账　　　　　　　　　　　　　　　元

摘要	直接材料	燃料和动力	直接人工	其他费用	合计
生产领料	2 520 000				2 520 000
外购动力		400 000			400 000
职工薪酬			167 000		167 000
固定资产折旧				125 000	125 000
其他费用				58 000	58 000
合计	2 520 000	400 000	167 000	183 000	3 270 000
完工产品成本	2 520 000	400 000	167 000	183 000	3 270 000

　　根据表6-6产品生产成本明细账等有关资料，编制完工产品成本汇总表，如表6-7所示。

表6-7　完工产品成本汇总表

项目	生产费用（实际成本）
直接材料/元	2 520 000
燃料和动力/元	400 000
直接人工/元	167 000
其他费用/元	183 000
总成本/元	3 270 000
产量/立方米	4 000 000
单位成本/(元·立方米$^{-1}$)	0.82

　　由于自来水厂的产品是直接通过管道销售给用户的，无法验收入库，因此结转生产成本的会计分录不通过库存商品，而是直接转入主营业务成本。根据上述资料编制会计分录如下：
　　　借：主营业务成本　　　　　　　　　　　　　　　　　　　　　　　3 270 000
　　　贷：生产成本——基本生产成本　　　　　　　　　　　　　　　　　3 270 000

任务小结

　　单一品种生产下的品种法主要内容如图6-2所示。

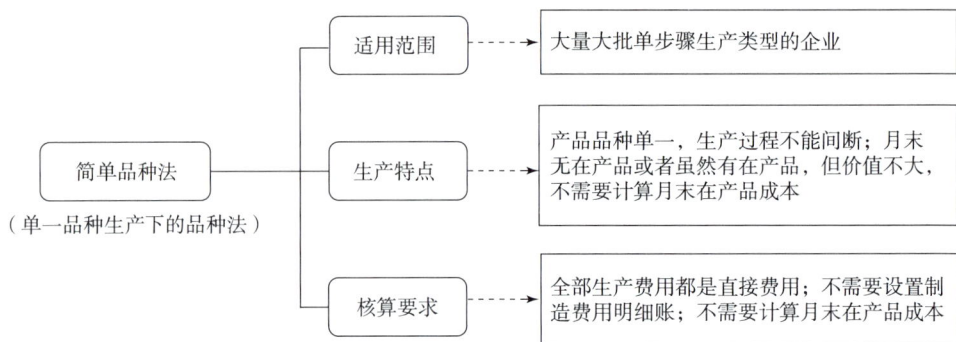

图6-2 单一品种生产下的品种法主要内容

任务三 多品种生产下的品种法

任务导入

康安机械制造有限责任公司设有一个基本生产车间，大量生产 KA-A 产品和 KA-B 产品，两种产品的生产工艺过程均属于单步骤生产。另设有两个辅助生产车间，分别为锅炉车间和供电车间，主要为本企业生产车间和其他部门提供蒸汽和电力服务。

根据本企业生产类型和成本管理要求，采用品种法计算产品成本。

李真是企业成本核算人员，按照财务经理的工作安排，2023年3月由李真负责 KA-A 产品和 KA-B 产品生产成本的计算工作。该企业相关成本核算制度如下：

（1）企业按照产品品种设置"生产成本——基本生产成本——KA-A"以及"生产成本——基本生产成本——KA-B"明细账，账内设置"直接材料""直接人工""制造费用"三个成本项目。

（2）两种产品共同消耗的材料费用按材料定额消耗量比例分配。KA-A 产品单位材料消耗定额为4千克，KA-B 产品单位材料消耗定额为5千克。

（3）两种产品共同承担的人工费用按实际生产工时比例分配。

（4）固定资产采用平均年限法计提折旧。

（5）辅助生产车间不单独开设"制造费用"账户，辅助生产车间发生的所有生产费用均计入"生产成本——辅助生产成本"账户。采用计划成本分配法分配辅助生产车间费用，辅助生产成本差异全部分配给企业行政管理部门，计入"管理费用"账户。

（6）基本生产车间设置"制造费用"明细账，按照两种产品生产工时比例分配制造费用。

（7）生产费用在完工产品与月末在产品之间分配的方法为：KA-A 产品采用约当产量比例法，KA-B 产品采用定额比例法。两种产品原材料均在生产开始时一次投入，加工费用比较均衡。KA-A 月末在产品完工程度为50%。KA-B 产品有关定额资料如下：单位产品原材料费用定额16元，完工产品工时定额3小时，月末在产品定额工时2小时。

临近月末，成本核算工作量大，李真对待工作认真负责，凭借扎实的专业知识功底以及娴熟的会计操作技能，经过紧张的审核原始凭证、填制记账凭证、登账等环节，终于在3月31日下班前完成了两种产品的成本计算工作。

知识链接与任务操作

多品种生产下的品种法，也称典型品种法，适用于大量大批多步骤生产且成本管理上不要求计算各步骤半成品成本的企业，例如造纸、水泥生产等企业。这种类型的企业生产特点是产品的品种多，月末在产品数量多、价值大，需要计算月末在产品成本。从产品成本计算过程看，如果企业同时生产两种或两种以上的产品，应按照品种法成本核算的一般程序设置生产成本明细账，将直接费用直接计入某一品种产品生产成本明细账中，将间接费用按照适当的分配方法分配给各成本计算对象，月末按照一定的方法将生产费用在完工产品和月末在产品之间进行分配，进而计算出每一个品种的产品总成本和单位成本。

任务操作 6-2

承任务导入，康安机械制造有限责任公司 2023 年 3 月的成本核算资料如下：

（1）产品产量资料如表6-8所示。

表6-8　产品产量统计表　　　　件

产品名称	月初在产品	本月投产	本月完工	月末在产品
KA-A 产品	130	1 850	1 780	200
KA-B 产品	20	1 720	1 550	190

（2）月初在产品成本如表6-9所示。

表6-9　月初在产品成本　　　　元

产品名称	直接材料	直接人工	制造费用	合计
KA-A 产品	2 820	2 000	3 120	7 940
KA-B 产品	9 616	1 920	1 575	13 111

（3）产品生产工时情况如表6-10所示。

表6-10　产品生产工时统计表　　　　小时

产品名称	生产工时
KA-A 产品	4 800
KA-B 产品	5 200

（4）各车间、部门材料消耗情况如表6-11所示。

表6-11　领料汇总表　　　　元

领料部门	用途	材料种类	金额
基本生产车间	KA-A 产品直接耗用	H 材料	20 000
	KA-B 产品直接耗用	F 材料	40 000
	KA-A、KA-B 产品共同耗用	F 材料	32 000
	一般耗用	H 材料	2 000
辅助生产车间	锅炉车间	H 材料	1 200
	供电车间	H 材料	1 500

续表

领料部门	用途	材料种类	金额
行政管理部门		F 材料	500
专设销售机构		F 材料	400
合计			97 600

（5）各车间、部门发生职工薪酬情况如表 6-12 所示。

表 6-12　职工薪酬汇总表　　　　　　　　　　　　　　　　元

人员部门	人员类别	金额
基本生产车间	生产工人	35 000
	管理人员	6 000
锅炉车间	生产工人	12 000
	管理人员	5 000
供电车间	生产工人	9 000
	管理人员	3 600
行政管理部门	管理人员	7 600
专设销售机构	销售人员	5 500
合计		83 700

注：为简化核算，本项目任务操作中应付职工薪酬内不考虑社会保险费、住房公积金、工会经费及职工教育经费等。

（6）上个月月末基本生产车间计提固定资产折旧为 10 500 元，上月新增一间生产厂房，原值 400 000 元；新增一台传导设备，原值 80 000 元；减少一台机械设备，原值 100 000 元。上个月月末锅炉车间、供电车间计提固定资产折旧分别为 3 600 元、4 000 元，上个月供电车间增加一台专用设备，月折旧为 650 元；上个月月末行政管理部门、专设销售机构计提固定资产折旧分别为 4 800 元、2 700 元。基本生产车间固定资产折旧费用计算情况如表 6-13 所示。

表 6-13　固定资产折旧费用计算明细表
2023 年 3 月

固定资产类别	月折旧率/%	上月折旧/元	上月增加固定资产原值/元	上月减少固定资产原值/元	应增应减折旧/元	本月折旧/元
生产厂房	0.2	4 800	400 000		+800	5 600
机械设备	0.5	2 500		100 000	-500	2 000
传导设备	0.6	3 200	80 000		+480	3 680
合计		10 500				11 280

（7）本月各车间、部门发生其他费用假设均以银行存款支付，如表 6-14 所示。

表 6－14　其他费用汇总表

2023 年 3 月　　　　　　　　　　　　　　元

项目	办公费	差旅费	保险费	合计
基本生产车间	500	1 000	620	2 120
锅炉车间	300		530	830
供电车间	260		300	560
行政管理部门	1 800	3 000	400	5 200
专设销售机构	1 000	2 000	360	3 360
合计	3 860	6 000	2 210	12 070

（8）该企业锅炉车间蒸汽计划单位成本为 2.5 元/立方米，供电车间计划单位成本为 0.8 元/千瓦时。辅助生产车间产品或劳务供应情况如表 6－15 所示。

表 6－15　产品或劳务供应表

受益单位	锅炉车间供汽/立方米	供电车间供电/千瓦时
锅炉车间	—	2 600
供电车间	500	—
基本生产车间（一般耗用）	3 000	14 500
行政管理部门	2 800	3 000
专设销售机构	1 200	2 500
合计	7 500	22 600

康安机械制造有限责任公司采用品种法计算产品成本的流程如下：

1）设置基本生产成本明细账

按照产品品种设置"生产成本——基本生产成本——KA－A"以及"生产成本——基本生产成本——KA－B"明细账。

2）归集和分配各项要素费用

注：为简化核算，本项目任务操作中"管理费用""销售费用"等期间费用明细账登记工作从略。

（1）归集和分配材料费用。

根据领料汇总表编制材料费用分配表，如表 6－16 所示。

表 6－16　材料费用分配表

2023 年 3 月　　　　　　　　　　　　　　元

项目		直接计入材料	分配计入材料			合计
			分配标准（定额耗用量）	分配率	分配金额	
基本生产车间耗用	KA－A 产品	20 000	7 400		14 800	34 800
	KA－B 产品	40 000	8 600		17 200	57 200
	小计	60 000	16 000	2	32 000	92 000
	车间一般耗用	2 000				2 000

项目		直接计入材料	分配计入材料			合计
			分配标准（定额耗用量）	分配率	分配金额	
辅助生产车间耗用	锅炉车间	1 200				1 200
	供电车间	1 500				1 500
行政管理部门		500				500
专设销售机构		400				400
合计		65 600			32 000	97 600

根据材料费用分配表，编制会计分录如下：

借：生产成本——基本生产成本——KA－A 产品　　　　　34 800
　　生产成本——基本生产成本——KA－B 产品　　　　　57 200
　　制造费用——基本生产车间　　　　　　　　　　　　2 000
　　生产成本——辅助生产成本——锅炉车间　　　　　　1 200
　　生产成本——辅助生产成本——供电车间　　　　　　1 500
　　管理费用　　　　　　　　　　　　　　　　　　　　500
　　销售费用　　　　　　　　　　　　　　　　　　　　400
　　　贷：原材料——H 材料　　　　　　　　　　　　　　　24700
　　　　　　　——F 材料　　　　　　　　　　　　　　　72 900

（2）归集和分配职工薪酬。

根据职工薪酬汇总表，编制职工薪酬分配表，如表 6 – 17 所示。

表 6 – 17　职工薪酬分配表

2023 年 3 月

应借科目		生产工人工资分配			直接计入工资/元	合计/元
		生产工时/小时	分配率	分配金额/元		
生产成本——基本生产成本	KA－A 产品	4 800		16 800		16 800
生产成本——基本生产成本	KA－B 产品	5 200		18 200		18 200
小计		10 000	3.5	35 000		35 000
制造费用					6 000	6 000
生产成本——辅助生产成本	锅炉车间				17 000	17 000
生产成本——辅助生产成本	供电车间				12 600	12 600
管理费用					7 600	7 600
销售费用					5 500	5 500
合计				35 000	48 700	83 700

根据以上职工薪酬分配表，编制会计分录如下：

借：生产成本——基本生产成本——KA－A 产品   16 800

    生产成本——基本生产成本——KA－B 产品   18 200

    制造费用——基本生产车间   6 000

    生产成本——辅助生产成本——锅炉车间   17 000

    生产成本——辅助生产成本——供电车间   12 600

    管理费用   7 600

    销售费用   5 500

   贷：应付职工薪酬   83 700

（3）计提固定资产折旧。

根据企业各车间、部门固定资产增减变动情况以及月折旧率计算本月应计提折旧，编制固定资产折旧费用分配表，如表6－18所示。

表6－18　固定资产折旧费用分配表

2023 年 3 月　　　　　　　　　　　　　　　　　　元

应借科目	部门	上月固定资产折旧	上月增加固定资产折旧	上月减少固定资产折旧	本月固定资产折旧
制造费用	基本生产车间	10 500	1 280	500	11 280
生产成本——辅助生产成本	锅炉车间	3 600			3 600
生产成本——辅助生产成本	供电车间	4 000	650		4 650
管理费用	行政管理部门	4 800			4 800
销售费用	专设销售机构	2 700			2 700
合计		25 600	1 930	500	27 030

根据以上固定资产折旧费用分配表，编制会计分录如下：

借：制造费用——基本生产车间   11 280

    生产成本——辅助生产成本——锅炉车间   3 600

    生产成本——辅助生产成本——供电车间   4 650

    管理费用   4 800

    销售费用   2 700

   贷：累计折旧   27 030

（4）归集和分配其他费用。

根据企业各车间、部门其他费用汇总表，编制其他费用分配表，如表6－19所示。

表6－19　其他费用分配表

2023 年 3 月　　　　　　　　　　　　　　　　　　元

应借科目	部门	办公费	差旅费	保险费	合计
制造费用	基本生产车间	500	1 000	620	2 120
生产成本——辅助生产成本	锅炉车间	300		530	830

续表

应借科目	部门	办公费	差旅费	保险费	合计
生产成本——辅助生产成本	供电车间	260		300	560
管理费用	行政管理部门	1 800	3 000	400	5 200
销售费用	专设销售机构	1 000	2 000	360	3 360
合计		3 860	6 000	2 210	12 070

根据以上其他费用分配表，编制会计分录如下：

借：制造费用——基本生产车间 　　　　　　　　　　　　　　2 120
　　生产成本——辅助生产成本——锅炉车间 　　　　　　　　830
　　生产成本——辅助生产成本——供电车间 　　　　　　　　560
　　管理费用 　　　　　　　　　　　　　　　　　　　　　5 200
　　销售费用 　　　　　　　　　　　　　　　　　　　　　3 360
　　贷：银行存款 　　　　　　　　　　　　　　　　　　　　　12 070

3）归集和分配辅助生产费用

根据上述各种要素费用分配表以及有关会计分录，登记辅助生产成本明细账并编制辅助生产费用分配表，如表6－20所示。

表6－20　辅助生产费用分配表

2023年3月

项目			按计划单位成本分配		
辅助车间名称			锅炉车间	供电车间	合计
待分配辅助生产费用/元			22 630	19 310	41 940
劳务供应量			7 500	22 600	—
计量单位			立方米	千瓦时	—
计划单位成本			2.5	0.8	—
辅助生产车间耗用	锅炉车间	耗用数量	—	2 600	—
		分配金额	—	2 080	2 080
	供电车间	耗用数量	500	—	—
		分配金额	1 250	—	1 250
基本生产车间		耗用数量	3 000	14 500	—
		分配金额	7 500	11 600	19 100
行政管理部门		耗用数量	2 800	3 000	—
		分配金额	7 000	2 400	9 400
专设销售机构		耗用数量	1 200	2 500	—
		分配金额	3 000	2 000	5 000
分配金额合计/元			18 750	18 080	36 830
辅助生产车间实际费用/元			24 710	20 560	45 270
辅助生产成本差异/元			5 960	2 480	8 440

根据上述辅助生产费用分配表，编制会计分录如下：

（1）按计划单位成本分配。

借：生产成本——辅助生产成本——锅炉车间　　　　　　　　　　　　2 080

　　生产成本——辅助生产成本——供电车间　　　　　　　　　　　　1 250

　　制造费用　　　　　　　　　　　　　　　　　　　　　　　　　19 100

　　管理费用　　　　　　　　　　　　　　　　　　　　　　　　　 9 400

　　销售费用　　　　　　　　　　　　　　　　　　　　　　　　　 5 000

　　　贷：生产成本——辅助生产成本——锅炉车间　　　　　　　　　18 750

　　　　　　　　　　　　　　　　　——供电车间　　　　　　　　　18 080

（2）调整分配辅助生产成本差异。

借：管理费用　　　　　　　　　　　　　　　　　　　　　　　　　 8 440

　　　贷：生产成本——辅助生产成本——锅炉车间　　　　　　　　　 5 960

　　　　　　　　　　　　　　　　　——供电车间　　　　　　　　　 2 480

根据辅助生产成本的分配结果，登记辅助生产成本明细账，如表6－21和表6－22所示。

表6－21　辅助生产成本明细账

辅助生产车间：锅炉车间　　　　　　　　　　　　　　　　　　　　　　　　　元

2023年		凭证号	摘要	成本项目						
月	日			机物料消耗	工资及福利费	折旧费	办公费	差旅费	保险费	合计
3	31		材料费用分配表	1 200						1 200
3	31		职工薪酬分配表		17 000					17 000
3	31		折旧费用分配表			3 600				3 600
3	31		其他费用分配表				300		530	830
3	31		合计	1 200	17 000	3 600	300		530	22 630
3	31		分配转出	-1 200	-17 000	-3 600	-300		-530	-22 630

表6－22　辅助生产成本明细账

辅助生产车间：供电车间　　　　　　　　　　　　　　　　　　　　　　　　　元

2023年		凭证号	摘要	成本项目						
月	日			机物料消耗	工资及福利费	折旧费	办公费	差旅费	保险费	合计
3	31		材料费用分配表	1 500						1 500
3	31		职工薪酬分配表		12 600					12 600
3	31		折旧费用分配表			4 650				4 650
3	31		其他费用分配表				260		300	560
3	31		合计	1 500	12 600	4 650	260		300	19 310
3	31		分配转出	-1 500	-12 600	-4 650	-260		-300	-19 310

4）归集和分配制造费用

根据上述各种要素费用分配表、辅助生产费用分配表以及有关会计分录，登记制造费用明细账，并编制制造费用分配表，如表6-23所示。

表6-23　制造费用分配表

车间名称：基本生产车间　　　　　　　　　　2023年3月

应借科目		生产工时/小时	分配率	分配金额/元
生产成本——基本生产成本	KA-A产品	4 800		19 440
	KA-B产品	5 200		21 060
合计		10 000	4.05	40 500

根据上述制造费用分配表，编制会计分录如下：

借：生产成本——基本生产成本——KA-A产品　　　　　　　　　19 440
　　　　　　　　　　　　　　　　　——KA-B产品　　　　　　　　　21 060
　　贷：制造费用——基本生产车间　　　　　　　　　　　　　　　　40 500

根据制造费用的分配结果，登记制造费用明细账，如表6-24所示。

表6-24　制造费用明细账

车间名称：基本生产车间　　　　　　　　　　　　　　　　　　　　元

2023年		凭证号	摘要	成本项目								
月	日			机物料消耗	职工薪酬	折旧费	办公费	差旅费	保险费	蒸汽费	电费	合计
3	31		材料费用分配表	2 000								2 000
3	31		职工薪酬分配表		6 000							6 000
3	31		折旧费用分配表			11 280						11 280
3	31		其他费用分配表				500	1 000	620			2120
3	31		辅助费用分配表							7 500	11 600	19 100
3	31		合计	2 000	6 000	11 280	500	1 000	620	7 500	11 600	40 500
3	31		分配转出	-2 000	-6 000	-11 280	-500	-1 000	-620	-7 500	-11 600	-40 500

5）计算产品生产成本

（1）根据上述资料，将生产费用在完工产品和月末在产品之间进行分配。登记基本生产成本明细账，如表6-25和表6-26所示。

表6-25　基本生产成本明细账

产品：KA-A产品　　　　　　　　　　2023年3月

摘要	直接材料	直接人工	制造费用	合计
月初在产品成本/元	2 820	2 000	3 120	7 940
材料费用分配表	34 800			34 800
职工薪酬分配表		16 800		16 800
制造费用分配表			19 440	19 440

续表

摘要	直接材料	直接人工	制造费用	合计
生产费用合计/元	37 620	18 800	22 560	78 980
完工产品产量/件	1 780	1 780	1 780	
在产品约当产量/件	200	100	100	
约当总产量/件	1 980	1 880	1 880	
单位成本/元	19	10	12	41
完工产品成本/元	33 820	17 800	21 360	72 980
月末在产品成本/元	3 800	1 000	1 200	6 000

表 6－26　基本生产成本明细账

产品：KA－B 产品　　　　　　　　　　2023 年 3 月　　　　　　　　　　　元

摘要	直接材料	直接人工	制造费用	合计
月初在产品成本	9 616	1 920	1 575	13 111
材料费用分配表	57 200			57 200
职工薪酬分配表		18 200		18 200
制造费用分配表			21 060	21 060
生产费用合计	66 816	20 120	22 635	109 571
完工产品定额	24 800	4 650	4 650	
月末在产品定额	3 040	380	380	
费用分配率	2.4	4	4.5	
完工产品成本	59 520	18 600	20 925	99 045
单位成本	38.4	12	13.5	63.9
月末在产品成本	7 296	1 520	1 710	10 526

（2）编制完工产品成本汇总表，如表 6－27 所示。

表 6－27　完工产品成本汇总表

2023 年 3 月　　　　　　　　　　　元

成本项目	KA－A 产品（1 780 件）		KA－B 产品（1 550 件）	
	总成本	单位成本	总成本	单位成本
直接材料	33 820	19	59 520	38.4
直接人工	17 800	10	18 600	12
制造费用	21 360	12	20 925	13.5
合计	72 980	41	99 045	63.9

编制完工产品入库的会计分录如下：

借：库存商品——KA－A 产品　　　　　　　　　　　　　　　　　　72 980

　　　　　　——KA－B 产品　　　　　　　　　　　　　　　　　　99 045

　　贷：生产成本——基本生产成本——KA－A产品　　　　　　　　　　72 980
　　　　　　　　　　　　　　　　　　——KA－B产品　　　　　　　　　　99 045

任务小结

适用于品种法的生产工艺过程与生产组织方式如图6－3所示。

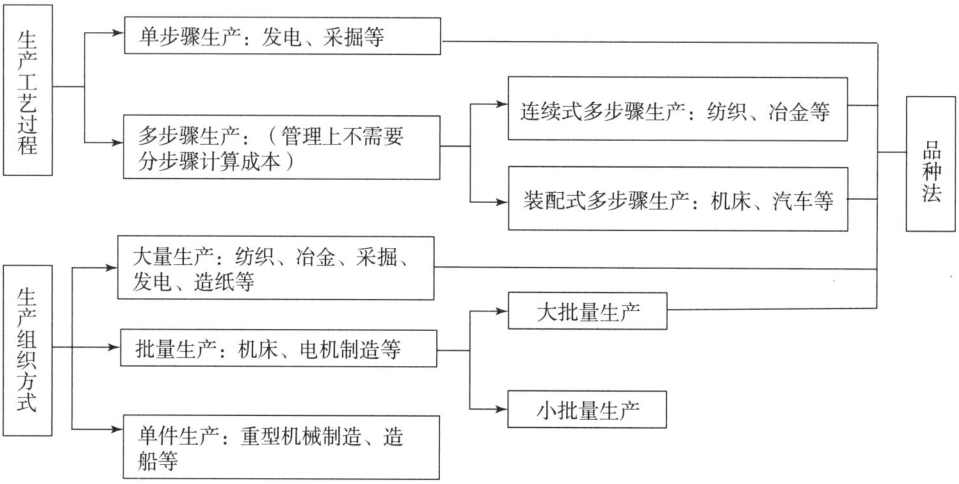

图6－3　适用于品种法的生产工艺过程与生产组织方式

职业道德与素养

【案例】

枣矿滨湖煤矿因地制宜提升掘进效率，降低成本50余万元

2020年以来，山东能源枣矿集团滨湖煤矿（简称枣矿滨湖煤矿或煤矿）以开展"掘进效率提升年"活动为抓手，因地制宜地优化掘进工艺、支护方式和劳动组织，井下南翼162泄水巷创出了单进18米，月进420米的新纪录，16116运输巷提升了劳动工效，直接技术降本50余万元。

"由于井下各掘进迎头的地质条件不同，我们严格按照煤矿三大规程要求，坚持'一头一策'的原则，对工作地点的顶板、围岩进行综合观测、分析和论证，在确保安全的前提下，制定快速掘进方案，在掘进作业、支护工艺上做起了文章。"该矿总工程师王思栋说。"为提升掘进效率，我们不仅在全岩巷道实施了'七掘两喷'的作业方式，还在半煤岩巷道优化了支护工艺，全区的劳动工效大幅度提升。"该矿掘进二区区长代国强说。"16116运输巷支护工艺的优化，得益于牢牢的安全体系，我们坚持在生产过程中各岗点必须进行岗位安全确认，排查现场存在的隐患，每班副班长由外向里对施工范围内的顶帮支护状态进行全面排查，发现隐患及时整改，发现支护变形时，必须采取补打锚索或锚梁加强支护，确保安全生产。"该矿掘进科杨建伟说。

为全面抓好各掘进迎头的安全管理工作，该矿结合实际，制定了优化掘进工艺后的安全技术措施，严格执行敲帮问顶制度，实施跟班安监员、跟班管理、当班班长"三位一体"的安全管理模式，紧盯现场生产的每一个环节，遇到地质条件变化、迎头顶板破碎、压力较大时，采取减少作业循环、缩小支护排距、变锚杆为锚索等措施，及时加强现场支护，确保实现安全生产。"通过改变掘进作业方式、优化支护工艺等'量体裁衣'的举措，掘进工作效率提升了30%以上，为矿井生产接续提供了保障。"该矿掘进副总工程师齐博说。

资料来源：《大众日报》2020年4月23日（有删改）

【问题】山东能源枣矿集团滨湖煤矿为降低成本采取了哪些措施？结合我国国情，请你谈一谈，低碳经济下煤矿企业如何获得发展？

【分析】枣矿滨湖煤矿以开展"掘进效率提升年"活动为抓手，因地制宜地优化掘进工艺、支护方式和劳动组织，直接技术降本50余万元。通过技术改进，在确保安全的前提下，大大提高了掘进工作效率，降低了职工的劳动强度。

煤矿企业的生产特点是高污染、高能耗，煤炭开采和使用会破坏生态环境。在当前低碳经济形势下，煤矿企业非常有必要开展技术革新和设备革新，推进煤炭生产关键环节的低碳化，探索绿色煤炭低碳生产。在安全生产方面，研发智能化采掘技术，防范重大安全事故。《煤炭行业社会责任蓝皮书（2022）》指出，煤炭行业要实现社会责任工作新进展、新突破，依旧任重道远。"十四五"时期是我国奋力推进高质量发展，着力构建清洁低碳、安全高效现代能源体系的关键阶段。新阶段要有新作为，煤炭行业要在把握新发展阶段、贯彻新发展理念、融入新发展格局中实现责任实践新突破，取得责任建设新提升，开创责任担当新局面。

单元小结

```
                              品种法的概念及分类

                                           成本计算对象
                              品种法的特点  成本计算期
                                           生产费用在完工产品与月末在产品之间的分配

                              品种法的基本原理          按产品品种设立基本生产成本明细账
产品成本计算                                          归集和分配各项要素费用
的品种法                                            归集和分配辅助生产费用
                              品种法的成本核算程序      归集和分配制造费用
                                                    计算完工产品和月末在产品成本
                                                    结转完工产品成本

                              单一品种生产下的品种法
                              多品种生产下的品种法
```

闯关考验

第一部分　基础知识训练

一、单项选择题

1. 关于品种法，下列说法正确的是（　　）。

A. 适用于小批量单步骤生产的企业

B. 在品种法下一般不需要定期计算产品成本

C. 管理上不要求按照生产步骤计算产品成本的情况下，大量大批多步骤生产的企业可采用品种法计算产品成本

D. 生产成本不需要在完工产品和月末在产品之间进行分配

2. 属于产品成本计算的基本方法的是（　　）。

A. 品种法　　　　　　B. 双倍余额递减法　　C. 交互分配法　　　　D. 顺序分配法

3. 品种法的特点是（　　）。

A. 不分批计算产品成本　　　　　　　　B. 不分步计算产品成本

C. 既分品种又分步计算产品成本　　　　D. 只分品种计算产品成本

4. 品种法的成本计算对象是（　　）。

A. 产品品种

B. 产品的批别或订单

C. 每个生产步骤的半成品及最后步骤的完工产品

D. 各种产品的类别

5. 品种法的成本计算期与（　　　）是一致的。

A. 产品生产周期　　　　　　　　　B. 会计报告期

C. 产品完工的日期　　　　　　　　D. 审计报告日期

二、多项选择题

1. 下列各项中，关于品种法的表述，正确的有（　　　）。

A. 广泛适用于大量大批单步骤生产的企业　　B. 广泛适用于单件小批生产的企业

C. 定期计算产品成本　　　　　　　　　　　D. 成本核算对象是产品品种

2. 品种法的基本特点包括（　　　）。

A. 成本核算对象是产品品种

B. 一般定期计算产品成本

C. 一般不存在完工产品和在产品之间分配成本的问题

D. 成本计算期与产品的生产周期基本一致

3. 品种法适用于（　　　）。

A. 小批单件单步骤生产

B. 管理上不要求分步骤计算产品成本的小批单件多步骤生产

C. 大量大批单步骤生产

D. 管理上不要求分步骤计算产品成本的大量大批多步骤生产

三、判断分析题

1. 品种法一般适用于大量大批单步骤生产的企业。　　　　　　　　　　　　　（　　　）

2. 品种法通常按月计算产品成本。　　　　　　　　　　　　　　　　　　　　（　　　）

3. 小批单件生产的企业，其成本计算方法应采用品种法。　　　　　　　　　　（　　　）

4. 根据企业生产经营特点和管理要求，单步骤大量生产的产品一般采用品种法计算产品成本。　　　　　　　　　　　　　　　　　　　　　　　　　　　　　　　　　　（　　　）

5. 品种法不需要在各种产品之间分配费用，也不需要在完工产品和在产品之间分配费用，所以也称简单法。　　　　　　　　　　　　　　　　　　　　　　　　　　　　　（　　　）

四、分析思考题

1. 什么是品种法？其特点有哪些？

2. 品种法的成本核算程序是怎样的？

3. 简单品种法和典型品种法在生产费用的归集与分配方面有何区别？

第二部分　任务操作实训

【实训目的】综合运用品种法核算产品成本。

【实训资料】

金鑫公司设有一个基本生产车间和供水、供电两个辅助生产车间，大量生产甲、乙两种产品。

1. 有关核算制度如下：

（1）甲、乙两种产品属于单步骤生产，根据生产特点和管理要求，甲、乙两种产品采用品种法计算产品成本。

（2）公司开设"生产成本——基本生产成本——甲产品"以及"生产成本——基本生产成本——乙产品"明细账，账内设置"直接材料""直接人工""制造费用"三个成本项目。

（3）两种产品共同消耗的材料费用按材料定额消耗量比例分配。甲产品单位材料消耗定额为2千克，乙产品单位材料消耗定额为3千克。

（4）甲、乙两种产品共同承担的人工费用按照生产工时比例分配。

（5）固定资产采用平均年限法计提折旧。

（6）辅助生产车间不单独开设"制造费用"账户。采用交互分配法分配辅助生产费用。

（7）基本生产车间设置"制造费用"明细账，按照生产工时比例分配制造费用。

（8）两种产品原材料均在生产开始时一次投入，加工费用比较均衡。生产费用在完工产品与月末在产品之间采用约当产量比例法进行分配。两种产品月末在产品完工程度均为50%。

2. 2023年3月有关会计资料如下：

（1）产量资料如表6-28所示。

表6-28　产品产量统计表　　　　　　　　　　件

产品名称	月初在产品	本月投产	本月完工	月末在产品
甲产品	360	1 200	1 280	280
乙产品	220	1 000	1 020	200

（2）月初在产品成本如表6-29所示。

表6-29　月初在产品成本　　　　　　　　　　元

产品名称	直接材料	直接人工	制造费用	合计
甲产品	5 600	4 500	3 200	13 300
乙产品	7 900	3 660	1 900	13 460

（3）产品生产工时情况如表6-30所示。

表6-30　产品生产工时统计表　　　　　　　　　　小时

产品名称	生产工时
甲产品	4 000
乙产品	6 000

（4）领料汇总表如表6-31所示。

表6-31　领料汇总表　　　　　　　　　　元

领料部门	用途	材料种类	金额
基本生产车间	甲产品直接耗用	A材料	45 600
	乙产品直接耗用	B材料	63 500
	甲、乙产品共同耗用	C材料	10 800
	一般耗用	A材料	2 600
辅助生产车间	供水车间	A材料	6 800
	供电车间	B材料	3 500
厂部管理部门		B材料	3 200
合计			136 000

（5）各车间、部门发生职工薪酬情况如表6-32所示。

表6-32　职工薪酬汇总表　　　　　　　　　　　　元

人员部门		人员类别	金额
基本生产车间		生产工人	42 000
		管理人员	8 000
辅助生产车间	供水车间	生产工人	20 000
		管理人员	6 000
	供电车间	生产工人	16 000
		管理人员	7 500
厂部管理部门		管理人员	6 000
合　计			105 500

注：为简化核算，应付职工薪酬不考虑社会保险费、住房公积金、工会经费及职工教育经费等。

（6）本月固定资产折旧费用分配表如表6-33所示。

表6-33　固定资产折旧费用分配表　　　　　　　　　元

项目	基本生产车间	辅助生产车间		厂部管理部门	总计
		供水车间	供电车间		
折旧费	4 500	1 600	2 100	3 000	11 200

（7）本月各车间、部门发生其他费用假设均以银行存款支付，如表6-34所示。

表6-34　其他费用分配表　　　　　　　　　　　　元

项目		办公费	差旅费	保险费	合计
基本生产车间		2 000	1 200	1 400	4 600
辅助生产车间	供水车间	1 200	800	900	2 900
	供电车间	1 000	500	800	2 300
厂部管理部门		3 600	2 500	500	6 600
合计		7 800	5 000	3 600	16 400

（8）辅助生产车间产品或劳务供应情况如表6-35所示。

表6-35　产品或劳务供应表

受益单位		供水车间/立方米	供电车间/千瓦时
供水车间		—	5 000
供电车间		4 500	—
基本生产车间	甲产品	6 000	68 000
	乙产品	5 000	75 000
	车间一般耗用	1 200	3 600
厂部管理部门		2 000	4 000
合　计		18 700	155 600

【实训要求】根据上述资料，运用品种法核算产品成本。（计算结果如不能整除，保留 2 位小数。）

【任务处理】

1. 设置成本、费用明细账。

（1）按照产品品种设置"生产成本——基本生产成本——甲产品"以及"生产成本——基本生产成本——乙产品"明细账，如表 6 - 36 和表 6 - 37 所示。

表 6 - 36 基本生产成本明细账

产品：甲产品　　　　　　　　　　　　　2023 年 3 月　　　　　　　　　　　　　　　元

摘要	直接材料	直接人工	制造费用	合计
月初在产品成本				
领料				
职工薪酬				
辅助生产费用				
制造费用				
生产费用合计				
完工产品成本				
月末在产品成本				

表 6 - 37 基本生产成本明细账

产品：乙产品　　　　　　　　　　　　　2023 年 3 月　　　　　　　　　　　　　　　元

摘要	直接材料	直接人工	制造费用	合计
月初在产品成本				
领料				
职工薪酬				
辅助生产费用				
制造费用				
生产费用合计				
完工产品成本				
月末在产品成本				

（2）设置辅助生产成本明细账，如表 6 - 38 和表 6 - 39 所示。

表 6 - 38 辅助生产成本明细账

辅助生产车间：供水车间　　　　　　　　　　　　　　　　　　　　　　　　　　　元

年		凭证号	摘要	成本项目						
月	日			机物料消耗	职工薪酬	折旧费	办公费	差旅费	保险费	合计
			领料							
			职工薪酬							

续表

年		凭证号	摘要	成本项目						
月	日			机物料消耗	职工薪酬	折旧费	办公费	差旅费	保险费	合计
			折旧费用							
			其他费用							
			合计							
			分配转出							

表 6 – 39　辅助生产成本明细账

辅助生产车间：供电车间　　　　　　　　　　　　　　　　　　　　　　　　　　元

年		凭证号	摘要	成本项目						
月	日			机物料消耗	职工薪酬	折旧费	办公费	差旅费	保险费	合计
			领料							
			职工薪酬							
			折旧费用							
			其他费用							
			合计							
			分配转出							

（3）设置制造费用明细账，如表 6 – 40 所示。

表 6 – 40　制造费用明细账

车间：基本生产车间　　　　　　　　　2023 年 3 月　　　　　　　　　　　　元

摘要	机物料消耗	职工薪酬	折旧费	办公费	差旅费	保险费	水费	电费	合计
领料									
职工薪酬									
折旧费用									
其他费用									
辅助费用									
合计									
分配转出									

2. 分配要素费用。

注：为简化核算，本项目任务操作中"管理费用""销售费用"等期间费用明细账登记工作从略。

1）分配材料费用。

（1）根据领料汇总表，编制材料费用分配表，如表6－41所示。

表6－41　材料费用分配表

2023年3月

项目		直接计入材料/元	分配计入材料			合计
			分配标准（定额耗用量）/件	分配率/元	分配金额/元	
基本生产车间耗用	甲产品					
	乙产品					
	小计					
	车间一般耗用					
辅助生产车间耗用	供水车间					
	供电车间					
行政管理部门						
合计						

（2）根据以上材料费用分配表，编制会计分录。

（3）根据会计分录登记各成本费用明细账，如表6－36～表6－40所示。

2）分配职工薪酬。

（1）根据职工薪酬汇总表，编制职工薪酬分配表，如表6－42所示。

表6－42　职工薪酬分配表

2023年3月

应借科目		生产工人工资分配			直接计入工资/元	合计/元
		生产工时/小时	分配率	分配金额/元		
生产成本——基本生产成本	甲产品					
生产成本——基本生产成本	乙产品					
小计						
制造费用						
生产成本——辅助生产成本	供水车间					
生产成本——辅助生产成本	供电车间					
管理费用						
合计						

（2）根据以上职工薪酬分配表，编制会计分录。

（3）根据会计分录登记各成本费用明细账，如表6－36～表6－40所示。

3）计提固定资产折旧。

（1）根据表6－33固定资产折旧费用分配表，编制会计分录。

（2）根据会计分录登记各成本费用明细账，如表6－38～表6－40所示。

4）分配其他费用。

（1）根据表 6 – 34 其他费用分配表，编制会计分录。

（2）根据会计分录登记各成本费用明细账，如表 6 – 38 ~ 表 6 – 40 所示。

3. 归集和分配辅助生产费用。

（1）根据表 6 – 35 及上述各种要素费用分配结果，编制辅助生产费用分配表，如表 6 – 43 所示。

表 6 – 43　辅助生产费用分配表

2023 年 3 月

项目			交互分配			对外分配		
辅助车间名称			供水车间	供电车间	合计	供水车间	供电车间	合计/元
待分配辅助生产费用/元								
劳务供应量								
计量单位			立方米	千瓦时		立方米	千瓦时	
辅助生产费用分配率								
辅助生产车间耗用	供水车间	耗用数量						
		分配金额						
	供电车间	耗用数量						
		分配金额						
甲产品		耗用数量						
		分配金额						
乙产品		耗用数量						
		分配金额						
基本生产车间		耗用数量						
		分配金额						
行政管理部门		耗用数量						
		分配金额						
分配金额合计/元								

注：辅助生产费用分配率取小数点后 5 位小数。

（2）根据上述辅助生产费用分配表，编制会计分录。

（3）根据辅助生产费用的分配结果以及会计分录，登记各成本费用明细账，如表 6 – 36 ~ 表 6 – 40 所示。

4. 归集和分配制造费用。

（1）归集制造费用，将制造费用明细账的费用合计，如表 6 – 40 所示。

（2）编制制造费用分配表，如表 6 – 44 所示。

表6-44 制造费用分配表

车间名称：基本生产车间   2023年3月

应借科目		生产工时/小时	分配率	分配金额/元
生产成本——基本生产成本	甲产品			
	乙产品			
合计				

注：分配率取小数点后2倍小数。

（3）根据上述制造费用分配表，编制会计分录。

（4）根据制造费用的分配结果，登记制造明细账，如表6-40所示。

5. 计算并结转完工产品生产成本。

（1）编制产品成本计算单，运用约当产量比例法计算完工产品成本和月末在产品成本，如表6-45和表6-46所示。

（2）编制完工产品成本汇总表，如表6-47所示。

表6-45 甲产品成本计算单

项目	直接材料	直接人工	制造费用	合计
月初在产品成本/元				
本月生产费用/元				
生产费用合计/元				
完工产品产量/件				
月末在产品约当产量/件				
约当总产量/件				
单位成本/元				
完工产品总成本/元				
月末在产品成本/元				

表6-46 乙产品成本计算单

项目	直接材料	直接人工	制造费用	合计
月初在产品成本/元				
本月生产费用/元				
生产费用合计/元				
完工产品产量/件				
月末在产品约当产量/件				
约当总产量/件				
单位成本/元				
完工产品总成本/元				
月末在产品成本/元				

注：费用分配率取小数点后2位小数。

表 6 – 47　完工产品成本汇总表　　　　　　　　　　　　　　元

成本项目	产品（　　件）		产品（　　件）	
	总成本	单位成本	总成本	单位成本
直接材料				
直接人工				
制造费用				
合计				

（3）编制结转完工产品成本的会计分录。

（4）登记相关明细账。

項目七

产品成本计算的分批法

教学目标

1. 知识目标

（1）掌握分批法的概念、分类、特点。

（2）掌握分批法的适用范围。

（3）掌握分批法的成本核算程序。

（4）掌握简化分批法的概念、特点、适用范围。

（5）掌握简化分批法的成本核算程序。

2. 能力目标

（1）能够叙述分批法的概念、分类、特点。

（2）能够叙述分批法的适用范围。

（3）能够叙述分批法的成本核算程序。

（4）能够熟练应用分批法核算产品成本。

（5）能够熟练应用简化分批法核算产品成本。

3. 素质目标

（1）培养学生规范核算、注重质量、节约成本的企业管理观念。

（2）培养学生灵活运用各种方法核算产品成本的能力。

（3）培养学生自我学习和管理能力。

内容提要

（1）分批法是以产品批别作为成本计算对象归集和分配生产费用，计算产品成本的一种成本计算方法。

（2）分批法的特点主要有三个：分批法的成本计算对象是产品批别；分批法的成本计算期与产品生产周期一致，与会计报告期不一致；月末一般不存在生产费用在完工产品和月末在产品之间分配的问题。

（3）分批法适用于单件小批且管理上不要求分步骤计算成本的多步骤生产的企业。

（4）简化分批法是一种不分批计算在产品成本的方法，适用于月份内投产批次多、未完工批次也多并且各月之间间接费用相差不大的企业。

· 141 ·

任务一　分批法的基本原理

任务导入

美伊服装有限责任公司是一家生产衬衫的企业，根据购货单位订单要求，成批生产男式衬衫、女式衬衫，这两种衬衫均分为长袖和短袖两个规格。该公司设有一个基本生产车间以及厂部管理部门、采购部门、仓储部门、销售部门等。

该公司组织结构如图7-1所示。

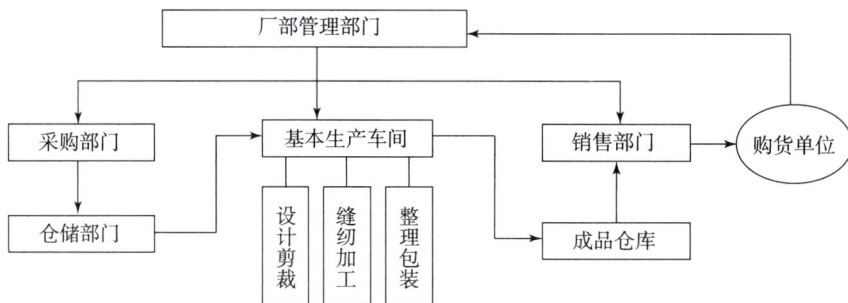

图7-1　公司组织结构

①厂部管理部门根据购货单位订单下达材料采购计划及生产计划。
②采购部门组织材料采购。
③基本生产车间领用材料并组织产品生产。
④产品完工，验收入库。
⑤销售部门组织销售。

赵阳是该公司的成本核算人员，按照财务经理的工作安排，他为公司制定了成本核算制度，结合公司实际情况，服装加工虽然也是多步骤生产，但是不需要计算各步骤的生产成本，因此公司应采用分批法核算产品成本。

知识链接与任务操作

一、分批法的概念及分类

分批法是以产品批别作为成本计算对象归集和分配生产费用，计算产品成本的一种成本计算方法。采用这种方法，不需要按照产品生产步骤计算成本。

（一）分批法的适用范围

分批法主要适用于单件小批且管理上不要求分步骤计算成本的多步骤生产的企业，如重型机械、船舶、专用设备的生产企业以及服装加工企业等。在这种生产类型的企业中，大都是根据购货单位的订单组织生产，因此，分批法也称订单法。

（二）分批法的分类

在单件小批生产企业中，分配直接人工和制造费用等间接计入费用的方法有两种，分别是当月分配法和累计分配法。分批法因其采用的分配间接费用的方法不同，也分成一般分批法和简化分批法两种形式。

1. 一般分批法（当月分配法）

一般分批法（当月分配法）是指无论各个批别成本计算单中的产品是否完工，均将当月发生的直接人工和制造费用等间接费用全部分配给当月各个批别产品的成本计算方法。分配间接费用时，一般按照生产工时作为分配标准。计算公式如下：

$$间接费用当月分配率 = \frac{当月发生的间接费用总额}{当月各批产品生产工时之和}$$

$$某批产品应分配的间接费用 = 该批产品当月生产工时 \times 间接费用当月分配率$$

采用当月分配率来分配间接费用的分批法称为一般分批法（即分批法），也就是分批计算在产品成本的分批法。一般分批法的成本核算程序与品种法基本相同。

2. 简化分批法（累计分配法）

简化分批法（累计分配法）是在产品完工之前，各个批别成本计算单中只登记直接计入费用（如直接材料费用）和生产工时，各月发生的间接计入费用按照成本项目累计起来，计入专门设置的基本生产成本二级账中，平时不做分配，只有在有完工产品的那个月份，才对完工产品的间接计入费用进行分配的方法。计算公式如下：

$$全部产品某项累计间接费用分配率 = \frac{全部产品该项累计间接费用总额}{全部产品累计生产工时}$$

$$某批完工产品应分配的某项间接费用 = 该批完工产品累计生产工时 \times 全部产品$$
$$该项累计间接费用分配率$$

采用累计分配率来分配间接计入费用的分批法称为简化分批法，也称不分批计算在产品成本的分批法，是一般分批法的简化形式。简化分批法的成本核算程序与一般分批法相比，有其特殊性，后续任务会展开讲解。

二、分批法的特点

（一）成本计算对象

分批法的成本计算对象是产品批别。企业生产计划部门下达生产任务通知单，并对生产任务进行编号，称为产品批别，会计部门按照生产批别开设生产成本明细账，归集生产费用并计算成本。因此，分批法的成本核算对象是产品批别。

（二）成本计算期

在分批法下，由于是按照生产任务通知单或生产批别来组织生产并归集生产费用的，只有某批产品全部完工，才能归集为该批产品生产所发生的全部生产费用进而计算其实际成本。因此，分批法的成本计算期与产品生产周期一致，而与会计报告期不一致。

（三）生产费用在完工产品和月末在产品之间的分配

在单件小批生产类型中，由于成本计算期与产品生产周期一致，因此月末一般不存在生产费用在完工产品和月末在产品之间分配的问题。

在单件生产中，该件产品完工之前，归集在产品成本明细账中的所有生产费用都是在产品成本；当产品完工时，产品成本明细账中的所有生产费用都是完工产品成本。因此，月末不存在生产费用在完工产品和月末在产品之间分配的问题。

如果是小批生产类型，由于每一批产品批量较小，批内产品通常可以同时完工，在月末，有时是产品全部完工，有时是全部未完工，因此一般不存在生产费用在完工产品和月末在产品之间分配的问题。同一批别的产品如果有跨月陆续完工的情况，可以采用计划单位成本、定额单位成本或者近期相同产品的实际单位成本来计算结转完工产品成本，以后发生的费用继续归集，直到该批产品全部完工时，再将整批产品的成本汇总，计算该批产品的实际总成本和单位成本。

小提示：分批法主要适用于单件小批且管理上不要求分步骤计算成本的多步骤生产企业。在这种生产类型的企业中，大都是根据购货单位的订单组织生产，因此，分批法也称订单法。

三、分批法的成本核算程序

分批法的成本核算程序与品种法基本相同，不同的是，在分批法下，要按照生产批别或订单设置基本生产成本明细账。

小提示：采用分批法计算产品成本，由于成本计算期与产品生产周期一致，月末一般不存在生产费用在完工产品与月末在产品之间分配的问题。

微课视频9　分批法的
成本核算程序

任务小结

分批法的成本核算程序如图7-2所示。

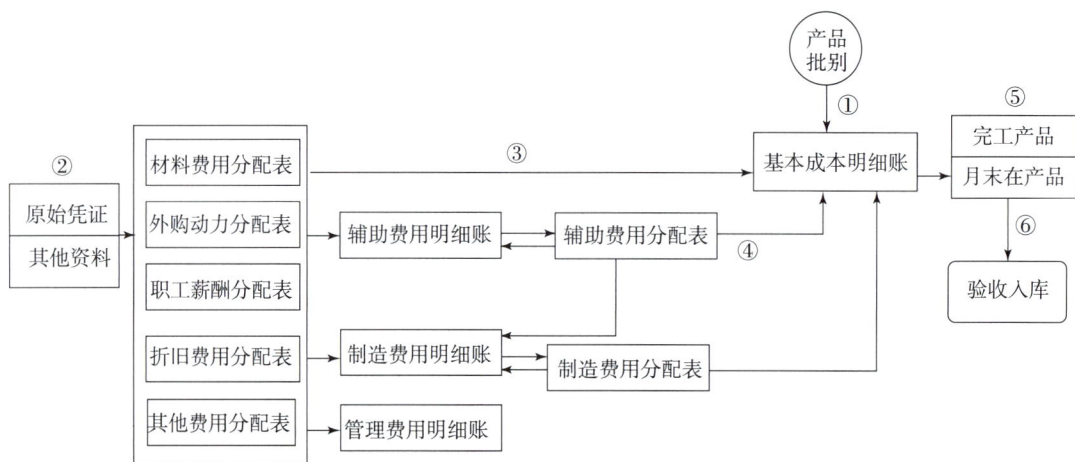

图7-2　分批法的成本核算程序

注：
①按产品批别或订单设立基本生产成本明细账。
②归集和分配各项要素费用。
③归集和分配辅助生产费用。
④归集和分配制造费用。
⑤计算完工产品和月末在产品成本。
⑥结转完工产品成本。

任务二　一般分批法

任务导入

美伊服装有限责任公司是一家生产衬衫的企业，根据购货单位订单要求，成批生产男式衬衫、女式衬衫，这两种衬衫均分为长袖和短袖两个规格。2023年3月，该公司共有4批产品同时生产，各批产品产量记录表如表7-1所示。

表7-1　产量记录表

批别	产品名称	开工日期	投产批量/件	本月完工数量/件	月末在产品数量/件	本月实际生产工时/小时
YY01	男式长袖衬衫	1月15日	50	50	0	600
YY02	女式长袖衬衫	2月2日	66	56	10	320

续表

批别	产品名称	开工日期	投产批量/件	本月完工数量/件	月末在产品数量/件	本月实际生产工时/小时
YY03	男式短袖衬衫	2月10日	35	5	30	450
YY04	女式短袖衬衫	3月21日	40	0	40	230

　　根据企业生产类型，该公司的成本核算人员赵阳采用分批法核算产品成本。他认真查阅公司产品成本有关资料，在3月底完成了各批产品生产成本的核算工作，他严谨细致的工作作风得到同事的一致好评。除了做好本职工作，赵阳还运用自己所学专业知识，对公司产品如何扩大销售份额提出建议，比如，与客户建立亲密的购销关系、让客户感受商品的价值、保持诚恳的销售态度等。

知识链接与任务操作

　　一般分批法下，企业在分配间接费用时，无论各个批别成本计算单中的产品是否完工，均将当月发生的直接人工和制造费用等间接费用全部分配给当月各个批别产品。在这种方法下，每月月末，不仅计算完工各批次产品的成本，对于未完工的在产品，也分批计算成本。

　　分配间接费用时，一般按照生产工时作为分配标准。计算公式如下：

$$间接费用当月分配率 = \frac{当月发生的间接费用总额}{当月各批产品生产工时之和}$$

　　某批产品应分配的间接费用 = 该批产品当月生产工时 × 间接费用当月分配率

　　采用当月分配率来分配间接费用的分批法称为一般分批法（分批法），也就是分批计算在产品成本的分批法。一般分批法的成本核算程序与品种法基本相同。

　　小提示：一般分批法下，每月月末，不仅计算完工各批次产品的成本，对于未完工的在产品，也分批计算成本。一般分批法的成本核算程序与品种法基本相同。

任务操作 7-1

　　承任务导入，2023年3月，美伊服装有限责任公司有关生产资料如下：

　　（1）各批产品月初在产品成本表如表7-2所示。

表7-2　月初在产品成本表　　　　　　　　　　　元

批别	产品名称	直接材料	直接人工	制造费用	合计
YY01	男式长袖衬衫	2 000	3 200	600	5 800
YY02	女式长袖衬衫	1 800	2 140	452	4 392
YY03	男式短袖衬衫	1 700	1 860	520	4 080

　　（2）本月各批产品发生的生产费用汇总表如表7-3所示。

表7-3　生产费用汇总表　　　　　　　　　　　元

批别	产品名称	直接材料	直接人工	制造费用	合计
YY01	男式长袖衬衫	6 000			6 000
YY02	女式长袖衬衫	4 500			4 500

批别	产品名称	直接材料	直接人工	制造费用	合计
YY03	男式短袖衬衫	4 800			4 800
YY04	女式短袖衬衫	5 200			5 200
共同耗用的费用			32 000	13 600	45 600
合计		20 500	32 000	13 600	66 100

在表7-3中，直接材料费用是领料汇总表中所列各个产品批号耗用材料的结果，直接人工费用和制造费用是各批产品共同发生的费用，按照公司实际情况采用生产工时比例法进行分配。

（3）生产费用在完工产品和月末在产品之间分配的方法。

YY02批号女式长袖衬衫，本月完工产品数量较大，生产费用在完工产品和月末在产品之间进行分配时采用约当产量比例法。假定该公司服装生产所需原材料是服装加工过程中逐步投入的，该批号月末在产品投料率为70%，完工程度为50%。

YY03批号男式短袖衬衫，本月完工产品数量为5件，在整个订单中所占比重较小，为简化核算，完工产品按照计划单位成本计算。每件产品计划单位成本为520元，其中，直接材料180元，直接人工240元，制造费用100元。

根据上述资料进行各批产品成本计算如下：

1）编制各批产品领用原材料的会计分录

根据表7-3，编制各批产品领用原材料的会计分录如下：

借：生产成本——基本生产成本——YY01　　　　　　　　　　　　　6 000
　　　　　　　　　　　　　　——YY02　　　　　　　　　　　　　4 500
　　　　　　　　　　　　　　——YY03　　　　　　　　　　　　　4 800
　　　　　　　　　　　　　　——YY04　　　　　　　　　　　　　5 200
　　　贷：原材料　　　　　　　　　　　　　　　　　　　　　　　20 500

2）分配各批产品共同耗用的直接人工费用

$$人工费用分配率 = \frac{32\ 000}{600 + 320 + 450 + 230} = 20$$

YY01批号应分配的人工费用 = 600 × 20 = 12 000（元）
YY02批号应分配的人工费用 = 320 × 20 = 6 400（元）
YY03批号应分配的人工费用 = 450 × 20 = 9 000（元）
YY04批号应分配的人工费用 = 230 × 20 = 4 600（元）

编制直接人工费用分配表，如表7-4所示。

表7-4　直接人工费用分配表

批号	产品名称	分配标准（生产工时）/小时	分配率	分配金额/元
YY01	男式长袖衬衫	600		12 000
YY02	女式长袖衬衫	320		6 400
YY03	男式短袖衬衫	450		9 000
YY04	女式短袖衬衫	230		4 600
合计		1 600	20	32 000

根据直接人工费用分配表，编制会计分录如下：

借：生产成本——基本生产成本——YY01　　　　　　　　　　　　　12 000

　　　　　　　　　　　　　——YY02　　　　　　　　　　　　　6 400

　　　　　　　　　　　　　——YY03　　　　　　　　　　　　　9 000

　　　　　　　　　　　　　——YY04　　　　　　　　　　　　　4 600

　　贷：应付职工薪酬　　　　　　　　　　　　　　　　　　　　　　32 000

3）分配制造费用

$$制造费用分配率 = \frac{13\ 600}{600 + 320 + 450 + 230} = 8.5$$

YY01 批号应分配的制造费用 = 600 × 8.5 = 5 100（元）

YY02 批号应分配的制造费用 = 320 × 8.5 = 2 720（元）

YY03 批号应分配的制造费用 = 450 × 8.5 = 3 825（元）

YY04 批号应分配的制造费用 = 230 × 8.5 = 1 955（元）

编制制造费用分配表，如表7-5所示。

表7-5　制造费用分配表

批号	产品名称	分配标准（生产工时）/小时	分配率	分配金额/元
YY01	男式长袖衬衫	600		5 100
YY02	女式长袖衬衫	320		2 720
YY03	男式短袖衬衫	450		3 825
YY04	女式短袖衬衫	230		1 955
合计		1 600	8.5	13 600

根据制造费用分配表，编制会计分录如下：

借：生产成本——基本生产成本——YY01　　　　　　　　　　　　　5 100

　　　　　　　　　　　　　——YY02　　　　　　　　　　　　　2 720

　　　　　　　　　　　　　——YY03　　　　　　　　　　　　　3 825

　　　　　　　　　　　　　——YY04　　　　　　　　　　　　　1 955

　　贷：制造费用　　　　　　　　　　　　　　　　　　　　　　　13 600

4）生产费用在完工产品和月末在产品之间进行分配

(1) YY01 批号男式长袖衬衫全部完工，发生的生产费用全部转入完工产品成本。

根据上述各项费用分配表及有关记账凭证，登记基本生产成本明细账，如表7-6所示。

表7-6　基本生产成本明细账

2023 年 3 月

产品批别：YY01　　　　　　　　购货单位：振发公司

产品名称：男式长袖衬衫　　　　　产品批量：50 件　　　　本月完工数量：50 件　　　元

摘要	直接材料	直接人工	制造费用	合计
月初在产品成本	2 000	3 200	600	5 800
材料费用分配表	6 000			6 000
职工薪酬分配表		12 000		12 000
制造费用分配表			5 100	5 100
生产费用合计	8 000	15 200	5 700	28 900

摘要	直接材料	直接人工	制造费用	合计
完工产品成本	8 000	15 200	5 700	28 900
单位成本	160	304	114	578

（2）YY02 批号女式长袖衬衫本月完工产品56件，月末在产品10件，采用约当产量比例法将生产费用分配给完工产品和月末在产品。月末在产品投料率为70%，完工程度为50%。

计算过程如下：

$$直接材料费用分配率 = \frac{1\ 800 + 4\ 500}{56 + 10 \times 70\%} = 100$$

$$完工产品应分配的材料费用 = 56 \times 100 = 5\ 600（元）$$

$$月末在产品应分配的材料费用 = 7 \times 100 = 700（元）$$

$$人工费用分配率 = \frac{2\ 140 + 6\ 400}{56 + 10 \times 50\%} = 140$$

$$完工产品应分配的人工费用 = 56 \times 140 = 7\ 840（元）$$

$$月末在产品应分配的人工费用 = 5 \times 140 = 700（元）$$

$$制造费用分配率 = \frac{452 + 2\ 720}{56 + 10 \times 50\%} = 52$$

$$完工产品应分配的制造费用 = 56 \times 52 = 2\ 912（元）$$

$$月末在产品应分配的制造费用 = 5 \times 52 = 260（元）$$

$$完工产品成本 = 5\ 600 + 7\ 840 + 2\ 912 = 16\ 352（元）$$

$$月末在产品成本 = 700 + 700 + 260 = 1\ 660（元）$$

根据上述各项费用分配表及有关记账凭证，登记基本生产成本明细账，如表7-7所示。

表7-7 基本生产成本明细账

2023 年 3 月

产品批别：YY02　　　　　　　　　购货单位：广鑫公司
产品名称：女式长袖衬衫　　　　　　产品批量：66 件　　　　本月完工数量：56 件

摘要	直接材料	直接人工	制造费用	合计
月初在产品成本/元	1 800	2 140	452	4 392
材料费用分配表	4 500			4 500
职工薪酬分配表		6 400		6 400
制造费用分配表			2 720	2 720
生产费用合计/元	6 300	8 540	3 172	18 012
完工产品产量/件	56	56	56	
在产品约当产量/件	7	5	5	
约当总产量/件	63	61	61	
单位成本/元	100	140	52	292
完工产品成本/元	5 600	7 840	2 912	16 352
月末在产品成本/元	700	700	260	1 660

（3）YY03 批号男式短袖衬衫本月完工产品5件，月末在产品30件，完工产品数量在整个

订单中所占比重较小，为简化核算，完工产品按照计划单位成本计算。每件产品计划单位成本为520元，其中，直接材料180元，直接人工240元，制造费用100元。

根据计划单位成本计算完工产品成本如下：

$$完工产品的直接材料费用 = 5 \times 180 = 900（元）$$
$$完工产品的直接人工费用 = 5 \times 240 = 1\ 200（元）$$
$$完工产品的制造费用 = 5 \times 100 = 500（元）$$
$$完工产品总成本 = 900 + 1\ 200 + 500 = 2\ 600（元）$$

待该批产品全部完工后，再重新计算完工产品的实际总成本和单位成本，但对已做结转入账的完工产品成本不必做账目调整。

根据上述各项费用分配表及有关记账凭证，登记基本生产成本明细账，如表7-8所示。

表7-8　基本生产成本明细账

2023年3月

产品批别：YY03　　　　　购货单位：宏达公司
产品名称：男式短袖衬衫　　产品批量：35件　　本月完工数量：5件　　元

摘要	直接材料	直接人工	制造费用	合计
月初在产品成本	1 700	1 860	520	4 080
材料费用分配表	4 800			4 800
职工薪酬分配表		9 000		9 000
制造费用分配表			3 825	3 825
生产费用合计	6 500	10 860	4 345	21 705
完工产品成本（5件）	900	1 200	500	2 600
单位成本	180	240	100	520
月末在产品成本	5 600	9 660	3 845	19 105

（4）YY04批号女式短袖衬衫全部未完工，发生的生产费用全部为月末在产品成本，不需结转完工产品成本。

根据上述各项费用分配表及有关记账凭证，登记基本生产成本明细账，如表7-9所示。

表7-9　基本生产成本明细账

2023年3月

产品批别：YY04　　　　　购货单位：达志公司
产品名称：女式短袖衬衫　　产品批量：40件　　本月完工数量：0件　　元

摘要	直接材料	直接人工	制造费用	合计
材料费用分配表	5 200			5 200
职工薪酬分配表		4 600		4 600
制造费用分配表			1 955	1 955
生产费用合计	5 200	4 600	1 955	11 755
月末在产品成本	5 200	4 600	1 955	11 755

根据成本计算结果，完工产品成本汇总表如表7-10所示。

表7-10 完工产品成本汇总表　　　　　　　　　　　元

成本项目			直接材料	直接人工	制造费用	合计
YY01	男式长袖衬衫	总成本	8 000	15 200	5 700	28 900
		单位成本	160	304	114	578
YY02	女式长袖衬衫	总成本	5 600	7 840	2 912	16 352
		单位成本	100	140	52	292
YY03	男式短袖衬衫	总成本	900	1 200	500	2 600
		单位成本	180	240	100	520

根据完工产品成本汇总表，编制完工产品验收入库的会计分录如下：

借：库存商品——YY01（男式长袖衬衫）　　　　　　　　28 900

　　　　——YY02（女式长袖衬衫）　　　　　　　　16 352

　　　　——YY03（男式短袖衬衫）　　　　　　　　2 600

　　贷：生产成本——基本生产成本——YY01　　　　　　28 900

　　　　　　　　　　　　　　——YY02　　　　　　16 352

　　　　　　　　　　　　　　——YY03　　　　　　2 600

任务小结

分批法和品种法都是成本计算的基本方法，两种方法的区别如图7-3所示。

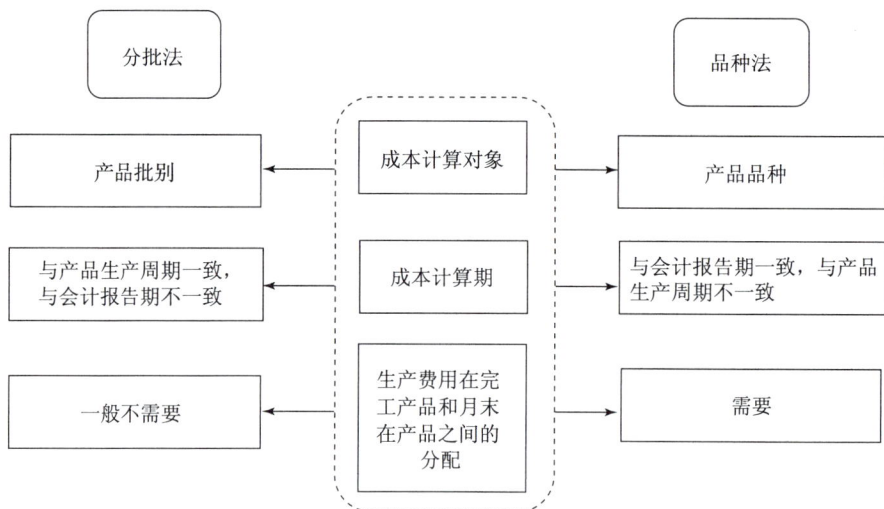

图7-3 分批法和品种法的区别

任务三　简化分批法

任务导入

宏泰机械厂属于小批生产产品的企业，按照购货单位的订单组织生产。该厂主要生产HT系列产品，产品生产周期较长，每个月投产的批数很多，到月末完工的批数很少，未完工的批数很多。2023 年 3 月，该厂共有 8 批产品同时生产，各批产品产量记录表如表 7 - 11 所示。

表 7 - 11 各批产品产量记录表

批别	产品名称	开工日期	投产批量/件	本月完工数量/件	月末在产品数量/件	本月实际生产工时/小时
108	HT - 1	1 月 8 日	60	60	0	1 600
112	HT - 2	1 月 12 日	50	20	30	3 200
205	HT - 3	2 月 5 日	20	0	20	2 000
210	HT - 4	2 月 10 日	40	0	40	1 000
221	HT - 5	2 月 21 日	62	0	62	1 320
306	HT - 6	3 月 6 日	35	0	35	1 500
321	HT - 7	3 月 21 日	50	0	50	800
326	HT - 8	3 月 26 日	80	0	80	562

在表 7 - 11 中，112 批次的 HT - 2 产品，其原材料在生产开始时一次投入，完工产品所耗工时为 3 600 小时。

杨新是该厂新招聘的成本核算人员，根据企业生产类型，他认为应当采用分批法核算产品成本。但他又发现该厂每个月投产的批数多，月末未完工的批数也很多，于是陷入思考：是否有更简便的方法来计算完工产品成本呢？

杨新一边认真查阅产品成本有关资料，分析企业产品生产特点，一边思考简便的成本核算方法。该厂按照购货单位的订单组织生产，每个月除了投产批数多、月末未完工批数多之外，每个月产生的人工费用、制造费用水平也相差不大，他想起自己曾经到一家水泵厂参加毕业顶岗实习时，当时水泵厂采用简化分批法核算产品成本。有了思路之后，他立即向财务经理请示，如果本厂也采用简化分批法来核算产品成本，肯定能够提高工作效率。财务经理肯定了他的提议，杨新立即投入成本核算工作中。

知识链接与任务操作

在实际生产中，有些单件小批生产的企业在同一个月份投产的产品批数很多，有的企业投产批数多达几十批甚至上百批，但是月末完工的批数并不多，未完工的批数很多。在这种情况下，如果不管各批产品是否完工，直接将当月发生的间接费用全部分配给各批产品，分配费用的工作会非常繁重。为了简化成本核算工作，这些企业可以将生产费用在各个批次之间的横向分配和生产费用在完工产品和月末在产品之间的纵向分配工作合并起来，采用简化分批法。

一、简化分批法的概念

采用简化分批法，在产品完工之前，各个批别基本生产成本明细账中只登记直接计入费用（如直接材料费用）和生产工时，各月发生的间接计入费用按照成本项目累计起来，在专门设置的基本生产成本二级账中以总额反映，平时不做分配，只有在有完工产品的那个月份，才对完工产品的间接费用进行分配，对于未完工的各批产品不分配间接费用，不计算各批在产品的成本。因此，这种方法也称为不分批计算在产品成本的分批法。

二、简化分批法的特点

（一）必须设置基本生产成本二级账

采用简化分批法，首先需要按照产品批别设置基本生产成本明细账并分别按成本项目开设专栏。其次，必须按生产单位设置基本生产成本二级账，归集全部批次产品在生产过程中发生的各项生产费用和累计生产工时。设置基本生产成本二级账是简化分批法区别于一般分批法的显著特点。

平时核算工作中，各批产品基本生产成本明细账中只登记直接计入费用（如直接材料费用）和生产工时。各月发生的间接计入费用（如直接人工费用和制造费用），不按月在各批产品之间进行分配，而是先将其归集在基本生产成本二级账中，按成本项目分别累计起来。只有在有完工产品的那个月份，才将基本生产成本二级账中累计起来的间接计入费用，按照本月完工产品工时占全部累计工时的比例，向本月完工产品分配；未完工产品负担的间接计入费用，不做分配，以总数反映在基本生产成本二级账中。本月完工产品基本生产成本明细账中登记的直接计入费用加上从基本生产成本二级账中分配转入的间接计入费用，即为本月完工产品总成本。

（二）不分批计算月末在产品成本

在简化分批法中，未完工产品应负担的间接计入费用以总数反映在基本生产成本二级账中，不进行分配，这样，各批次未完工产品基本生产成本明细账中只反映累计直接计入费用和累计工时，不反映间接计入费用，也就无法分批计算月末在产品的成本。

本月完工产品应负担的间接计入费用转入各完工产品基本生产成本明细账后，基本生产成本二级账上反映全部未完工批次月末在产品的成本。

（三）通过累计分配法分配间接费用

简化分批法将间接计入费用在各批次产品之间的分配和在本月完工产品与月末在产品之间的分配一次完成，大大简化了成本计算工作。间接计入费用的分配，是通过计算累计间接计入费用分配率进行的。计算公式如下：

$$全部产品某项累计间接费用分配率 = \frac{全部产品该项累计间接费用总额}{全部产品累计生产工时}$$

$$某批完工产品应分配的某项间接费用 = 该批完工产品累计生产工时 \times 全部产品该项累计间接费用分配率$$

小提示：简化分批法除按照各个批别设置基本生产成本明细账之外，还必须设置基本生产成本二级账，归集和反映全部批次产品在生产过程中发生的各项生产费用和累计工时。

三、简化分批法的成本核算程序

（1）设置基本生产成本明细账（产品成本计算单）和基本生产成本二级账，账内增设生产工时专栏。

（2）根据有关费用汇总表，登记基本生产成本明细账（产品成本计算单）中的直接材料和生产工时；根据各项费用分配表和有关工时记录，登记基本生产成本二级账。

（3）有完工产品的月份，根据基本生产成本二级账中累计的间接计入费用和累计工时，计算全部产品累计间接费用分配率。

（4）根据各批完工产品的累计工时和全部产品累计间接费用分配率，计算各批完工产品应分配的间接计入费用并在基本生产成本明细账中登记，加上基本生产成本明细账中原来登记的直接计入费用，计算出完工产品成本。

（5）根据各批完工产品基本生产成本明细账中登记的各项生产费用和累计工时，汇总登记基本生产成本二级账。

（6）根据产品成本计算单，编制完工产品验收入库的会计分录。

小提示：采用简化分批法计算产品成本，平时，各批产品基本生产成本明细账中只登记直接材料和生产工时。各月发生的间接计入费用，先归集在基本生产成本二级账中，按成本项目分别累计起来。只有在有完工产品的那个月份，才将基本生产成本二级账中累计起来的间接计入费用向本月完工产品分配。未完工产品应负担的间接计入费用以总数反映在基本生产成本二级账中，不进行分配。

任务操作 7-2

承任务导入，2023年3月，宏泰机械厂采用简化分批法计算产品成本，有关生产资料及成本核算过程如下：

1）设置基本生产成本明细账和基本生产成本二级账

宏泰机械厂设置基本生产成本二级账，如表7-12所示。根据2023年3月初尚未完工的108、112、205、210、221等批次产品的生产资料，分别设置基本生产成本明细账并登记以前月份发生的直接材料和生产工时，如表7-13～表7-17所示；本月投产的306、321、326三批产品分别设置基本生产成本明细账，如表7-18～表7-20所示。制造费用、管理费用、销售费用明细账等从略。

表7-12 基本生产成本二级账

生产单位：基本生产车间

2023年		凭证字号	摘要	直接材料/元	生产工时/小时	直接人工/元	制造费用/元	成本合计/元
月	日							
2	28	（略）	月末在产品成本	33 860	(8 500)	29 130	20 780	83 770
3	31		本月发生	99 300	(11 982)	93 762	50 907	243 969
3	31		累计数	133 160	(20 482)	122 892	71 687	327 739
3	31		累计间接费用分配率			6	3.5	
3	31		完工产品成本	24 080	(8 200)	49 200	28 700	101 980
3	31		月末在产品成本	109 080	(12 282)	73 692	42 987	225 759

表7-13 基本生产成本明细账

产品批别：108　　　　　购货单位：欣荣公司
产品名称：HT-1　　产品批量：60件　　本月完工数量：60件

2023年		凭证字号	摘要	直接材料/元	生产工时/小时	直接人工/元	制造费用/元	成本合计/元
月	日							
1	31	（略）	本月发生	2 000	(1 000)			
2	28		本月发生	6 000	(2 000)			
2	28		累计发生	8 000	(3 000)			
3	31		本月发生	10 000	(1 600)			
3	31		累计发生	18 000	(4 600)			

续表

2023 年		凭证	摘要	直接材料	生产工时	直接人工	制造费用	成本合计
月	日	字号		/元	/小时	/元	/元	/元
3	31		累计间接费用分配率			6	3.5	
3	31		完工产品成本	18 000	(4 600)	27 600	16 100	61 700

表 7-14 基本生产成本明细账

产品批别：112　　　　　　　　购货单位：阳光公司
产品名称：HT-2　　　　　　　产品批量：50 件　　　　　　本月完工数量：20 件

2023 年		凭证	摘要	直接材料	生产工时	直接人工	制造费用	成本合计
月	日	字号		/元	/小时	/元	/元	/元
1	31	（略）	本月发生	15 200	(800)			
2	28		本月发生		(1 500)			
2	28		累计发生	15 200	(2 300)			
3	31		本月发生		(3 200)			
3	31		累计发生	15 200	(5 500)			
3	31		累计间接费用分配率			6	3.5	
3	31		完工产品成本	6 080	(3 600)	21 600	12 600	40 280
3	31		月末在产品	9 120	(1 900)			

表 7-15 基本生产成本明细账

产品批别：205　　　　　　　　购货单位：星辉公司
产品名称：HT-3　　　　　　　产品批量：20 件　　　　　　本月完工数量：

2023 年		凭证	摘要	直接材料	生产工时	直接人工	制造费用	成本合计
月	日	字号		/元	/小时	/元	/元	/元
2	28	（略）	本月发生	3 960	(900)			
3	31		本月发生	12 000	(2 000)			
3	31		累计发生	15 960	(2 900)			

表 7-16 基本生产成本明细账

产品批别：210　　　　　　　　购货单位：兴盛公司
产品名称：HT-4　　　　　　　产品批量：40 件　　　　　　本月完工数量：

2023 年		凭证	摘要	直接材料	生产工时	直接人工	制造费用	成本合计
月	日	字号		/元	/小时	/元	/元	/元
2	28	（略）	本月发生	5 500	(2 000)			
3	31		本月发生	20 000	(1 000)			
3	31		累计发生	25 500	(3 000)			

表 7 - 17　基本生产成本明细账

产品批别：221　　　　　　　　　购货单位：华光公司

产品名称：HT - 5　　　　产品批量：62 件　　　本月完工数量：

2023 年		凭证	摘要	直接材料	生产工时	直接人工	制造费用	成本合计
月	日	字号		/元	/小时	/元	/元	/元
2	28	（略）	本月发生	1 200	(300)			
3	31		本月发生	9 800	(1320)			
3	31		累计发生	11 000	(1 620)			

表 7 - 18　基本生产成本明细账

产品批别：306　　　　　　　　　购货单位：乐康公司

产品名称：HT - 6　　　　产品批量：35 件　　　本月完工数量：

2023 年		凭证	摘要	直接材料	生产工时	直接人工	制造费用	成本合计
月	日	字号		/元	/小时	/元	/元	/元
3	31	（略）	本月发生	15 000	(1 500)			

表 7 - 19　基本生产成本明细账

产品批别：321　　　　　　　　　购货单位：舜安公司

产品名称：HT - 7　　　　产品批量：50 件　　　本月完工数量：

2023 年		凭证	摘要	直接材料	生产工时	直接人工	制造费用	成本合计
月	日	字号		/元	/小时	/元	/元	/元
3	31	（略）	本月发生	7 800	(800)			

表 7 - 20　基本生产成本明细账

产品批别：326　　　　　　　　　购货单位：汇鑫公司

产品名称：HT - 8　　　　产品批量：80 件　　　本月完工数量：

2023 年		凭证	摘要	直接材料	生产工时	直接人工	制造费用	成本合计
月	日	字号		/元	/小时	/元	/元	/元
3	31	（略）	本月发生	9 000	(562)			

2）登记本月发生的生产费用

（1）宏泰机械厂各批次产品生产领用的材料均可直接计入各批次产品，不需要在各成本核算对象之间分配。本月发生的材料费用如表 7 - 21 所示。

表 7 - 21　领料汇总表

2023 年 3 月　　　　　　　　　　　　　　　　　　　　元

领料部门	用途	材料种类	金额
基本生产车间	108 批次产品直接耗用	A 材料	10 000
	205 批次产品直接耗用	C 材料	12 000
	210 批次产品直接耗用	D 材料	20 000
	221 批次产品直接耗用	A 材料	9 800
	306 批次产品直接耗用	B 材料	15 000
	321 批次产品直接耗用	C 材料	7 800
	326 批次产品直接耗用	D 材料	9 000
	一般耗用	A 材料	6 500
行政管理部门		C 材料	5 000
专设销售机构		D 材料	4 200
合　计			99 300

根据领料汇总表编制会计分录如下：

借：生产成本——基本生产成本——108	10 000
——205	12 000
——210	20 000
——221	9 800
——306	15 000
——321	7 800
——326	9 000
制造费用——基本生产车间	6 500
管理费用	5 000
销售费用	4 200
贷：原材料——A 材料	26 300
——B 材料	15 000
——C 材料	24 800
——D 材料	33 200

根据有关生产资料及会计分录登记各批次产品基本生产成本明细账及基本生产成本二级账，如表 7 - 12 ~ 表 7 - 20 所示。

（2）宏泰机械厂本月应付职工薪酬汇总表如表 7 - 22 所示。

采用简化分批法，各批次产品共同发生的生产工人薪酬作为间接计入费用，不需要在各批次产品之间分配，只需根据应付职工薪酬汇总表编制会计分录并登记基本生产成本二级账，如表 7 - 12 所示，同时依据表 7 - 11 中所列资料在各批次基本生产成本明细账中登记生产工时，如表 7 - 13 ~ 表 7 - 20 所示。

表 7-22　应付职工薪酬汇总表

2023 年 3 月 　　　　　　　　　　　　　　　　　元

人员类别	工资总额	其他职工薪酬	合计
基本生产车间生产工人	86 462	7 300	93 762
基本生产车间管理人员	8 250	3 500	11 750
厂部管理人员	6 000	2 300	8 300
专设销售机构人员	5 200	1 850	7 050
合计	105 912	14 950	120 862

根据应付职工薪酬汇总表编制会计分录如下：

借：生产成本——基本生产成本　　　　　　　　　　　　　　　　93 762

　　制造费用——基本生产车间　　　　　　　　　　　　　　　　11 750

　　管理费用　　　　　　　　　　　　　　　　　　　　　　　　8 300

　　销售费用　　　　　　　　　　　　　　　　　　　　　　　　7 050

　　贷：应付职工薪酬　　　　　　　　　　　　　　　　　　　　　　120 862

（3）宏泰机械厂本月基本生产车间计提折旧 26 700 元，行政管理部门计提折旧 8 200 元，专设销售机构计提折旧 4 600 元。编制会计分录如下：

借：制造费用——基本生产车间　　　　　　　　　　　　　　　　26 700

　　管理费用　　　　　　　　　　　　　　　　　　　　　　　　8 200

　　销售费用　　　　　　　　　　　　　　　　　　　　　　　　4 600

　　贷：累计折旧　　　　　　　　　　　　　　　　　　　　　　　39 500

（4）宏泰机械厂本月以银行存款支付各部门保险费、办公费共计 9 157 元，其中基本生产车间应分配 5 957 元，行政管理部门应分配 2 000 元，专设销售机构应分配 1 200 元。编制会计分录如下：

借：制造费用——基本生产车间　　　　　　　　　　　　　　　　5 957

　　管理费用　　　　　　　　　　　　　　　　　　　　　　　　2 000

　　销售费用　　　　　　　　　　　　　　　　　　　　　　　　1 200

　　贷：银行存款　　　　　　　　　　　　　　　　　　　　　　　9 157

3）归集并分配制造费用

根据制造费用明细账提供的资料，宏泰机械厂本月基本生产车间共发生制造费用 50 907（6 500 + 11 750 + 26 700 + 5 957）元。采用简化分批法，各批次产品共同负担的制造费用作为间接计入费用，不需要在各批次产品之间分配，只需以总额分配结转至"生产成本——基本生产成本"账户，编制会计分录如下：

借：生产成本——基本生产成本　　　　　　　　　　　　　　　　50 907

　　贷：制造费用——基本生产车间　　　　　　　　　　　　　　　50 907

根据上述会计分录登记基本生产成本二级账，如表 7-12 所示。

4）计算累计间接计入费用分配率

根据宏泰机械厂基本生产成本二级账（见表 7-12）提供的资料，本月各批次产品累计工时为 20 482 小时，累计直接人工费用为 122 892 元，累计制造费用为 71 687 元，全部产品累计间接计入费用分配率计算如下：

$$直接人工费用分配率 = 122\ 892 / 20\ 482 = 6（元/小时）$$

$$制造费用分配率 = 71\ 687 / 20\ 482 = 3.5（元/小时）$$

5）计算完工产品成本并登记各批产品基本生产成本明细账

（1）计算108批次完工产品成本。

108批次产品，本月全部完工，其基本生产成本明细账上累计的直接材料费用和生产工时就是完工产品的直接材料费用和生产工时，如表7-13所示。

①直接材料项目。

108批次完工产品的直接材料费用为18 000元。

②直接人工项目。

已知完工产品所耗用工时为4 600小时，根据宏泰机械厂累计直接人工费用分配率和完工产品的累计工时，计算完工产品应负担的直接人工费用。

$$108批次完工产品应负担的直接人工费用 = 4\ 600 \times 6 = 27\ 600（元）$$

（3）制造费用项目。

已知完工产品所耗用工时为4 600小时，根据宏泰机械厂累计制造费用分配率和完工产品的累计工时，计算完工产品应负担的制造费用。

$$108批次完工产品应负担的制造费用 = 4\ 600 \times 3.5 = 16\ 100（元）$$

综上，108批次完工产品总成本为：

$$108批次完工产品总成本 = 18\ 000 + 27\ 600 + 16\ 100 = 61\ 700（元）$$

（2）计算112批次完工产品成本。

112批次产品，本月部分完工，其基本生产成本明细账上累计的直接材料费用和生产工时需要在完工产品和月末在产品之间进行分配，本月112批次产品累计直接材料费用为15 200元，累计生产工时为5 500小时，已知完工产品所耗用工时为3 600小时，因此，月末在产品所耗用工时为1 900小时，如表7-14所示。

①直接材料项目。

原材料在生产开始时一次投入，因此，直接材料费用可按完工产品和月末在产品数量比例进行分配。

$$直接材料费用分配率 = 15\ 200/(20 + 30) = 304$$
$$112批次完工产品应分配的材料费用 = 20 \times 304 = 6\ 080（元）$$
$$月末在产品应分配的材料费用 = 30 \times 304 = 9\ 120（元）$$

②直接人工项目。

已知完工产品所耗用工时为3 600小时，根据宏泰机械厂累计直接人工费用分配率和完工产品的累计工时，计算完工产品应负担的直接人工费用。

$$112批次完工产品应负担的直接人工费用 = 3\ 600 \times 6 = 21\ 600（元）$$

③制造费用项目。

已知完工产品所耗用工时为3 600小时，根据宏泰机械厂累计制造费用分配率和完工产品的累计工时，计算完工产品应负担的制造费用。

$$112批次完工产品应负担的制造费用 = 3\ 600 \times 3.5 = 12\ 600（元）$$

综上，112批次完工产品总成本为：

$$112批次完工产品总成本 = 6\ 080 + 21\ 600 + 12\ 600 = 40\ 280（元）$$

根据以上计算结果，将宏泰机械厂本月完工产品应负担的间接计入费用从基本生产成本二级账转入各完工批次产品生产成本明细账，如表7-13和表7-14所示。

6）编制完工产品成本汇总表，结转本月完工产品成本

根据成本计算结果，编制完工产品成本汇总表，如表7-23所示。

表 7-23　完工产品成本汇总表　　　　　　　　　　元

成本项目		直接材料	直接人工	制造费用	合计
108　HT-1 产品	总成本	18 000	27 600	16 100	61 700
	单位成本	300	460	268.33	1 028.33
112　HT-2 产品	总成本	6 080	21 600	12 600	40 280
	单位成本	304	1 080	630	2 014

根据完工产品成本汇总表，编制结转本月完工入库产品成本的会计分录如下：

借：库存商品——HT-1 产品　　　　　　　　　　　　　　61 700
　　　　　　——HT-2 产品　　　　　　　　　　　　　　40 280
　　贷：生产成本——基本生产成本——108 批次（HT-1 产品）　61 700
　　　　　　　　　　　　　　　　——112 批次（HT-2 产品）　40 280

根据以上成本核算资料登记有关基本生产成本明细账及基本生产成本二级账，如表 7-12、表 7-13 和表 7-14 所示。

值得注意的是，205 批次、210 批次、221 批次、306 批次、321 批次以及 326 批次，本月没有完工产品，因此，不需要计算完工产品成本。

任务小结

简化分批法和一般分批法的区别如图 7-4 所示。

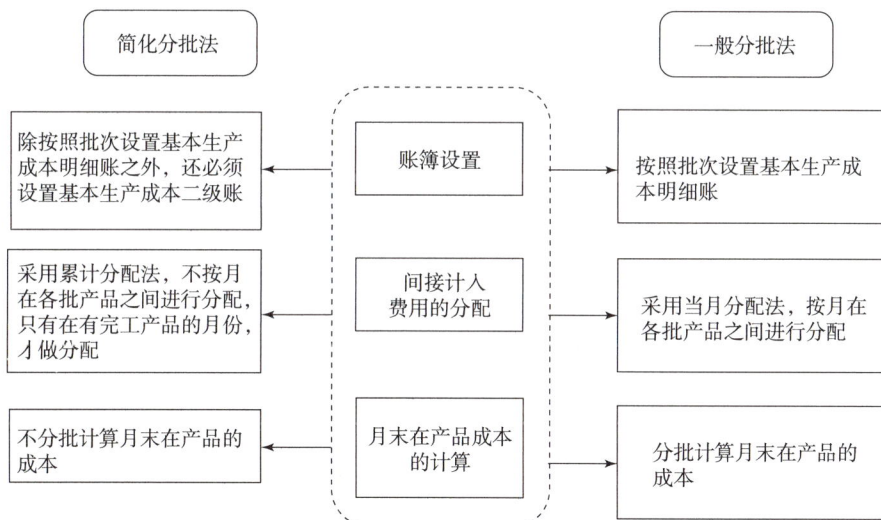

图 7-4　简化分批法和一般分批法的区别

职业道德与素养

【案例】

产业结构重整期，服装制造业如何进行成本管控与盈利创收

我国服装产业现阶段面临着生产逐步自动化、款式风格多元化、组织协调柔性化、设计需求定制化、信息系统网络化以及服务市场全球化的时代，这给企业掌舵人带来全新挑战，行业长期"高成本、多库存、低盈利"的状况使得企业亏损风险进一步增大。加之买方市场逐步主宰商品

价格，企业利润高低全靠成本决定。然而成本组成结构也发生了翻天覆地的变化，传统的管控方法早已不适应现代化生产制造模式……

在产业结构重塑时期，现代服装产业将发生革命性的颠覆，各大服装生产企业逐步采取数字化探索与创新模式来应对新形势的发展需要。而如何在此关键时期紧抓时代红利，运用技术融合最大限度地实现生产成本管控与产能利润创收，从而增强企业自身竞争力，是服装制造业孜孜以求的目标。

东莞市某毛织厂，专业生产男、女、童装毛衣，做工精细，月生产吞吐量 8 万～10 万件，品质定位为二三线品牌，现拥有厂房面积 700 平方米，车位 30 台，员工 80～150 人，实行整条生产线的生产模式，主要生产面料是毛织。据东莞市该毛织厂负责人介绍：国内大多数中小企业内销工厂都存在着生存与发展的难题，尤为尴尬的是上半年淡季，日子极其不好过，人员、设备基本闲置，无单可接，闲到发慌！一年的希望全部寄托在下半年的单量与利润上，而目前市场形势却是大订单越来越少，小单快返需求日益增多。虽然可以满足 MCN、网红主播、电商平台、品牌商等不同服务机构的人群，但也由于小单量少、利润低，加之厂房租金不定期上涨、账期过长、回款慢、资金无法周转等原因，导致诸多小厂被拖垮。但倘若不接单，又如何养工人？此番恶性循环使得工厂经营者陷入极大困惑中。与之相反的是每到旺季，工作节奏则骤然加快，生产压力大、人员无法协调，甚至累趴下……

针对订单量不均衡的企业生存现状，引力库智能工厂研发团队因材施教，有针对性地对其工厂发展阻碍因素进行勘察、诊断，从企业竞争力可持续维度考虑制定出一系列解决方案：

（1）利用订单速配功能，让该工厂工人足不出户即可在线快速接单。

（2）利用引力库共享智造系统（SCM）将其转化为先进的生产方式，让该工厂在云端轻松与合作企业协同生产。

（3）利用可视、透明的数字化技术手段，改善该工厂的交易结构，提升其与传统供应链之间的信任度，降低交易成本，增加利润空间，同时实现了生产效率的提升，逐步扭亏为盈，形成单量多、利润高、回款快的良性发展状况。

降本增效，是所有生产制造企业的终极目标。近年来，政府持续倡导制造型企业积极应对新一轮的科技与产业变革，要求立足国民经济发展实际情况，紧紧围绕创新驱动、强化基础、智能转型、绿色发展等关键环节，加快制造业转型升级。

全面提升科技管理水平与生产效能等降本增效工作，有效提高产品性价比、市场份额与盈利能力，切实降低费用成本。

"任何一家企业，想要获得持续性的发展与盈利，必须做好开源节流。服装产业也不例外，做好成本控制、优化成本结构对企业长久发展来说有着重要的战略意义。"该毛织厂负责人坚定地说。而早前订单利润有限、人力成本过高、库存积压严重、采购不透明、生产耗损严重等问题，目前在采用了引力库智能工厂 SaaS 系统进行数字化升级管理后，都得到了有效解决。同时也节省了人力，全程实时可视追踪，大大地降本增效，整体生产效率实现了质的飞跃。对于未来发展，该毛织厂负责人表示很有信心，也希望能够苦练内功，进一步玩转柔性供应链生态链条。

资料来源：万物资讯百度 https://baijiahao.baidu.com/s? id=1727963346027242179（有删改）

【问题】 生产制造企业的目标是什么？服装企业如何实现更高的利润？

【分析】 降本增效，是所有生产制造企业的终极目标。近年来，政府持续倡导制造型企业积极应对新一轮的科技与产业变革，要求立足国民经济发展实际情况，紧紧围绕创新驱动、强化基础、智能转型、绿色发展等关键环节，加快制造业转型升级。全面提升科技管理水平与生产效能等降本增效工作，有效提高产品性价比、市场份额与盈利能力，切实降低费用成本。任何一家企业，想要获得持续性的发展与盈利，必须做好开源节流。

服装产业也不例外，做好成本控制、优化成本结构对企业长久发展来说有着重要的战略意义。以原材料采购计划为例，既要防止原料供应中断导致停产停工，影响生产经营的正常运行，又要避免原料储存、积压过多，导致大量资金占用。采购部门必须以销定购，按照销售预算和产品原料耗用量标准，选择有利时机进行原材料的采购，控制采购数量及成本。

单元小结

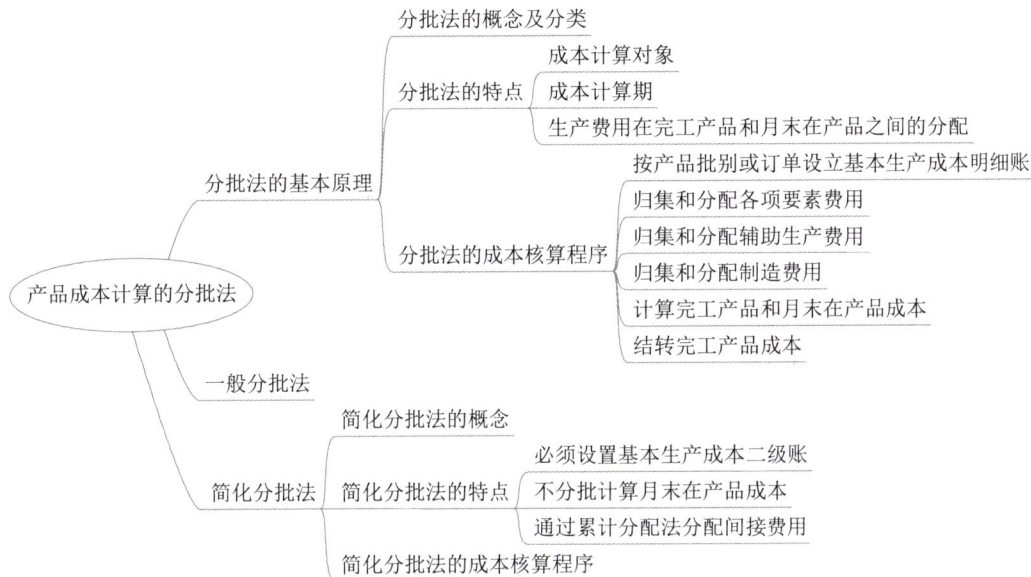

闯关考验

第一部分　基础知识训练

一、单项选择题

1. 在产品成本计算过程中不存在的成本计算对象有（　　）。

A. 产品品种　　　　　B. 产品批别　　　　　C. 产品生产步骤　　　D. 产品质量

2. 在小批单件多步骤生产的情况下，如果管理上不要求分步计算产品成本，应采用的成本计算方法是（　　）。

A. 定额成本法　　　　B. 分步法　　　　　　C. 分类法　　　　　　D. 分批法

3. 分批法的成本计算期与（　　）是一致的。

A. 产品生产周期　　　B. 会计报告期　　　　C. 产品完工日期　　　D. 审计报告日期

4. 以下各选项中，（　　）必须设立基本生产成本二级账。

A. 品种法　　　　　　B. 分步法　　　　　　C. 简化分批法　　　　D. 简化定额法

5. 成本计算期与生产周期一致的成本计算方法是（　　）。

A. 品种法　　　　　　B. 分批法　　　　　　C. 分步法　　　　　　D. 分类法

6. 分批法适用于（　　）。

A. 单件小批生产　　　　　　　　　　　B. 大批大量生产

C. 大量大批多步骤生产　　　　　　　　D. 大量大批单步骤生产

7. 简化分批法与一般分批法相比，主要特点是（　　）。

A. 不分批计算完工产品成本　　　　　　B. 不分批计算在产品成本

C. 分批核算原材料费用　　　　　　　　D. 不分批登记工时

8. 产品成本计算的分批法，应以（   ）设置明细账。

A. 产品类别　　　　　　B. 产品批别　　　　　C. 产品生产步骤　　　D. 产品品种

9. 采用简化分批法，在产品完工之前，产品成本明细账（   ）。

A. 不登记任何费用

B. 只登记直接计入费用和生产工时

C. 只登记原材料费用

D. 登记间接计入费用，不登记直接计入费用

10. 在简化分批法下，累计间接费用分配率（   ）。

A. 只是完工产品与在产品之间分配间接费用的依据

B. 既是各批产品之间，也是完工产品和月末在产品之间分配间接费用的依据

C. 只是在各批在产品之间分配间接费用的依据

D. 只是在各批产品之间分配间接费用的依据

二、多项选择题

1. 采用简化分批法，在某批产品完工以前，成本计算单只需按月登记（   ）。

1、直接费用　　　　　　B. 间接费用　　　　　C. 生产工时　　　　D. 制造费用

2. 采取分批法，在批量不大，批内产品跨月陆续完工的情况不多，月末计算完工产品成本时，可以采用（   ）中的一种计算。

A. 计划单位成本　　　　　　　　　　　B. 定额单位成本

C. 按最近一期相同产品的实际单位成本　　D. 根据具体条件采用适当分配方法

3. 成本计算的基本方法包括（   ）。

A. 品种法　　　　　B. 分批法　　　　　C. 分类法　　　　　D. 分步法

4. 采用简化分批法（   ）。

A. 必须设置基本生产成本二级账

B. 在产品完工之前，产品成本明细账只登记直接材料和生产工时

C. 不分批计算在产品成本

D. 在基本生产成本二级账中不仅登记加工成本，而且登记生产工时和直接材料

5. 以下关于分批法的说法，正确的有（   ）。

A. 成本计算期与产品生产周期一致　　　B. 以产品的批别为成本计算对象

C. 必须设置基本生产成本二级账　　　　D. 适合于大量大批多步骤的生产企业

6. 分批法的特点有（   ）。

A. 成本计算对象是产品批别

B. 成本计算期与该批产品的生产周期一致

C. 成本计算期与会计报告期不一致

D. 一般不存在生产费用在完工产品和月末在产品之间分配费用的问题

7. 简化分批法的主要特点有（   ）。

A. 成本计算期与产品生产周期一致　　　B. 必须设置基本生产成本二级账

C. 以产品的批别为成本计算对象　　　　D. 成本计算期与会计报告期一致

8. 品种法与分批法的主要区别在于（   ）不同。

A. 直接费用的核算　　B. 间接费用的核算　　C. 成本计算对象　　D. 成本计算期

9. 采用简化分批法时必须具备的条件是（   ）。

A. 各月间接计入费用的水平相差悬殊　　　B. 各月间接计入费用的水平相差不多

C 月末未完工产品的批数比较少　　　　　D. 月末未完工产品的批数比较多

10. 分批法成本计算的特点有（   ）。

A. 以生产批别作为成本计算对象

B. 产品成本计算期不固定

C. 按月计算产成品成本

D. 单件生产不需要进行完工产品和在产品的成本分配

三、分析判断题

1. 简化分批法就是不分批计算在产品成本的分批法。　　　　　　　　（　　）

2. 在分批法下，成本计算期与各批产品的生产周期一致，与会计报告期不一致。　（　　）

3. 采用简化分批法，在没有完工产品的月份，各批产品成本明细账中只登记各项加工成本。（　　）

4. 为了使同一批产品同时完工，避免跨月陆续完工的情况，减少在完工产品和月末在产品之间分配费用的工作，产品的批量越小越好。　　　　　　（　　）

5. 在小批或单件生产的企业或车间中，如果各个月份的间接计入费用的水平相差不多，月末未完工产品的批数比较多，可采用简化分批法。　　　　　　（　　）

四、分析思考题

1. 分批法的成本核算程序是怎样的？

2. 分批法具有哪些特点？适用范围是怎样的？

3. 什么是简化分批法？简化分批法有哪些特点？

4. 简化分批法和分批法有哪些区别？

第二部分　任务操作实训

一、一般分批法

【实训资料】

盛宏公司按批次组织产品生产，原材料是生产开始时一次投入，在产品完工程度均为50%，月末需采用约当产量比例法分配完工产品和月末在产品成本。该企业2023年3月的有关成本资料如下：

1. 有关生产资料如表7-24所示。

表7-24　生产资料

2023年3月　　　　　　　　　　　　　　　　　　　件

产品名称	批号	计划产量	投产日期	完工日期	本月完工数量	月末在产品
甲产品	202	60	2月15日	3月25日	60	0
乙产品	301	40	3月6日	3月29日（部分）	30	10
丙产品	302	40	3月22日		0	30

2. 月初在产品成本资料如表7-25所示。

表7-25　月初在产品成本资料

2023年3月　　　　　　　　　　　　　　　　　　　元

产品名称	批号	直接材料	直接人工	制造费用	合计
甲产品	202	63 000	7 200	1 800	72 000

3. 本月生产成本资料如表7-26所示。

表 7 – 26 本月生产成本资料

2023 年 3 月 　　　　　　　　　　　　　　　　　　　　　　　　　　　　　元

产品名称	批号	直接材料	直接人工	制造费用	合计
甲产品	202		36 000	18 000	54 000
乙产品	301	78 000	30 100	14 700	122 800
丙产品	302	50 000	16 000	8 000	74 000
合计		128 000	82 100	40 700	250 800

【实训要求】

1. 根据上述资料开设各批次产品基本生产成本明细账，如表 7 – 27 ~ 表 7 – 29 所示。

（2）采用一般分批法核算产品成本，填写表 7 – 27 ~ 表 7 – 29。

（3）填写产品成本汇总表，如表 7 – 30 所示。

（4）根据产品成本汇总表，编制完工产品验收入库的会计分录。

表 7 – 27 基本生产成本明细账

批号：202 　　　　　　　　　　　　　　　　　　　　　　　　　　　　投产日期：　月　日
产品名称：　　　　　　　　　　　　　　年　月　　　　　　　　　　　完工日期：　月　日

年		凭证号数	摘要	直接材料	直接人工	制造费用	合计
月	日						
			月初在产品成本				
			本月发生成本				
			生产费用合计				
			本月完工产品数量				
			月末在产品约当量				
			约当总产量				
			单位成本				
			完工产品总成本				
			月末在产品成本				

表 7 – 28 基本生产成本明细账

批号：301 　　　　　　　　　　　　　　　　　　　　　　　　　　　　投产日期：　月　日
产品名称：　　　　　　　　　　　　　　年　月　　　　　　　　　　　完工日期：　月　日

年		凭证号数	摘要	直接材料	直接人工	制造费用	合计
月	日						
			月初在产品成本				
			本月发生成本				
			生产费用合计				
			本月完工产品数量				
			月末在产品约当量				

年		凭证号数	摘要	直接材料	直接人工	制造费用	合计
月	日						
			约当总产量				
			单位成本				
			完工产品总成本				
			月末在产品成本				

表 7 – 29　基本生产成本明细账

批号：302　　　　　　　　　　　　　　　　　　　投产日期：　月　日
产品名称：　　　　　　　　　年　月　　　　　　　完工日期：　月　日

年		凭证号数	摘要	直接材料	直接人工	制造费用	合计
月	日						
			月初在产品成本				
			本月发生成本				
			生产费用合计				
			月末在产品成本				

表 7 – 30　产品成本汇总表

2023 年 3 月　　　　　　　　　　　　　　　　　　　元

成本项目	甲产品（　件）		乙产品（　件）	
	总成本	单位成本	总成本	单位成本
直接材料				
直接人工				
制造费用				
合计				

二、简化分批法

【实训资料】

顺发公司是小批生产，且产品批别多，生产周期长，各月末经常有大量未完工产品的批次。为了简化核算工作，该公司采用简化分批法进行产品成本核算。

2023 年 8 月有关成本资料如下：

1. 本月产品批次、生产工时等资料如表 7 – 31 所示。

表 7 – 31　本月产品批次、生产工时等资料　　　　　　　　台

产品名称	批号	批量	投产日期	完工日期	完工数量	在产品数量
A	065	30	6 月 5 日	8 月 31 日	30	0
B	072	16	7 月 10 日	8 月 31 日	12	4
C	073	10	7 月 25 日		0	10

续表

产品名称	批号	批量	投产日期	完工日期	完工数量	在产品数量
D	081	8	8月20日		0	8
E	082	12	8月26日		0	12

2. 各批次月初在产品直接材料和生产工时资料如下：

（1）065批次：直接材料12 000元，生产工时4 000小时；

（2）072批次：直接材料8 000元，生产工时1 500小时；

（3）073批次：直接材料4 500元，生产工时2 000小时。

3. 各批次月初在产品直接人工费用共计27 000元，制造费用共计22 000元。

4. 本月各批次产品生产所耗直接材料和生产工时资料如下：

（1）065批次：直接材料7 000元，生产工时1 600小时；

（2）072批次：直接材料20 000元，生产工时2 200小时；

（3）073批次：直接材料9 000元，生产工时3 000小时；

（4）081批次：直接材料4 000元，生产工时600小时；

（5）082批次：直接材料3 000元，生产工时1 000小时。

5. 本月各批次产品生产共发生直接人工费用65 000元，制造费用52 000元。

6. 本月072批次完工产品12件，生产工时2 800小时，直接材料按约当产量比例法分配，在产品投料率为80%。材料费用分配率如不能整除，保留2位小数。

7. 累计间接费用分配率如不能整除，保留2位小数。

【实训要求】

1. 根据上述资料开设基本生产成本二级账，如表7-32所示；开设各批次产品基本生产成本明细账，如表7-33~表7-37所示。

2. 计算8月已完工的A产品、B产品成本，并将计算结果填入表7-33和表7-34中。

3. 填写产品成本汇总表，如表7-38所示。

4. 编制完工产品入库的会计分录。

表7-32 基本生产成本二级账
年 月

年 月	年 日	凭证号数	摘要	直接材料/元	生产工时/小时	直接人工/元	制造费用/元	合计/元
			月初在产品成本					
			本月发生成本					
			生产费用合计					
			累计间接费用分配率					
			完工产品总成本					
			月末在产品成本					

表 7 - 33　基本生产成本明细账

批号：065　　　　　　　年　月　　　　　　投产日期：
产品名称：　　　　　　　批量：　　　　　　　完工日期：

年		凭证	摘要	直接材料 /元	生产工时 /小时	直接人工 /元	制造费用 /元	合计 /元
月	日	号数						
			月初在产品成本					
			本月发生成本					
			生产费用合计					
			累计间接费用分配率					
			完工产品总成本					
			月末在产品成本					

表 7 - 34　基本生产成本明细账

批号：072　　　　　　　年　月　　　　　　投产日期：
产品名称：　　　　　　　批量：　　　　　　　完工日期：

年		凭证	摘要	直接材料 /元	生产工时 /小时	直接人工 /元	制造费用 /元	合计 /元
月	日	号数						
			月初在产品成本					
			本月发生成本					
			生产费用合计					
			累计间接费用分配率					
			完工产品总成本					
			月末在产品成本					

表 7 - 35　基本生产成本明细账

批号：073　　　　　　　年　月　　　　　　投产日期：
产品名称：　　　　　　　批量：　　　　　　　完工日期：

年		凭证	摘要	直接材料 /元	生产工时 /小时	直接人工 /元	制造费用 /元	合计 /元
月	日	号数						
			月初在产品成本					
			本月发生成本					

表 7-36　基本生产成本明细账

批号：081　　　　　　　　年　月　　　　　　投产日期：
产品名称：　　　　　　　　批量：　　　　　　　完工日期：

年		凭证	摘要	直接材料/元	生产工时/小时	直接人工/元	制造费用/元	合计/元
月	日	号数						
			本月发生成本					

表 7-37　基本生产成本明细账

批号：082　　　　　　　　年　月　　　　　　投产日期：
产品名称：　　　　　　　　批量：　　　　　　　完工日期：

年		凭证	摘要	直接材料/元	生产工时/小时	直接人工/元	制造费用/元	合计/元
月	日	号数						
			本月发生成本					

表 7-38　产品成本汇总表

2023 年 3 月　　　　　　　　　　　　　　　　　　　　　元

批号	A 产品（　　件）		B 产品（　　件）	
	总成本	单位成本	总成本	单位成本
065				
072				
073				
081				
082				

产品成本计算的分步法

1. 知识目标

（1）掌握分步法的概念、分类、特点。

（2）掌握分步法的适用范围。

（3）掌握逐步结转分步法的成本核算程序。

（4）掌握平行结转分步法的成本核算程序。

（5）掌握综合结转法的成本还原方法。

2. 能力目标

（1）能准确分析企业生产经营特点和成本管理要求，选用恰当的成本核算方法。

（2）能科学设置和熟练运用分步法中的成本核算账户。

（3）能够运用逐步结转分步法核算产品成本。

（4）能够运用平行结转分步法核算产品成本。

（5）能够对综合结转法进行成本还原。

3. 素质目标

（1）增强学生的爱国主义信念，提升民族自豪感。

（2）培养学生规范核算、节约成本的企业管理观念。

（3）培养学生灵活运用各种方法核算成本的能力。

内容提要

（1）分步法是以产品品种及其所经生产步骤作为成本计算对象归集和分配生产费用，计算产品成本的一种成本计算方法。这种方法适用于大量大批且成本管理上要求分步骤计算成本的多步骤生产。

（2）逐步结转分步法也称顺序结转分步法，它是按照产品连续加工的先后顺序，根据各个生产步骤归集的生产费用计算并结转半成品成本，直到最后一个生产步骤计算出完工产品成本的方法。逐步结转分步法又称为计算半成品成本的分步法。按照结转的半成品成本在下一个生产步骤产品基本生产成本明细账中反映方式的不同，逐步结转分步法又分为综合逐步结转分步法和分项逐步结转分步法两种。

（3）所谓成本还原，就是从最后一个生产步骤起，将本月产品成本中所耗上一个生产步骤半成品的综合成本，运用一定的方法，逐步分解还原成"直接材料""直接人工"和"制造费用"等原始成本项目，从而取得按原始成本项目反映的产成品成本资料。常用的成本还原方法有两种：成本还原分配率还原法和项目比重还原法。

（4）平行结转分步法是指在计算产品成本时，不计算各个生产步骤所产半成品成本，也不计算各个生产步骤所耗上一个生产步骤的半成品成本（即各个生产步骤之间不结转所耗半成品成本），只计算本生产步骤发生的各项生产费用以及这些费用中应计入产成品的份额，然后将各个生产步骤计入产成品的份额进行平行结转、汇总，进而计算出该种产品产成品的成本。

任务一　分步法的基本原理

任务导入

锦绣纺织有限责任公司是一家小型纺织企业，设有两个生产车间，分别为纺纱车间和织布车间，纺纱车间经过清棉、梳棉、条卷、精梳、并条、粗纱、络筒、捻线、摇纱、成包等11个工序，完成纺纱的过程，制成棉纱，验收合格后交半成品库，可以直接对外出售，也可以作为织布车间的原材料继续深加工为棉布产品。织布车间经过准备纱线、整经、浆纱、穿综、上机、织布、胚检、成品胚8个步骤，完成织布过程。

锦绣纺织有限责任公司的生产组织及机构设置如图8-1所示。

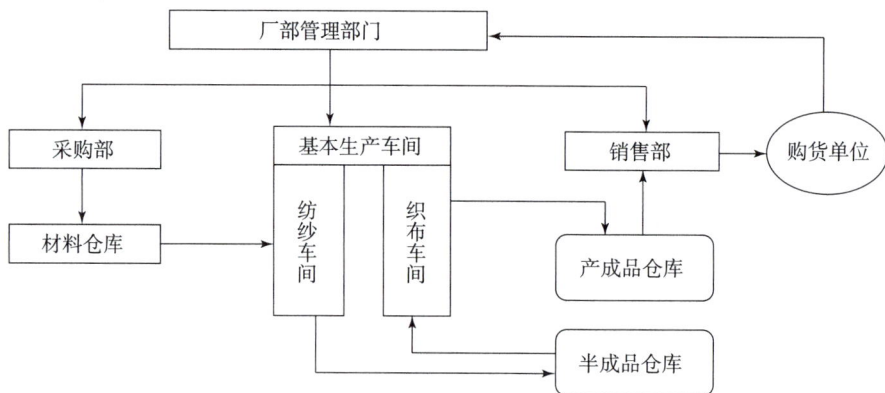

图8-1　生产组织及机构设置

魏民是该公司新入职的成本核算人员，按照财务经理的工作安排，由他负责本公司半成品棉纱及产成品棉布的生产成本计算工作。魏民学习了公司产品成本核算制度，又来到生产车间调研产品生产过程，他认为品种法是最基本的一种成本核算方法，本公司属于大量大批多步骤生产企业，应该采用品种法核算产品成本。财务经理提醒魏民，纺纱车间所产棉纱交半成品库后，可以直接对外出售，因此，为核算半成品销售利润，需要计算半成品的成本。经过认真思考，根据公司生产特点及成本管理要求，魏民决定选用逐步结转分步法计算半成品棉纱及产成品棉布的生产成本。财务经理认可了魏民的方案并鼓励他认真整理生产资料，为公司及时提供准确的成本数据。

那么，分步法适用于何种类型的生产企业？分步法有哪些特点呢？有半成品对外出售的企业和不对外出售半成品的企业，应用分步法时有何具体要求呢？

知识链接与任务操作

一、分步法的概念

分步法是以产品品种及其所经产品生产步骤作为成本计算对象归集和分配生产费用，计算产品成本的一种成本计算方法。

分步法适用于大量大批且成本管理上要求分步骤计算成本的多步骤生产企业，如纺织、冶金等企业。在这些类型的企业中，产品生产分为若干个生产步骤进行。例如纺织厂可以分为纺纱、织布等生产步骤，冶金企业生产可以分为炼铁、炼钢、轧钢等一系列加工步骤。为了加强各个生产步骤的生产管理和成本管理，应按照生产步骤计算成本，以便及时提供成本资料，开展成本经济核算，及时反映各个生产步骤的生产耗费情况和经济效益情况。

小提示：分步法适用于大量大批且成本管理上要求分步骤计算成本的多步骤生产企业。如果是大量大批多步骤生产的企业，但成本管理上不要求分步骤计算成本，就可以采用品种法核算产品成本。

二、分步法的特点

（一）成本计算对象

分步法的成本计算对象是各种产品的生产步骤，应按产品的生产步骤设置产品成本明细账。如果企业只生产一种产品，成本计算对象就是该产品及其所经过的生产步骤，应按该产品的生产步骤开设产品成本明细账；如果企业生产多种产品，成本计算对象就是各种产品及其所经过的各个生产步骤，应按每种产品的各个生产步骤开设产品成本明细账。

需要指出的是，在实际工作中，产品成本计算的分步和产品生产步骤的划分不一定完全一致。在采用分步法计算产品成本时，企业应根据生产安排的特点和成本管理上的要求，本着合理、高效的原则确定成本计算对象，进而进行产品成本计算。

（二）成本计算期

在分步法下，一般定期（每月月末）计算产品成本。在大量大批生产的企业中，由于生产活动连续不断地进行，不可能按照产品生产周期计算成本，一般以会计报告期作为成本计算期，月末定期进行成本计算。因此，分步法的成本计算期与会计报告期一致，而与产品生产周期不一致。

（三）生产费用在完工产品和月末在产品之间的分配

大量大批多步骤生产的企业，由于生产过程复杂，生产步骤较多，月末各个步骤通常都有在产品，因而月末通常需要采用适当方法将归集的生产费用在完工产品和月末在产品之间进行分配，以便计算完工产品的总成本和单位成本。

（四）各生产步骤之间成本的结转

与品种法和分批法不同，在采用分步法计算产品成本时，由于产品生产是分步骤进行的，上一步骤生产的半成品是下一步骤的加工对象，因此，需要注意，在各生产步骤之间还涉及成本结转的问题，这是分步法的一个重要特点。

不同企业在生产工艺过程以及成本管理上对各生产步骤成本资料的要求是不同的，有的企业需要计算各生产步骤半成品成本，有的企业无须计算半成品成本，这样，各生产步骤成本的计算和结转就可以采用两种不同的方法：逐步结转法和平行结转法。相应地，产品成本计算的分步法就分为两种类型：逐步结转分步法和平行结转分步法。其中，逐步结转分步法需要计算并结转各生产步骤的半成品成本，因此也称计算半成品成本的分步法；平行结转分步法不需计算和结转各生产步骤的半成品成本，因此也称不计算半成品成本的分步法。

小提示：按照是否需要计算和结转各生产步骤的半成品成本，分步法分为逐步结转分步法和平行结转分步法。

三、分步法的成本核算程序

采用分步法核算产品成本，一般程序如下：

（1）按照各产品生产步骤开设产品生产成本明细账，并在明细账内按成本项目设置专栏，用以归集各生产步骤发生的生产费用。

（2）每月按生产步骤及产品归集和分配生产费用，编制各种费用分配表并登记产品生产成本明细账。

由于各生产步骤的成本计算和结转方式不同，形成了逐步结转分步法和平行结转分步法，所以，两种分步法的成本核算程序也是不相同的。

微课视频 10　分步法的成本核算程序

任务小结

分步法的基本内容如图 8-2 所示。

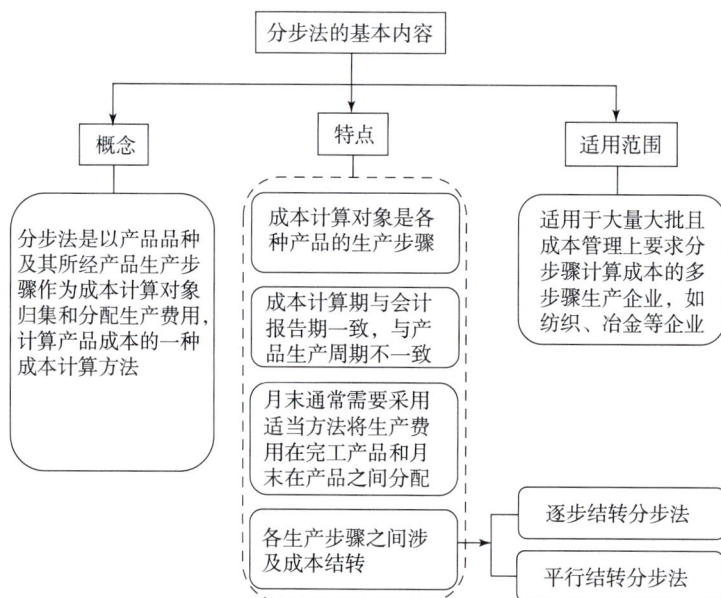

图 8-2　分步法的基本内容

任务二　逐步结转分步法

任务导入

锦绣纺织有限责任公司是一家小型纺织企业，设有两个生产车间，分别为纺纱车间和织布车间，纺纱车间所产半成品棉纱，验收合格后交半成品库，可以直接对外出售，也可以作为织布车间的原材料继续深加工为棉布产品。织布车间从半成品仓库领用棉纱继续深加工为产成品棉布。

该公司相关成本核算制度如下：

（1）按照纺纱车间和织布车间两个车间生产的半成品棉纱和产成品棉布分别设置基本生产成本明细账，根据生产流程特点，纺纱车间基本生产成本明细账内设置"直接材料""直接人工""制造费用"三个成本项目，织布车间基本生产成本明细账内设置"半成品棉纱""直接人工""制造费用"三个成本项目。

（2）单独设置"自制半成品"账户，用于核算半成品棉纱的成本。

（3）棉纱半成品通过半成品仓库收发。存货发出采用月末一次加权平均法计价。

（4）纺纱车间和织布车间均按照约当产量比例法将生产费用在完工产品和月末在产品之间进行分配。原材料在生产开始时一次投入，两个车间月末在产品的完工率均按50%计算。

（5）采用逐步结转分步法核算产品成本。棉纱半成品成本在下一个生产步骤产品生产成本明细账中以总额的方式反映。

2023年3月末，魏民根据半成品及产成品入库单以及产品成本明细账中的生产资料，经过紧张地审核原始凭证、填制记账凭证、登账等环节，终于在31日下班前完成了产品成本核算工作。同事对他认真的工作态度、扎实的专业知识功底、娴熟的会计操作技能给予充分的肯定，魏民对这份工作充满了信心。

知识链接与任务操作

一、逐步结转分步法的概念

逐步结转分步法也称顺序结转分步法，它是按照产品连续加工的先后顺序，根据各个生产步骤归集的生产费用计算并结转半成品成本，直到最后一个生产步骤计算出完工产品成本的方法。

（一）逐步结转分步法的计算程序

采用这种方法时，产品成本计算的基本程序是：先计算第一个生产步骤半成品成本，随着半成品实物移动至第二个生产步骤，其半成品成本也随之结转，然后加上第二个生产步骤的加工费用，采用一定方法计算出第二个生产步骤半成品的成本，这样的过程随着加工顺序顺次进行，直至最后一个生产步骤计算出完工产品成本。计算各个生产步骤所产半成品成本，是逐步结转分步法的显著特征。因此，逐步结转分步法又称为计算半成品成本的分步法。

逐步结转分步法的计算程序如图8-3所示。

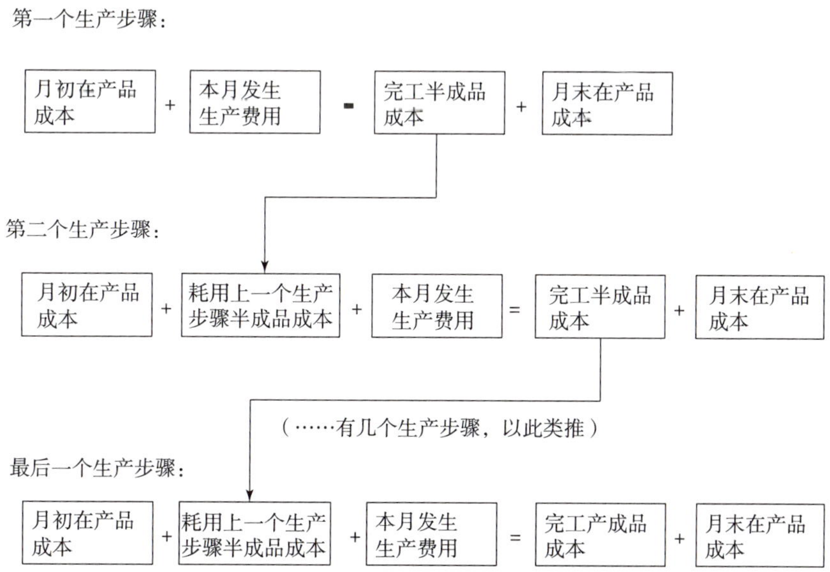

图 8-3   逐步结转分步法的计算程序

实务中，各个生产步骤所产半成品实物转入下一个生产步骤的流程，通常有两种方式可供选择：一是不通过半成品仓库收发；二是通过半成品仓库收发。

1. 不通过半成品仓库收发

如果半成品不通过半成品仓库收发，逐步结转分步法的产品成本计算程序如下：首先计算第一个生产步骤半成品成本，随着半成品实物移动至第二个生产步骤，其半成品成本也随之全部结转至第二个生产步骤产品成本明细账中，然后加上第二个生产步骤的加工费用，采用一定方法计算出第二个生产步骤半成品的成本，随着半成品实物移动至下一个生产步骤，其半成品成本也随之全部结转至下一个生产步骤产品成本明细账中。这样，半成品实物及成本结转过程随着加工顺序顺次进行，直至最后一个生产步骤计算出完工产品成本。

如果上一个生产步骤半成品完工后不通过半成品仓库收发而直接转入下一个生产步骤，则半成品成本应在各个生产步骤的产品成本明细账之间直接结转。

2. 通过半成品仓库收发

如果半成品通过半成品仓库收发，此时，需要在各个生产步骤设置"自制半成品"账户用以核算各个生产步骤自制半成品的收、发、存情况。自制半成品生产完工验收入库时，按其实际成本借记"自制半成品"账户；发出自制半成品时，以加权平均法、先进先出法等方法计算其实际成本，贷记"自制半成品"账户。该账户借方余额表示库存自制半成品的实际成本。自制半成品应按类别或品种设置明细账，进行明细核算。

在这种情况下，逐步结转分步法的产品成本计算程序与上述半成品不通过仓库收发基本相同，主要的区别是：每一个生产步骤完工的半成品需要先验收入半成品仓库，将其实际成本登记在自制半成品明细账中，加上自制半成品月初余额，采用适当的存货发出计价方法计算下一个生产步骤领用自制半成品的成本。这样，半成品实物及成本结转过程随着加工顺序顺次进行，直至最后一个生产步骤计算出完工产品成本。

（二）逐步结转分步法的适用范围

逐步结转分步法主要适用于大量大批多步骤生产并且成本管理上要求提供半成品成本的企业，尤其是有半成品对外销售、需要考核半成品成本的连续加工多步骤生产的企业。例如，纺织企业生产的棉纱半成品，企业既可以自用，继续深加工成棉布，也可以作为商品直接对外出售，在这种情况下，需要计算半成品成本，进而应当采用逐步结转分步法进行产品成本计算。装配式多步骤生产的企业一般不宜采用逐步结转分步法计算产品成本。

二、逐步结转分步法的特点

1. 成本核算对象是各个生产步骤的半成品和最后一个生产步骤的产成品

逐步结转分步法是计算半成品成本的分步法，其成本核算对象是各个生产步骤的半成品和最后一个生产步骤的产成品。各个生产步骤所产半成品，有的通过半成品仓库收发，有的不通过半成品仓库收发，而直接转入下一个生产步骤成为下一步的生产加工对象，直到最后一个生产步骤生产出产成品。因此，前面各个生产步骤按半成品设置基本生产成本明细账，最后一个生产步骤按产成品设置基本生产成本明细账。

2. 半成品成本随实物转移而结转

在逐步结转分步法下，如果半成品不通过半成品仓库收发而直接转入下一个生产步骤成为下一步的生产加工对象，其成本将随实物转移直接结转到下一个生产步骤的基本生产成本明细账中；如果半成品通过半成品仓库收发，其成本先结转至自制半成品明细账中，然后下一个生产步骤领用半成品进行继续加工时，将以适当的方法计算半成品发出的成本，此时，半成品的成本也就转入下一个生产步骤的基本生产成本明细账中。无论采用何种半成品实物转移方式，其成本都将随着实物的转移而结转。

3. 月末在产品是狭义的在产品

逐步结转分步法的成本核算对象是各个生产步骤的半成品及最后一个生产步骤的产成品，前面各个生产步骤都需要计算其所产半成品的成本，半成品成本随实物转移而结转，直至最后一个生产步骤计算出完工产成品成本。各个生产步骤归集的生产费用包括本步骤发生的费用加上前一个生产步骤转入的半成品成本，月末将生产费用在完工产品和月末在产品之间分配时，完工产品是指本生产步骤已经完工的半成品（最后一个生产步骤为产成品），月末在产品是指本生产步骤正在加工尚未完工的在制品，即狭义的在产品。

在逐步结转分步法下，就每一个生产步骤的成本计算方法而言，其实就是品种法。因此，逐步结转分步法实际上是品种法的多次连续应用。具体表述如下：

首先，采用品种法计算第一个生产步骤所产半成品成本，按照一定流程将半成品成本结转至第二个生产步骤基本生产成本明细账中；第二个生产步骤再一次采用品种法的原理归集本步骤发生的费用和耗用上一个生产步骤半成品的费用，计算本步骤所产半成品的成本，继续结转至第三个生产步骤基本生产成本明细账中；如此逐步结转，直至最后一个生产步骤算出产成品成本。

小提示：逐步结转分步法实际上是品种法的多次连续应用。

三、逐步结转分步法的分类

按照结转的半成品成本在下一个生产步骤产品基本生产成本明细账中反映方式的不同，逐步结转分步法又分为综合逐步结转分步法和分项逐步结转分步法两种。

（一）综合逐步结转分步法

1. 综合逐步结转分步法的基本内容

综合逐步结转分步法是将各个生产步骤所耗用上一个生产步骤半成品的成本，以一个合计的金额计入各个生产步骤产品成本明细账的"直接材料"或专设的"半成品"成本项目中。

半成品的成本可以按照实际成本进行综合结转，也可以按照计划成本进行综合结转。

1）按照实际成本进行综合结转

采用实际成本进行综合结转时，各个生产步骤所耗用上一个生产步骤的半成品成本，应根据所耗半成品的实际数量乘以半成品的实际单位成本计算。这种结转方法的优点是半成品成本计算准确、符合实际情况，但是这种方法必须等到上一个生产步骤半成品成本计算结果，才能进行下一个生产步骤领用半成品成本的计算，必然造成各个生产步骤半成品或者产成品成本的计算不及时，也会加大成本核算的工作量。

2）按照计划成本进行综合结转

为简化成本核算工作，半成品成本可以按照计划成本进行综合结转。采用这种结转方法，半成品日常收发的明细核算均按计划成本计价，月末计算出完工半成品的实际成本后，再将实际成本与计划成本对比，计算半成品成本差异额和差异率，比照材料成本差异的会计处理方式，将后一个生产步骤耗用前一个生产步骤半成品的计划成本调整为实际成本。

采用综合逐步结转分步法结转半成品成本，从各个生产步骤产品成本明细账中可以直观看出本步骤所耗用上一个生产步骤半成品费用的水平以及本步骤加工费用的水平，有利于对各个生产步骤的管理。但是该方法不能提供企业产品成本中各成本项目的构成，不便于企业按照成本项目分析产品成本计划的执行情况。

2. 成本还原

采用综合逐步结转分步法结转半成品成本，各个生产步骤所耗上一个生产步骤半成品的成本是以"直接材料"或专设的"半成品"成本项目综合反映的，在最后一个生产步骤完工产品成本的构成中，能提供最后一个生产步骤所耗上一个生产步骤半成品的成本和最后一个生产步骤直接人工、制造费用等加工费用的数额，这样的产品成本数据不能提供按原始成本项目反映的产成品成本资料，不便于企业进行成本分析和考核，不利于产品成本的管理工作。为了能够从整个企业的角度考核和分析产品成本的水平和构成，需要将综合逐步结转分步法下计算的产成品成本进行成本还原。

所谓成本还原，就是从最后一个生产步骤起，将本月产成品成本中所耗上一个生产步骤半成品的综合成本，运用一定的方法，逐步分解还原成"直接材料""直接人工"和"制造费用"等原始成本项目，从而取得按原始成本项目反映的产成品成本资料。

常用的成本还原方法有两种：成本还原分配率还原法和项目比重还原法。无论采用何种方法进行成本还原，首先都要找出还原起点。还原起点即第一次还原的对象，是最后一个生产步骤产成品成本中包含的"半成品"项目的金额。如果产品的生产步骤在两步以上，则经过一次还原后仍会有半成品综合成本，此时需要第二次计算成本还原分配率或者项目比重，将半成品成本项目逐步分解，直至各个生产步骤的综合成本全部还原为原始成本项目。如果产品的生产步骤为 n，需要还原的次数为 $n-1$ 次。

1）成本还原分配率还原法

成本还原分配率还原法，是指从最后一个生产步骤起，首先计算本月完工产品所耗上一个生产步骤半成品成本占本月所产该种半成品总成本的比例，即成本还原分配率；然后按照本月所产该种半成品的成本项目金额与成本还原分配率的乘积计算本月完工产品所耗上一个生产步骤半成品各成本项目的还原金额。在上述步骤基础上，将各步骤还原前和还原后相同成本项目的金额求和，即可计算出产成品成本还原后各成本项目的金额，从而求得按原始成本项目反映的产成品成本。

成本还原分配率还原法的计算过程如下：

（1）计算成本还原分配率。

$$成本还原分配率 = \frac{本月产成品所耗上一个生产步骤半成品成本}{本月上一个生产步骤所产该半成品成本}$$

（2）计算半成品各成本项目还原金额。

$$半成品各成本项目还原金额 = 本月上一个生产步骤所产该半成品各成本项目金额 \times 成本还原分配率$$

（3）计算产成品成本还原后各成本项目金额。

在上述步骤的基础上，将还原前和还原后相同的成本项目的金额求和，即可计算出产成品成本还原后各成本项目的金额，从而求得按原始成本项目反映的产成品成本。

如果产品的生产步骤在两步以上，第二次成本还原要以第一次成本还原后半成品成本项目为还原对象，按上述原理计算第二次成本还原分配率，将半成品成本项目逐步分解，直至各个生产步骤的综合成本全部还原为原始成本项目。

2）项目比重还原法

项目比重还原法是指从最后一个生产步骤起，将产成品成本中所耗上一个生产步骤半成品的综合成本，按照本月上一个生产步骤完工该半成品各成本项目的比重（即半成品的成本结构），进行分解还原；自后而前逐步分解还原，直至第一个生产步骤；最后，将还原后相同的成本项目相加，即可求得按原始成本项目反映的产成品成本资料。

项目比重还原法的计算过程如下：

（1）计算本月上一个生产步骤所产半成品各成本项目占半成品总成本的比重。

$$半成品某成本项目比重 = \frac{本月上一个生产步骤所产半成品该成本项目的金额}{本月上一个生产步骤所产半成品总成本}$$

（2）将产成品中耗用上一个生产步骤半成品的综合成本分别乘以本月上一个生产步骤所产

该半成品的各成本项目的比重，即可将综合成本分解为各个成本项目。

$$半成品成本项目还原金额 = 本月产成品耗用上一个生产步骤半成品成本 \times$$
$$本月上一个生产步骤所产该半成品各成本项目比重$$

（3）计算产成品成本还原后各成本项目金额。

在上述步骤的基础上，将还原前和还原后的相同成本项目的金额求和，即可计算出产成品成本还原后各成本项目的金额，从而求得按原始成本项目反映的产成品成本。

经过上述步骤分解以后的成本如仍有综合成本，可按以上方法逐步分解，直至各步骤的综合成本全部还原为原始成本项目。

任务操作 8 - 1

承任务导入，锦绣纺织有限责任公司采用综合逐步结转分步法计算产品成本。2023 年 3 月，有关生产资料如下：

1）产量记录

产量记录如表 8 - 1 所示。

表 8 - 1　产量记录表　　　　棉纱单位：吨　棉布单位：米

产品名称	月初在产品	本月投产	本月完工	月末在产品
纺纱车间（棉纱）	20	180	150	50
织布车间（棉布）	40 000	200 000	160 000	80 000

2）本月发生的生产费用资料

本月织布车间从半成品仓库领用 160 吨棉纱用于生产。本月发生的生产费用资料如表 8 - 2 所示。

表 8 - 2　生产费用资料　　　　　　　　　　元

成本项目		直接材料（半成品）	直接人工	制造费用	合计
纺纱车间	月初在产品成本	520 000	351 500	367 500	1 239 000
	本月生产费用	2 180 000	450 000	560 000	3 190 000
织布车间	月初在产品成本	704 000	250 000	320 000	1 274 000
	本月生产费用		700 000	780 000	1 480 000

锦绣纺织有限责任公司各个生产步骤的半成品及产成品成本计算过程如下：

（1）按照各个生产步骤的半成品及最后一个生产步骤产成品开设基本生产成本明细账。

（2）根据本月生产费用资料，采用约当产量比例法计算纺纱车间完工半成品成本。原材料在生产开始时一次投入，月末在产品的完工率按 50% 计算。

①计算应分配的直接材料费用。

$$直接材料费用分配率 = \frac{520\ 000 + 2\ 180\ 000}{150 + 50} = 13\ 500$$

$$完工半成品应分配的直接材料费用 = 150 \times 13\ 500 = 2\ 025\ 000（元）$$

$$月末在产品应分配的直接材料费用 = 50 \times 13\ 500 = 675\ 000（元）$$

②计算应分配的直接人工费用。

$$直接人工费用分配率 = \frac{351\ 500 + 450\ 000}{150 + 25} = 4\ 580$$

完工半成品应分配的直接人工费用 $= 150 \times 4\ 580 = 687\ 000$（元）

月末在产品应分配的直接人工费用 $= 25 \times 4\ 580 = 114\ 500$（元）

③计算应分配的制造费用。

$$制造费用分配率 = \frac{367\ 500 + 560\ 000}{150 + 25} = 5\ 300$$

完工半成品应分配的制造费用 $= 150 \times 5\ 300 = 795\ 000$（元）

月末在产品应分配的制造费用 $= 25 \times 5\ 300 = 132\ 500$（元）

④计算总成本。

完工半成品总成本 $= 2\ 025\ 000 + 687\ 000 + 795\ 000 = 3\ 507\ 000$（元）

月末在产品总成本 $= 675\ 000 + 114\ 500 + 132\ 500 = 922\ 000$（元）

根据上述计算结果登记纺纱车间基本生产成本明细账，如表8-3所示。

表8-3 基本生产成本明细账

车间名称：纺纱车间　　　　　　　　　　　产品：棉纱

2023年 月	2023年 日	摘要	直接材料	直接人工	制造费用	合计
3	1	月初在产品成本/元	520 000	351 500	367 500	1 239 000
	31	本月生产费用/元	2 180 000	450 000	560 000	3 190 000
	31	生产费用合计/元	2 700 000	801 500	927 500	4 429 000
	31	本月完工半成品数量/吨	150	150	150	
	31	月末在产品约当产量/吨	50	25	25	
	31	约当总产量/吨	200	175	175	
	31	半成品单位成本/元	13 500	4 580	5 300	23 380
	31	完工半成品成本/元	2 025 000	687 000	795 000	3 507 000
	31	月末在产品成本/元	675 000	114 500	132 500	922 000

3）结转完工半成品棉纱的成本，编制会计分录

借：自制半成品——棉纱　　　　　　　　　　　　　　　　　　3 507 000

　　贷：生产成本——基本生产成本——纺纱车间（棉纱）　　　　　　3 507 000

根据上述会计分录，登记自制半成品明细账如表8-4所示。

表8-4 自制半成品明细账

半成品：棉纱

2023年 月	2023年 日	摘要	收入 数量/吨	收入 单位成本/元	收入 金额/元	发出 数量/吨	发出 单位成本/元	发出 金额/元	结存 数量/吨	结存 单位成本/元	结存 金额/元
3	1	期初结存							36	19 350	696 600
	31	本期入库	150	23 380	3 507 000				186	22 600	4 203 600
	31	本期发出				160	22 600	3 616 000	26	22 600	587 600

4）根据本月生产费用资料，计算织布车间产品成本

本月织布车间从半成品仓库领用棉纱160吨，锦绣纺织有限责任公司存货发出采用月末一次

加权平均法计价。

$$棉纱月末一次加权平均单价 = \frac{月初结存的成本 + 本月验收入库的成本}{月初结存的数量 + 本月验收入库的数量}$$

$$= \frac{696\,600 + 3\,507\,000}{36 + 150} = 22\,600（元/吨）$$

$$织布车间领用棉纱成本 = 160 × 22\,600 = 3\,616\,000（元）$$

根据上述计算结果，编制会计分录如下：

借：生产成本——基本生产成本——织布车间（棉布）　　　　　　3 616 000

　　贷：自制半成品——棉纱　　　　　　　　　　　　　　　　　　3 616 000

根据会计分录登记自制半成品明细账，如表8-4所示。

将160吨棉纱作为织布车间的加工对象，采用约当产量比例法计算织布车间完工产品成本。原材料在生产开始时一次投入，月末在产品的完工率按50%计算。

（1）计算应分配的直接材料费用。

$$半成品直接材料费用分配率 = \frac{704\,000 + 3\,616\,000}{160\,000 + 80\,000} = 18$$

$$完工产品应分配的直接材料费用 = 160\,000 × 18 = 2\,880\,000（元）$$

$$月末在产品应分配的直接材料费用 = 80\,000 × 18 = 1\,440\,000（元）$$

（2）计算分配的直接人工费用。

$$直接人工费用分配率 = \frac{250\,000 + 700\,000}{160\,000 + 40\,000} = 4.75$$

$$完工产品应分配的直接人工费用 = 160\,000 × 4.75 = 760\,000（元）$$

$$月末在产品应分配的直接人工费用 = 40\,000 × 4.75 = 190\,000（元）$$

（3）计算应分配的制造费用。

$$制造费用分配率 = \frac{320\,000 + 780\,000}{160\,000 + 40\,000} = 5.5$$

$$完工产品应分配的制造费用 = 160\,000 × 5.5 = 880\,000（元）$$

$$月末在产品应分配的制造费用 = 40\,000 × 5.5 = 220\,000（元）$$

（4）计算总成本。

$$完工产品总成本 = 2\,880\,000 + 760\,000 + 880\,000 = 4\,520\,000（元）$$

$$月末在产品总成本 = 1\,440\,000 + 190\,000 + 220\,000 = 1\,850\,000（元）$$

根据上述计算结果编制完工产品验收入库的会计分录如下：

借：库存商品——棉布　　　　　　　　　　　　　　　　　　　　4 520 000

　　贷：生产成本——基本生产成本——织布车间（棉布）　　　　　4 520 000

根据上述计算结果登记织布车间基本生产成本明细账，如表8-5所示。

表8-5　基本生产成本明细账

车间名称：织布车间　　　　　　　　　　　　产品：棉布

2023年		摘要	棉纱半成品	直接人工	制造费用	合计
月	日					
3	1	月初在产品成本/元	704 000	250 000	320 000	1 274 000
	31	本月生产费用/元	3 616 000	700 000	780 000	5 096 000
	31	生产费用合计/元	4 320 000	950 000	1 100 000	6 370 000
	31	本月完工产品数量/米	160 000	160 000	160 000	

2023 年		摘要	棉纱半成品	直接人工	制造费用	合计
月	日					
	31	月末在产品约当产量/米	80 000	40 000	40 000	
	31	约当总产量/米	240 000	200 000	200 000	
	31	产成品单位成本/元	18	4.75	5.5	28.25
	31	完工产品成本/元	2 880 000	760 000	880 000	4 520 000
	31	月末在产品成本/元	1 440 000	190 000	220 000	1 850 000

采用综合逐步结转分步法核算产品成本时，在完工产品成本的构成中，能提供最后一个生产步骤所耗上一个生产步骤半成品的成本和最后一个生产步骤直接人工、制造费用等加工费用的数额。从表 8-5 可以看出，本月完工产品棉布总成本由棉纱半成品、织布车间的直接人工和制造费用构成，完工产品棉布总成本 4 520 000 元，是由棉纱半成品 2 880 000 元、直接人工 760 000 元和制造费用 880 000 元构成，其中，棉纱半成品项目 2 880 000 元并非生产棉布所耗用的直接材料成本，它是包含了纺纱车间直接人工和制造费用的一种综合成本。直接人工 760 000 元和制造费用 880 000 元，也只是织布车间所发生的直接人工和制造费用，这样的产品成本数据不能提供按原始成本项目反映的产成品成本资料，不能真正反映产品的成本结构。

锦绣纺织有限责任公司为了能够从整个企业的角度考核和分析产品成本的水平和构成，需要将产成品棉布的总成本进行成本还原。

（1）假设该公司采用成本还原分配率还原法，计算过程如下：

①计算成本还原分配率，计算结果保留小数点后 6 位。

$$成本还原分配率 = \frac{本月产成品所耗上一个生产步骤半成品成本}{本月上一个生产步骤所产该半成品成本}$$

$$= \frac{棉布总成本中所耗半成品棉纱的成本}{本月所产半成品棉纱的成本} = \frac{2\ 880\ 000}{3\ 507\ 000} = 0.821\ 215$$

②计算半成品各成本项目还原金额，计算结果保留小数点后 2 位。

$$半成品各成本项目还原金额 = 本月上一个生产步骤所产该半成品各成本项目金额 × 成本还原分配率$$

棉纱半成品直接材料项目还原金额 = 2 025 000 × 0.821 215 = 1 662 960.38（元）

棉纱半成品直接人工项目还原金额 = 687 000 × 0.821 215 = 564 174.71（元）

棉纱半成品制造费用项目还原金额 = 2 880 000 - 1 662 960.38 - 564 174.71 = 652 864.91（元）

③计算产成品成本还原后各成本项目金额。

还原后直接材料项目金额 = 1 662 960.38（元）

还原后直接人工项目金额 = 760 000 + 564 174.71 = 1 324 174.71（元）

还原后制造费用项目金额 = 880 000 + 652 864.91 = 1 532 864.91（元）

在上述步骤的基础上，将还原前和还原后的相同成本项目的金额求和，即可计算出产成品成本还原后各成本项目的金额，从而求得按原始成本项目反映的产成品成本。

在实际工作中，成本还原一般是通过成本还原分配表进行的，锦绣纺织有限责任公司采用成本还原分配率还原法时，棉布产成品还原过程如表 8-6 所示。

表 8 − 6　成本还原计算表

2023 年 3 月

项目	还原前产成品总成本	本月所产完工半成品成本	成本还原分配率	产成品成本中半成品成本还原	还原后产成品成本	还原后产成品单位成本
行次	①	②	③	④	⑤ = ① + ④	⑥
棉布产成品产量/米	160 000					160 000
棉布产成品成本/元	4 520 000					
棉纱半成品成本/元	2 880 000			− 2 880 000		
直接材料/元		2 025 000		1 662 960.38	1 662 960.38	10.39
直接人工/元	760 000	687 000		564 174.71	1 324 174.71	8.28
制造费用/元	880 000	795 000		652 864.91	1 532 864.91	9.58
合计	4 520 000	3 507 000	0.821 215	0	4 520 000	28.25

锦绣纺织有限责任公司产成品成本还原示意图如图 8 − 4 所示。

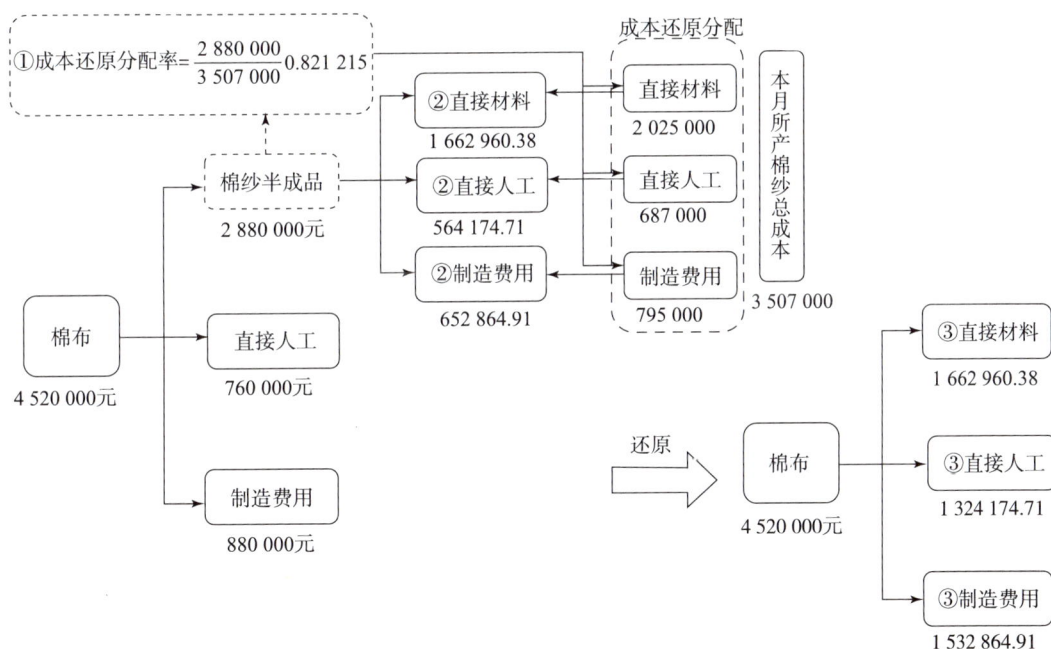

图 8 − 4　锦绣纺织有限责任公司产成品成本还原示意图

注：

①成本还原分配率 = $\dfrac{\text{本月产成品所耗上一个生产步骤半成品成本}}{\text{本月上一个生产步骤所产该半成品成本}}$。

②半成品各成本项目还原金额 = 本月上一个生产步骤所产该半成品各成本项目金额 × 成本还原分配率。

③将还原前和还原后的相同成本项目的金额求和。

（2）假设该公司采用项目比重还原法，计算过程如下：

①计算本月上一个生产步骤所产半成品各成本项目占半成品总成本的比重。

纺纱车间所产棉纱半成品直接材料成本项目比重 = $\dfrac{\text{本月所产棉纱直接材料耗费金额}}{\text{本月所产棉纱总成本}} \times 100\%$

$$=\frac{2\,025\,000}{3\,507\,000}=57.74\%$$

纺纱车间所产棉纱半成品直接人工成本项目比重 $=\dfrac{\text{本月所产棉纱直接人工耗费金额}}{\text{本月所产棉纱总成本}}\times100\%$

$$=\frac{687\,000}{3\,507\,000}=19.59\%$$

纺纱车间所产棉纱半成品制造费用成本项目比重 $=\dfrac{\text{本月所产棉纱制造费用耗费金额}}{\text{本月所产棉纱总成本}}\times100\%$

$$=\frac{795\,000}{3\,507\,000}=22.67\%$$

②计算棉布产成品所耗棉纱半成品成本项目还原金额。

棉纱半成品直接材料还原金额 = 本月棉布产成品所耗棉纱成本 × 本月所产棉纱

直接材料成本项目比重

$$=2\,880\,000\times57.74\%=1\,662\,912（元）$$

棉纱半成品直接人工还原金额 = 本月棉布产成品所耗棉纱成本 × 本月所产棉纱

直接人工成本项目比重

$$=2\,880\,000\times19.59\%=564\,192（元）$$

棉纱半成品制造费用还原金额 = 本月棉布产成品所耗棉纱成本 × 本月所产

棉纱制造费用成本项目比重

$$=2\,880\,000\times22.67\%=652\,896（元）$$

③计算产成品成本还原后各成本项目金额。

还原后直接材料项目金额 $=1\,662\,912（元）$

还原后直接人工项目金额 $=760\,000+564\,192=1\,324\,192（元）$

还原后制造费用项目金额 $=880\,000+652\,896=1\,532\,896（元）$

锦绣纺织有限责任公司采用项目比重还原法时，棉布产成品还原过程如表8-7所示。

表8-7　成本还原计算表

2023年3月

项目	还原前产成品总成本/元	本月所产半成品成本/元	本月所产半成品成本结构/%	产成品成本中半成品成本还原/元	还原后产成品成本/元	还原后产成品单位成本/元
行次	①	②	③	④	⑤=①+④	⑥
棉布产成品产量/米	160 000					160 000
棉布产成品成本	4 520 000					
棉纱半成品成本	2 880 000			-2 880 000		
直接材料		2 025 000	57.74	1 662 912	1 662 912	10.39
直接人工	760 000	687 000	19.59	564 192	1 324 192	8.28
制造费用	880 000	795 000	22.67	652 896	1 532 896	9.58
合计	4 520 000	3 507 000	100.00	0	4 520 000	28.25

在进行成本还原时，采用成本还原分配率还原法和项目比重还原法所依据的成本资料是一样的，因此，两种方法得到的结果是一致的。锦绣纺织有限责任公司棉布产成品总成本4 520 000元还原为原始成本项目，即直接材料、直接人工、制造费用等成本项目，有利于成本

管理部门更好地运用成本数据进行决策。本例中棉布产成品经历了两个生产步骤，如果产成品需要经历三个及以上生产步骤，则需要经过两次或两次以上成本还原，直至还原到第一个生产步骤为止。

综上所述，采用综合逐步结转分步法结转半成品成本，从各个生产步骤的产品成本明细账中可以看出各个生产步骤产品所耗上一个生产步骤半成品费用的水平和本步骤加工费用的水平，这有利于各个生产步骤的成本管理。但是，如果管理上要求提供按原始成本项目反映的产成品成本资料，就需要进行成本还原，这将大大增加成本核算工作量。在企业生产多种产品、每种产品历经多个生产步骤的情况下，成本还原工作十分繁重。因此，综合逐步结转分步法适用于成本管理上要求计算各个生产步骤产品所耗上一个生产步骤半成品费用，且不要求产成品提供原始成本项目构成的企业。

（二）分项逐步结转分步法

分项逐步结转分步法是指将上一个生产步骤的半成品成本转入下一个生产步骤时，分别按照原始成本项目分项转入下一个生产步骤产品生产成本明细账中对应的成本项目之中，分项反映各个生产步骤所耗上一个生产步骤半成品成本的方法。如果企业所产半成品通过半成品仓库收发，在自制半成品明细账中登记半成品成本时，也要按照原始成本项目分别登记。

采用分项逐步结转分步法时，半成品费用结转可以按照实际成本结转，也可以按照计划成本结转，然后按照成本项目分项调整其成本差异。但由于按照计划成本结转时，调整各成本项目成本差异的工作量较大，实际工作中一般采用按照实际成本分项结转的方法。

小提示： 分项逐步结转分步法在将上一个生产步骤的半成品成本转入下一个生产步骤时，需要分别按照原始成本项目分项转入下一个生产步骤产品生产成本明细账中。

任务操作8-2

下面仍以任务操作8-1的成本资料为例，锦绣纺织有限责任公司如果采用分项逐步结转分步法计算产品成本，则各个生产步骤半成品及产成品成本计算过程如下：

（1）按照各个生产步骤的半成品及最后一个生产步骤产成品开设基本生产成本明细账，如表8-3和表8-4所示（织布车间成本项目发生变化）。

（2）根据本月生产费用资料，采用约当产量比例法计算纺纱车间完工半成品成本。原材料在生产开始时一次投入，月末在产品的完工率按50%计算。根据上述计算结果登记纺纱车间基本生产成本明细账，如表8-3所示。

（3）结转完工半成品棉纱的成本，编制会计分录如下：

借：自制半成品——棉纱   3 507 000

    贷：生产成本——基本生产成本——纺纱车间（棉纱）   3 507 000

根据上述会计分录及完工半成品棉纱各成本项目金额，登记自制半成品明细账，如表8-8所示。假设月初结存自制半成品各成本项目金额已知。

（4）根据本月生产费用资料，计算织布车间产品成本。

本月织布车间从半成品仓库领用棉纱160吨。锦绣纺织有限责任公司存货发出采用月末一次加权平均法计价。

$$棉纱月末一次加权平均单价 = \frac{月初结存的成本 + 本月验收入库的成本}{月初结存的数量 + 本月验收入库的数量}$$

$$= \frac{696\ 600 + 3\ 507\ 000}{36 + 150} = 22\ 600（元/吨）$$

织布车间领用棉纱成本 $= 160 \times 22\ 600 = 3\ 616\ 000（元）$

根据上述计算结果，编制会计分录如下：

借：生产成本——基本生产成本——织布车间（棉布）   3 616 000
  贷：自制半成品——棉纱   3 616 000

根据会计分录登记自制半成品明细账，如表8-8所示。

表8-8 自制半成品明细账
半成品：棉纱

2023年		摘要	数量/吨	直接材料/元	直接人工/元	制造费用/元	合计/元
月	日						
3	1	月初结存	36	360 000	120 000	216 600	696 600
	30	本月收入	150	2 025 000	687 000	795 000	3 507 000
	30	合计	186	2 385 000	807 000	1 011 600	4 203 600
	30	单位成本		12 822.58	4 338.71	5 438.71	22 600
	30	本月发出	160	2 051 612.80	694 193.60	870 193.60	3 616 000
	30	月末结存	26	333 387.20	112 806.40	141 406.40	587 600

将160吨棉纱作为织布车间的加工对象，采用约当产量比例法计算织布车间完工产品成本。原材料在生产开始时一次投入，月末在产品的完工率按50%计算。

①计算应分配的直接材料费用。

$$直接材料费用分配率 = \frac{2\,755\,612.80}{160\,000 + 80\,000} = 11.48$$

完工产品应分配的直接材料费用 = 160 000 × 11.48 = 1 836 800（元）

月末在产品应分配的直接材料费用 = 2 755 612.80 - 1 836 800 = 918 812.80（元）

②计算应分配的直接人工费用。

$$直接人工费用分配率 = \frac{1\,644\,193.60}{160\,000 + 40\,000} = 8.22$$

完工产品应分配的直接人工费用 = 160 000 × 8.22 = 1 315 200（元）

月末在产品应分配的直接人工费用 = 1 644 193.60 - 1 315 200 = 328 993.60（元）

③计算应分配的制造费用。

$$制造费用分配率 = \frac{1\,970\,193.60}{160\,000 + 40\,000} = 9.85$$

完工产品应分配的制造费用 = 160 000 × 9.85 = 1 576 000（元）

月末在产品应分配的制造费用 = 1 970 193.60 - 1 576 000 = 394 193.60（元）

④计算总成本。

完工产品总成本 = 1 836 800 + 1 315 200 + 1 576 000 = 4 728 000（元）

月末在产品总成本 = 918 812.80 + 328 993.60 + 394 193.60 = 1 642 000（元）

根据上述计算结果编制完工产品验收入库的会计分录如下：

借：库存商品——棉布   4 728 000
  贷：生产成本——基本生产成本——织布车间（棉布）   4 728 000

根据上述计算结果登记织布车间基本生产成本明细账，如表8-9所示。

表 8-9　基本生产成本明细账

车间名称：织布车间　　　　　　　　　　　　　产品：棉布

2023 年		摘要	直接材料	直接人工	制造费用	合计
月	日					
3	1	月初在产品成本/元	704 000	250 000	320 000	1 274 000
	31	领用棉纱半成品/元	2 051 612.80	694 193.60	870 193.60	3 616 000
	31	本月生产费用/元		700 000	780 000	1 480 000
	31	生产费用合计/元	2 755 612.80	1 644 193.60	1 970 193.60	6 370 000
	31	本月完工产品数量/米	160 000	160 000	160 000	
	31	月末在产品约当产量/米	80 000	40 000	40 000	
	31	约当总产量/米	240 000	200 000	200 000	
	31	产成品单位成本/元	11.48	8.22	9.85	29.55
	31	完工产品成本/元	1 836 800	1 315 200	1 576 000	4 728 000
	31	月末在产品成本/元	918 812.80	328 993.60	394 193.60	1 642 000

　　从表 8-9 可以看出，本月完工产品棉布总成本中能直接反映直接材料、直接人工和制造费用三个原始成本项目的金额，即完工产品棉布总成本 4 728 000 元，是由直接材料 1 836 800 元、直接人工 1 315 200 元和制造费用 1 576 000 元构成的。采用分项逐步结转分步法核算产品成本时，在完工产品成本的构成中，能提供按原始成本项目反映的产成品成本资料，能真正反映产品的成本结构，便于从整个企业的角度考核分析产品成本计划的执行情况，无须进行成本还原。但是，该方法成本结转工作比较复杂，在各个生产步骤完工产品成本中反映不出所耗上一个生产步骤半成品成本和本步骤加工费用，不便于进行各个生产步骤完工产品的成本分析和成本管理。因此，分项逐步结转分步法一般适用于在成本管理上要求按原始成本项目计算产品成本，但不要求计算各个生产步骤完工产品所耗半成品成本和本步骤加工费用的企业。

　　综合逐步结转分步法和分项逐步结转分步法的区别如图 8-5 所示。

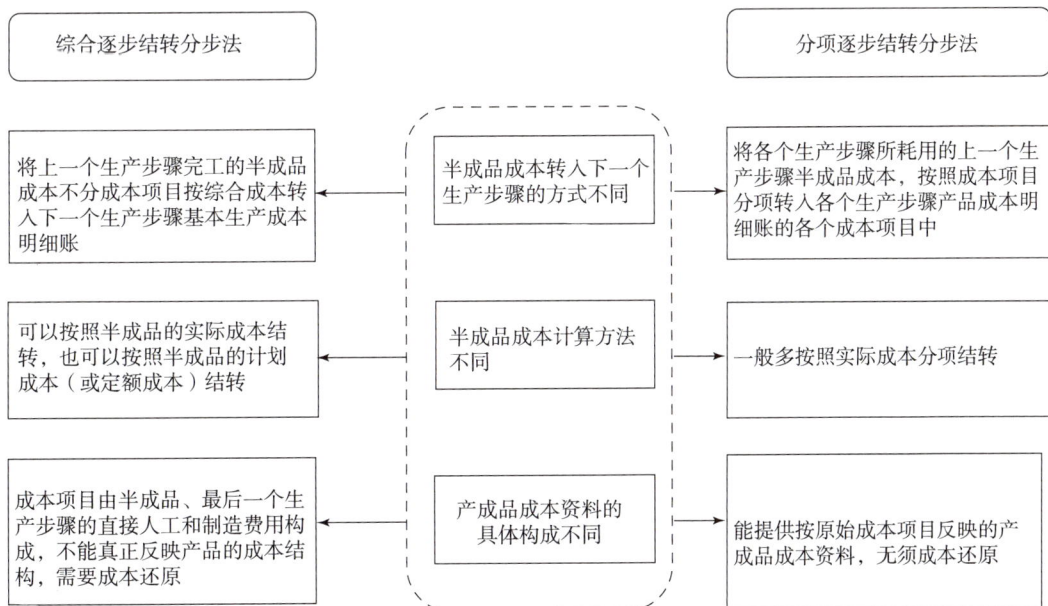

图 8-5　综合逐步结转分步法和分项逐步结转分步法的区别

任务三　平行结转分步法

任务导入

兴海集团下属的泰益机械制造有限责任公司是一家小型生产制造企业，设有三个生产车间，每个生产车间是一个生产步骤。主要产品 GD921 是经过三个生产车间连续加工制成的，第一生产车间生产 X 半成品，直接转入第二生产车间加工成 Y 半成品，Y 半成品直接转入第三生产车间加工成 GD921 产成品。其中，1 件 GD921 产成品耗用 1 件 Y 半成品，1 件 Y 半成品耗用 1 件 X 半成品。原材料于第一生产车间生产开始时一次投入，第二生产车间和第三生产车间不再投入原材料。各生产车间月末在产品完工程度均为 50%。各生产车间生产费用采用约当产量比例法在完工产品和月末在产品之间进行分配。该公司未设置半成品仓库，所产各种半成品均不对外销售，仅供下一个生产步骤继续加工。

2023 年 3 月，该公司新招聘一名成本核算人员王亮，按照财务经理的工作安排，由他负责 GD921 产成品的成本计算工作。王亮到生产现场进行观摩学习，由于本公司产品生产工艺是多步骤生产，主要产品 GD921 是经过三个生产车间连续加工制成的，他认为应该采用逐步结转分步法核算成本。他同财务经理交流了自己的观点，财务经理提醒王亮，本公司第一生产车间和第二生产车间所产的 X、Y 半成品均不对外销售。王亮恍然大悟，他认真查阅了公司有关成本核算的制度并整理了成本核算资料，然后满怀信心地投入了紧张的成本核算工作中。

知识链接与任务操作

一、平行结转分步法的概念

平行结转分步法是指在计算产品成本时，不计算各个生产步骤所产半成品成本，也不计算各个生产步骤所耗上一个生产步骤的半成品成本（即各个生产步骤之间不结转所耗半成品成本），只计算本步骤发生的各项生产费用以及这些费用中应计入产成品的份额，然后将各个生产步骤计入产成品的份额进行平行结转、汇总，进而计算出该产品产成品的成本。由于该方法不计算各个生产步骤所产半成品成本，也称为不计算半成品成本的分步法。

（一）平行结转分步法的计算原理

平行结转分步法按照生产步骤归集生产费用，平时各个生产步骤归集本步骤的生产费用，包括直接材料、直接人工和制造费用等，上一个生产步骤完工的半成品转入下一个生产步骤继续加工时，只转移半成品实物，不转移半成品成本。月末，采用一定的分配方法将每一个生产步骤的生产费用合计数在应计入产成品的份额和月末在产品之间进行分配。

（二）平行结转分步法的适用范围

平行结转分步法不计算半成品成本，所以主要适用于在成本管理上要求分步归集各个生产步骤生产费用，但不需要提供半成品成本的企业，特别是没有半成品对外销售的大量大批装配式多步骤生产企业。在某些连续式多步骤生产企业，如果各个生产步骤所产半成品不对外出售，仅供本企业下一个生产步骤继续加工，也可以采用平行结转分步法。

二、平行结转分步法的特点

（一）成本核算对象为产成品及其所经生产步骤

平行结转分步法不计算半成品成本，其成本核算对象是产成品及其所经生产步骤。各个生产步骤基本生产成本明细账中只归集本步骤发生的生产费用，只计算和结转本步骤应计入产成品的成本份额，不能提供本步骤半成品的成本资料。

（二）半成品成本不随实物转移同步结转

在平行结转分步法下，由于各个生产步骤不计算半成品成本，只归集本步骤发生的生产费用，计算结转本步骤生产费用中应计入产成品成本的份额，因此，当某一个生产步骤半成品完工，虽然实物转移到半成品仓库或者下一个生产步骤，但其成本资料仍保留在该步骤的产品基本生产成本明细账中，并不随半成品实物的转移而结转。

值得注意的是，由于各个生产步骤不计算半成品成本，所以不论半成品是通过仓库收发，还是在各个生产步骤之间直接转移，都不通过"自制半成品"账户进行成本核算，只需进行数量核算。

（三）月末，生产费用要在产成品和广义在产品之间进行分配

在平行结转分步法下，每一个生产步骤的生产费用都要选择适当的方法在产成品和月末在产品之间进行分配。但平行结转分步法中所称产成品，是指企业最终完工的产成品，而非各个生产步骤的完工半成品。某个生产步骤的完工产品费用，是指该步骤生产费用中应计入产成品的份额。在这里，在产品是广义的在产品，即尚未最后完工的全部在产品和半成品，包括尚在本步骤加工的在产品，即狭义在产品；本步骤已经完工转入半成品库的半成品；从半成品库转移到以后各个生产步骤进一步加工、尚未最终完工的在产品。

每个生产步骤的广义在产品数量用公式表达如下：

某个生产步骤月末广义在产品数量＝该生产步骤月末狭义在产品数量＋该生产步骤月末库存半成品数量＋后面各个生产步骤月末狭义在产品耗用本步骤半成品数量＋后面各个生产步骤月末库存半成品耗用本步骤半成品数量

（四）通过平行汇总各个生产步骤生产费用应计入产成品成本的份额确定完工产品成本

采用平行结转分步法，在产成品入库时才将各个生产步骤生产费用应计入产成品成本的份额从各个生产步骤基本生产成本明细账中转出，然后平行汇总计算确定完工产品总成本。将完工产品总成本除以完工产品数量，即得完工产品单位成本。

三、平行结转分步法的计算程序

（1）按照产成品及其所经生产步骤设置基本生产成本明细账。

（2）各个生产步骤基本生产成本明细账分别按成本项目归集本步骤所发生的生产费用，包括直接材料、直接人工和制造费用等，但不包括耗用上一个生产步骤半成品的成本。

（3）月末，将各个生产步骤归集的生产费用在产成品和广义的在产品之间进行分配，计算各个生产步骤费用中应计入产成品成本的份额，将各个生产步骤生产费用总额减去应计入产成品成本的份额，即为本步骤月末在产品成本。计算公式如下：

某个生产步骤月末在产品成本＝该生产步骤月初在产品成本＋该生产步骤本月生产费用－该生产步骤应计入产成品成本的份额

（4）将各个生产步骤费用中应计入产成品的份额按成本项目进行平行结转，汇总计算确定完工产品总成本及单位成本。

平行结转分步法的计算程序如图8－6所示。

第一个生产步骤：

```
┌──────────┐   ┌──────────┐     ┌──────────┐   ┌──────────┐
│月初在产品 │ + │本月发生  │  =  │应计入    │ + │广义月末  │
│成本      │   │生产费用  │     │产成品份额│   │在产品成本│
└──────────┘   └──────────┘     └──────────┘   └──────────┘
```

第二个生产步骤：

```
┌──────────┐   ┌──────────┐     ┌──────────┐   ┌──────────┐
│月初在产品 │ + │本月发生  │  =  │应计入    │ + │广义月末  │
│成本      │   │生产费用  │     │产成品份额│   │在产品成本│
└──────────┘   └──────────┘     └──────────┘   └──────────┘
```

（……有几个生产步骤，以此类推）

最后一个生产步骤：

```
┌──────────┐   ┌──────────┐     ┌──────────┐   ┌──────────┐
│月初在产品 │ + │本月发生  │  =  │应计入    │ + │广义月末  │
│成本      │   │生产费用  │     │产成品份额│   │在产品成本│
└──────────┘   └──────────┘     └──────────┘   └──────────┘
```

汇总相加 → 产成品成本

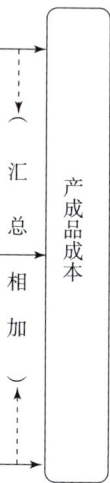

图 8-6　平行结转分步法的计算程序

四、平行结转分步法的应用

平行结转分步法下，各个生产步骤不计算也不结转本步骤完工半成品成本，只计算和归集本步骤发生的费用和应由最终完工产成品成本负担的份额，不归集从上一个生产步骤转入的半成品成本，各个生产步骤之间是相对独立的，因此，平行结转分步法下各个生产步骤成本核算可以独立进行，不必划分先后顺序，不必等待其他生产步骤的成本资料。

平行结转分步法下，如何将各个生产步骤归集的生产费用在产成品和广义的在产品之间进行分配，也就是如何确定各个生产步骤费用应计入产成品的份额，是能否正确计算产成品成本的关键所在。

实际工作中，各个生产步骤生产费用在应计入产成品的份额和月末在产品之间进行分配时，常用的方法是约当产量比例法和定额比例法。

（一）采用约当产量比例法确定各个生产步骤费用应计入产成品成本的份额

采用约当产量比例法确定各个生产步骤费用应计入产成品成本的份额，计算公式如下：

某个生产步骤费用应计入产成品成本的份额 = 产成品数量 × 单位产成品耗用该生产步骤半成品数量 × 该生产步骤半成品单位成本

某个生产步骤半成品单位成本 = (该生产步骤月初在产品成本 + 该生产步骤本月发生生产费用) / 该生产步骤产品约当总产量

某个生产步骤产品约当总产量 = 最终产成品耗用该生产步骤半成品数量 + 该生产步骤广义在产品约当产量

某个生产步骤广义在产品约当产量 = 本生产步骤狭义在产品约当产量 + 本生产步骤库存半成品数量 + 后面各个生产步骤狭义在产品耗用本生产步骤半成品数量 + 后面各个生产步骤库存半成品耗用本生产步骤半成品数量

为简化计算，本任务假设每一个生产步骤耗用上一个生产步骤半成品数量均为1，各个生产步骤均无半成品入库，则上述公式简化如下：

某个生产步骤费用应计入产成品成本的份额 = 产成品数量 × 该生产步骤半成品单位成本

$$某个生产步骤半成品单位成本 = \frac{该生产步骤月初在产品成本 + 该生产步骤本月发生生产费用}{该生产步骤产品约当总产量}$$

$$某个生产步骤产品约当总产量 = 最终产成品数量 + 该生产步骤广义在产品约当产量$$

$$某个生产步骤广义在产品约当产量 = 本生产步骤狭义在产品约当产量 +$$
$$后面各个生产步骤狭义在产品数量$$

小提示：在平行结转分步法中，计算某个生产步骤广义在产品约当产量时，实际上计算的是"约当该生产步骤完工产品"的数量，由于后面生产步骤的狭义在产品耗用的是该生产步骤的完工产品，所以，计算该生产步骤的广义在产品约当产量时，对于后面生产步骤的狭义在产品的数量，不用乘以其所在生产步骤的完工程度。

任务操作 8 - 3

承任务导入，泰益机械制造有限责任公司是连续式多步骤生产企业，由于各生产车间所产半成品不对外出售，仅供本企业下一个生产步骤继续加工，因此采用平行结转分步法进行产品成本的计算。

2023 年 3 月，泰益机械制造有限责任公司成本核算资料如下：

（1）各生产车间产量资料如表 8 - 10 所示。

表 8 - 10　各生产车间产量资料　　　　　件

摘要	第一生产车间	第二生产车间	第三生产车间
月初在产品数量	30	50	40
本月投产数量或上一个生产步骤转入数量	170	160	180
本月完工产品数量	160	180	200
月末在产品数量	40	30	20

（2）各生产车间月初在产品成本及本月生产费用资料如表 8 - 11 所示。

表 8 - 11　各生产车间月初在产品成本及本月生产费用资料　　　　元

摘要		直接材料	直接人工	制造费用	合计
第一生产车间	月初在产品成本	6 200	1 260	2 600	10 060
	本月生产费用	75 000	9 000	8 200	92 200
第二生产车间	月初在产品成本		2 500	3 000	5 500
	本月生产费用		5 020	5 225	10 245
第三生产车间	月初在产品成本		2 000	2 400	4 400
	本月生产费用		8 500	8 730	17 230

为便于计算，根据已知资料编制各个生产步骤约当产量计算表，如表 8 - 12 所示。

表 8 - 12　各个生产步骤约当产量计算表　　　　件

摘要	直接材料	直接人工	制造费用
第一个生产步骤约当总产量	290（200 + 40 + 30 + 20）	270（200 + 40 × 50% + 30 + 20）	270
第二个生产步骤约当总产量	—	235（200 + 30 × 50% + 20）	235
第三个生产步骤约当总产量	—	210（200 + 20 × 50%）	210

泰益机械制造有限责任公司采用平行结转分步法计算产品成本的流程如下：

（1）按照产成品及其所经生产步骤设置基本生产成本明细账，如表8-13～表8-15所示。

（2）各个生产步骤基本生产成本明细账分别按成本项目归集本步骤所发生的生产费用，如表8-13～表8-15所示。

（3）月末，将各个生产步骤归集的生产费用在产成品和广义在产品之间进行分配。

根据相关资料，采用约当产量比例法将生产费用在完工产品和月末在产品之间进行分配。计算过程如下：

①第一生产车间。

X半成品单位成本：

$$X半成品单位直接材料成本 = \frac{6\ 200 + 75\ 000}{200 + 90} = 280（元/件）$$

$$X半成品单位直接人工成本 = \frac{1\ 260 + 9\ 000}{200 + 70} = 38（元/件）$$

$$X半成品单位制造费用成本 = \frac{2\ 600 + 8\ 200}{200 + 70} = 40（元/件）$$

第一生产车间生产费用应计入产成品的份额：

$$应计入产成品的直接材料份额 = 200 \times 280 = 56\ 000（元）$$

$$应计入产成品的直接人工份额 = 200 \times 38 = 7\ 600（元）$$

$$应计入产成品的制造费用份额 = 200 \times 40 = 8\ 000（元）$$

第一生产车间月末在产品成本：

$$月末在产品应分配的直接材料费用 = (6\ 200 + 75\ 000) - 56\ 000 = 25\ 200（元）$$

$$月末在产品应分配的直接人工费用 = (1\ 260 + 9\ 000) - 7\ 600 = 2\ 660（元）$$

$$月末在产品应分配的制造费用 = (2\ 600 + 8\ 200) - 8\ 000 = 2\ 800（元）$$

根据上述计算结果，登记基本生产成本明细账如表8-13所示。

表8-13 基本生产成本明细账

车间：第一生产车间　　　　产品名称：GD921　　（X半成品）

摘要	直接材料	直接人工	制造费用	合计
月初在产品成本/元	6 200	1 260	2 600	10 060
本月生产费用/元	75 000	9 000	8 200	92 200
生产费用合计/元	81 200	10 260	10 800	102 260
完工产品数量/件	200	200	200	
月末在产品约当产量/件	90	70	70	
约当总产量/件	290	270	270	
单位成本/元	280	38	40	358
应计入产成品成本的份额/元	56 000	7 600	8 000	71 600
月末在产品成本/元	25 200	2 660	2 800	30 660

②第二生产车间。

Y半成品单位成本：

$$Y半成品单位直接人工成本 = \frac{2\ 500 + 5\ 020}{200 + 35} = 32（元/件）$$

$$Y 半成品单位制造费用成本 = \frac{3\ 000 + 5\ 225}{200 + 35} = 35 （元/件）$$

第二生产车间生产费用应计入产成品的份额：

$$应计入产成品的直接人工份额 = 200 \times 32 = 6\ 400 （元）$$

$$应计入产成品的制造费用份额 = 200 \times 35 = 7\ 000 （元）$$

第二生产车间月末在产品成本：

$$月末在产品应分配的直接人工费用 = (2\ 500 + 5\ 020) - 6\ 400 = 1\ 120 （元）$$

$$月末在产品应分配的制造费用 = (3\ 000 + 5\ 225) - 7\ 000 = 1\ 225 （元）$$

根据上述计算结果，登记基本生产成本明细账，如表 8-14 所示。

表 8-14　基本生产成本明细账

车间：第二生产车间　　　　　产品名称：GD921　　　（Y 半成品）

摘要	直接材料	直接人工	制造费用	合计
月初在产品成本/元		2 500	3 000	5 500
本月生产费用/元		5 020	5 225	10 245
生产费用合计/元		7 520	8 225	15 745
完工产品数量/件		200	200	
月末在产品约当产量/件		35	35	
约当总产量/件		235	235	
单位成本/元		32	35	67
应计入产成品成本的份额/元		6 400	7 000	13 400
月末在产品成本/元		1 120	1 225	2 345

③第三生产车间。

GD921 产成品单位成本：

$$GD921 产成品单位直接人工成本 = \frac{2\ 000 + 8\ 500}{200 + 10} = 50 （元/件）$$

$$GD921 产成品单位制造费用成本 = \frac{2\ 400 + 8\ 730}{200 + 10} = 53 （元/件）$$

第三生产车间生产费用应计入产成品的份额：

$$应计入产成品的直接人工份额 = 200 \times 50 = 10\ 000 （元）$$

$$应计入产成品的制造费用份额 = 200 \times 53 = 10\ 600 （元）$$

第三生产车间月末在产品成本：

$$月末在产品应分配的直接人工费用 = (2\ 000 + 8\ 500) - 10\ 000 = 500 （元）$$

$$月末在产品应分配的制造费用 = (2\ 400 + 8\ 730) - 10\ 600 = 530 （元）$$

根据上述计算结果，登记基本生产成本明细账，如表 8-15 所示。

表 8-15　基本生产成本明细账

车间：第三生产车间　　　　　产品名称：

摘要	直接材料	直接人工	制造费用	合计
月初在产品成本/元		2 000	2 400	4 400
本月生产费用/元		8 500	8 730	17 230

续表

摘要	直接材料	直接人工	制造费用	合计
生产费用合计/元		10 500	11 130	21 630
完工产品数量/件		200	200	
月末在产品约当产量/件		10	10	
约当总产量/件		210	210	
单位成本/元		50	53	103
应计入产成品成本的份额/元		10 000	10 600	20 600
月末在产品成本/元		500	530	1 030

（4）将各个生产步骤费用中应计入产成品的份额按成本项目进行平行结转，汇总计算确定完工产品总成本及单位成本，编制产成品成本汇总表，如表 8 - 16 所示。

表 8 - 16　产成品成本汇总表

产品名称：GD921　　　　　　　　　　　2023 年 3 月

项目	产量/件	直接材料/元	直接人工/元	制造费用/元	合计
第一生产车间份额		56 000	7 600	8 000	71 600
第二生产车间份额			6 400	7 000	13 400
第三生产车间份额			10 000	10 600	20 600
合　计	200	56 000	24 000	25 600	105 600
单位成本		280	120	128	528

根据产成品成本汇总表等资料，编制产成品验收入库的会计分录，结转完工产品成本。

借：库存商品——GD921　　　　　　　　　　　　　　　105 600

贷：生产成本——基本生产成本——第一生产车间　　　　71 600

生产成本——基本生产成本——第二生产车间　　　　13 400

生产成本——基本生产成本——第三生产车间　　　　20 600

从表 8 - 16 可以看出，本月完工产品 GD921 总成本中能直接反映直接材料、直接人工和制造费用三个原始成本项目的金额，即完工产品 GD921 总成本 105 600 元，是由直接材料 56 000元、直接人工 24 000 元和制造费用 25 600 元构成的。

（二）采用定额比例法确定各个生产步骤费用应计入产成品成本的份额

采用定额比例法计算应计入产成品成本的份额，就是将各个生产步骤生产费用按照完工产成品和月末广义在产品定额消耗量或定额费用的比例进行分配，进而确定各个生产步骤费用应计入产成品成本的份额。其中，直接材料费用可以按原材料定额费用比例分配；直接人工、制造费用等加工费用一般按定额工时比例分配。计算公式如下：

1. 计算分配直接材料费用

$$直接材料费用分配率 = \frac{月初在产品直接材料实际成本 + 本月发生直接材料实际成本}{完工产品直接材料定额费用 + 广义在产品直接材料定额费用}$$

应计入产成品成本的直接材料费用份额 = 完工产品材料定额费用 × 直接材料费用分配率

广义在产品应分配的直接材料费用份额 = 广义在产品直接材料定额费用 × 直接材料费用分配率

2. 计算分配直接人工费用

$$直接人工费用分配率 = \frac{月初在产品直接人工费用实际成本 + 本月发生直接人工费用实际成本}{完工产品定额工时 + 月末在产品定额工时}$$

$$应计入产成品成本的直接人工费用份额 = 完工产品定额工时 \times 直接人工费用分配率$$

$$广义在产品应分配的直接人工费用份额 = 广义在产品定额工时 \times 直接人工费用分配率$$

3. 计算分配制造费用

$$制造费用分配率 = \frac{月初在产品制造费用实际成本 + 本月发生制造费用实际成本}{完工产品定额工时 + 月末在产品定额工时}$$

$$应计入产成品成本的制造费用份额 = 完工产品定额工时 \times 制造费用分配率$$

$$广义在产品应分配的制造费用份额 = 广义在产品定额工时 \times 制造费用分配率$$

任务操作 8 – 4

原力机械制造有限责任公司是一家小型生产制造企业，设有三个生产车间，每个生产车间是一个生产步骤。主要产品 ZM1216 是经过三个生产车间连续加工制成的，第一生产车间生产 D 半成品，直接转入第二生产车间加工成 F 半成品，F 半成品直接转入第三生产车间加工成 ZM1216 产成品。原材料于第一生产车间生产开始时一次投入，第二生产车间和第三生产车间不再投入原材料。该公司所产各种半成品均不对外销售，仅供下一个生产步骤继续加工。

各生产车间生产费用采用定额比例法在完工产品和月末在产品之间进行分配，其中，直接材料费用按原材料定额费用比例分配，直接人工和制造费用等加工费用按定额工时比例分配。本月完工产品 160 台，单件定额资料为：原材料定额费用（即定额材料费用）320 元；第一、第二、第三生产车间的定额工时分别为 30 小时、20 小时和 40 小时。

ZM1216 产品的相关定额资料如表 8 – 17 所示。

表 8 – 17　ZM1216 产品的相关定额资料

2023 年 3 月

项目	月初在产品		本月投入		本月产成品				
	定额材料费用/元	定额工时/小时	定额材料费用/元	定额工时/小时	产量/台	单件定额		定额材料费用/元	定额工时/小时
						材料费用/元	工时/小时		
第一生产车间	30 000	2 500	50 000	4 500	160	320	30	51 200	4 800
第二生产车间		1 600		2 800			20		3 200
第三生产车间		1 800		7 000			40		6 400
合计	30 000	5 900	50 000	14 300	160	320	90	51 200	14 400

该公司成本核算人员已根据上月有关数据及本月各要素费用分配表，将有关生产费用计入各车间基本生产成本明细账，如表 8 – 18 ～ 表 8 – 20 所示。

根据上述资料，采用定额比例法确定各个生产步骤费用应计入产成品成本的份额，计算重点在于确定每一个生产步骤的广义在产品定额材料费用和定额工时。计算过程如下：

1）第一生产车间

（1）计算广义月末在产品定额材料费用和定额工时。

$$广义月末在产品定额材料费用 = 30\ 000 + 50\ 000 - 51\ 200 = 28\ 800（元）$$

$$广义月末在产品定额工时 = 2\ 500 + 4\ 500 - 4\ 800 = 2\ 200（小时）$$

（2）计算各成本项目费用分配率。

$$直接材料费用分配率 = \frac{21\,000 + 75\,000}{51\,200 + 28\,800} = 1.2$$

$$直接人工费用分配率 = \frac{4\,200 + 13\,300}{4\,800 + 2\,200} = 2.5$$

$$制造费用分配率 = \frac{3\,000 + 18\,000}{4\,800 + 2\,200} = 3$$

（3）计算应计入产成品成本的份额。

应计入产成品成本的直接材料费用份额 = 51 200 × 1.2 = 61 440（元）

应计入产成品成本的直接人工费用份额 = 4 800 × 2.5 = 12 000（元）

应计入产成品成本的制造费用份额 = 4 800 × 3 = 14 400（元）

（4）计算广义月末在产品的成本。

广义月末在产品应分配的直接材料费用 = 28 800 × 1.2 = 34 560（元）

广义月末在产品应分配的直接人工费用 = 2 200 × 2.5 = 5 500（元）

广义月末在产品应分配的制造费用 = 2 200 × 3 = 6 600（元）

根据以上计算结果，登记第一生产车间基本生产成本明细账，如表 8-18 所示。

表 8-18　基本生产成本明细账

车间名称：第一生产车间　　　　　　　产品：ZM1216　　　　　　　　　产量：160 台

元

月	日	摘要	直接材料	直接人工	制造费用	合计
3	1	月初在产品成本	21 000	4 200	3 000	28 200
	31	本月发生的生产费用	75 000	13 300	18 000	106 300
	31	生产费用合计	96 000	17 500	21 000	134 500
	31	本月完工产品定额资料	51 200	4 800	4 800	
	31	月末在产品定额资料	28 800	2 200	2 200	
	31	费用分配率	1.2	2.5	3	
	31	应计入产成品成本的份额	61 440	12 000	14 400	87 840
	31	月末在产品成本	34 560	5 500	6 600	46 660

2）第二生产车间

（1）计算广义月末在产品定额工时。

广义月末在产品定额工时 = 1 600 + 2 800 − 3 200 = 1 200（小时）

（2）计算各成本项目费用分配率。

$$直接人工费用分配率 = \frac{5\,340 + 10\,500}{3\,200 + 1\,200} = 3.6$$

$$制造费用分配率 = \frac{5\,400 + 12\,200}{3\,200 + 1\,200} = 4$$

（3）计算应计入产成品成本的份额。

应计入产成品成本的直接人工费用份额 = 3 200 × 3.6 = 11 520（元）

应计入产成品成本的制造费用份额 = 3 200 × 4 = 12 800（元）

（4）计算广义月末在产品的成本。

广义月末在产品应分配的直接人工费用 = 1 200 × 3.6 = 4 320（元）

广义月末在产品应分配的制造费用 = 1 200 × 4 = 4 800（元）

根据以上计算结果，登记第二生产车间基本生产成本明细账，如表 8 – 19 所示。

表 8 – 19　基本生产成本明细账

车间名称：第二生产车间　　　　　　　　　产品：ZM1216　　　　　　　　　　产量：160 台

元

月	日	摘要	直接材料	直接人工	制造费用	合计
3	1	月初在产品成本		5 340	5 400	10 740
	31	本月发生的生产费用		10 500	12 200	22 700
	31	生产费用合计		15 840	17 600	33 440
	31	本月完工产品定额资料		3 200	3 200	
	31	月末在产品定额资料		1 200	1 200	
	31	费用分配率		3.6	4	
	31	应计入产成品成本的份额		11 520	12 800	24 320
	31	月末在产品成本		4 320	4 800	9 120

3）第三生产车间

（1）计算广义月末在产品定额工时。

$$广义月末在产品定额工时 = 1\ 800 + 7\ 000 - 6\ 400 = 2\ 400（小时）$$

（2）计算各成本项目费用分配率。

$$直接人工费用分配率 = \frac{8\ 200 + 22\ 600}{6\ 400 + 2\ 400} = 3.5$$

$$制造费用分配率 = \frac{11\ 660 + 25\ 300}{6\ 400 + 2\ 400} = 4.2$$

（3）计算应计入产成品成本的份额。

$$应计入产成品成本的直接人工费用份额 = 6\ 400 \times 3.5 = 22\ 400（元）$$
$$应计入产成品成本的制造费用份额 = 6\ 400 \times 4.2 = 26\ 880（元）$$

（4）计算广义月末在产品的成本。

$$广义月末在产品应分配的直接人工费用 = 2\ 400 \times 3.5 = 8\ 400（元）$$
$$广义月末在产品应分配的制造费用 = 2\ 400 \times 4.2 = 10\ 080（元）$$

根据以上计算结果，登记第三生产车间基本生产成本明细账，如表 8 – 20 所示。

表 8 – 20　基本生产成本明细账

车间名称：第三生产车间　　　　　　　　　产品：ZM1216　　　　　　　　　　产量：160 台

元

月	日	摘要	直接材料	直接人工	制造费用	合计
3	1	月初在产品成本		8 200	11 660	19 860
	31	本月发生的生产费用		22 600	25 300	47 900
	31	生产费用合计		30 800	36 960	67 760
	31	本月完工产品定额资料		6 400	6 400	
	31	月末在产品定额资料		2 400	2 400	
	31	费用分配率		3.5	4.2	

续表

月	日	摘要	直接材料	直接人工	制造费用	合计
	31	应计入产成品成本的份额		22 400	26 880	49 280
	31	月末在产品成本		8 400	10 080	18 480

将各个生产步骤费用中应计入产成品的份额按成本项目进行平行结转，汇总计算确定完工产品总成本及单位成本，编制产成品成本汇总表，如表8-21所示。

表8-21 产成品成本汇总表

产品名称：ZM1216　　　　　　　　　　　　2023年3月　　　　　　　　　　　　　　　　　元

项目	产量	直接材料	直接人工	制造费用	合计
第一生产车间份额		61 440	12 000	14 400	87 840
第二生产车间份额			11 520	12 800	24 320
第三生产车间份额			22 400	26 880	49 280
合计	160	61 440	45 920	54 080	161 440
单位成本		384	287	338	1 009

根据产成品成本汇总表等资料，编制产成品验收入库的会计分录，结转完工产品成本。

借：库存商品——ZM1216　　　　　　　　　　　　　　　　161 440
　　贷：生产成本——基本生产成本——第一生产车间　　　　　87 840
　　　　生产成本——基本生产成本——第二生产车间　　　　　24 320
　　　　生产成本——基本生产成本——第三生产车间　　　　　49 280

从表8-21可以看出，本月完工产品ZM1216总成本中能直接反映直接材料、直接人工和制造费用三个原始成本项目的金额，即完工产品ZM1216总成本161 440元，是由直接材料61 440元、直接人工45 920元和制造费用54 080元构成的。

综上所述，平行结转分步法是通过平行汇总各个生产步骤生产费用应计入产成品成本的份额确定完工产品成本，不必逐步结转半成品成本，各个生产步骤应计入产成品成本的份额可以同时进行计算，不需要等待，可以简化和加速成本核算工作。在平行结转分步法下，能够直接提供按原始成本项目反映的产品成本资料，不必进行成本还原，省去了大量烦琐的计算工作。但是，由于这一方法不计算也不结转半成品成本，因此不能提供各个生产步骤的半成品成本资料以及各个生产步骤所耗上一个生产步骤半成品的成本，不利于全面反映各个生产步骤生产耗费的水平。另外，各个生产步骤之间不结转半成品成本，使得半成品实物转移和成本转移发生脱节，不能为各个生产步骤在产品的实物管理和资金管理提供资料。

从上述对比分析可以看出，平行结转分步法和逐步结转分步法各有优缺点。平行结转分步法适合在半成品种类较多，逐步结转半成品成本工作量较大并且成本管理上不要求提供各个生产步骤半成品资料的情况下采用。

逐步结转分步法和平行结转分步法的区别如图8-7所示。

逐步结转分步法		平行结转分步法
在产品：狭义，仅指本生产步骤正在加工尚未完工的在制品。 完工产品：广义，包括各个生产步骤完工半成品和最后一个生产步骤完工产成品	在产品和完工产品含义不同	在产品：广义，尚未最后完工的全部在产品和半成品。 完工产品：狭义，仅指最终产成品
月末计算各个生产步骤完工半成品的成本并随实物转移而结转	半成品成本处理方法不同	不计算半成品成本，半成品实物转移，成本不转移
按照加工步骤的顺序逐步计算产品成本，上一个生产步骤成本计算完毕才能计算下一个生产步骤的成本，成本计算不及时。在综合结转方式下不能真正反映产品的成本结构，需要成本还原	产成品成本计算方法不同	各个生产步骤可以同时计算应计入产成品成本的份额，无须等待，成本核算及时。能提供按原始成本项目反映的产成品成本资料，无需成本还原

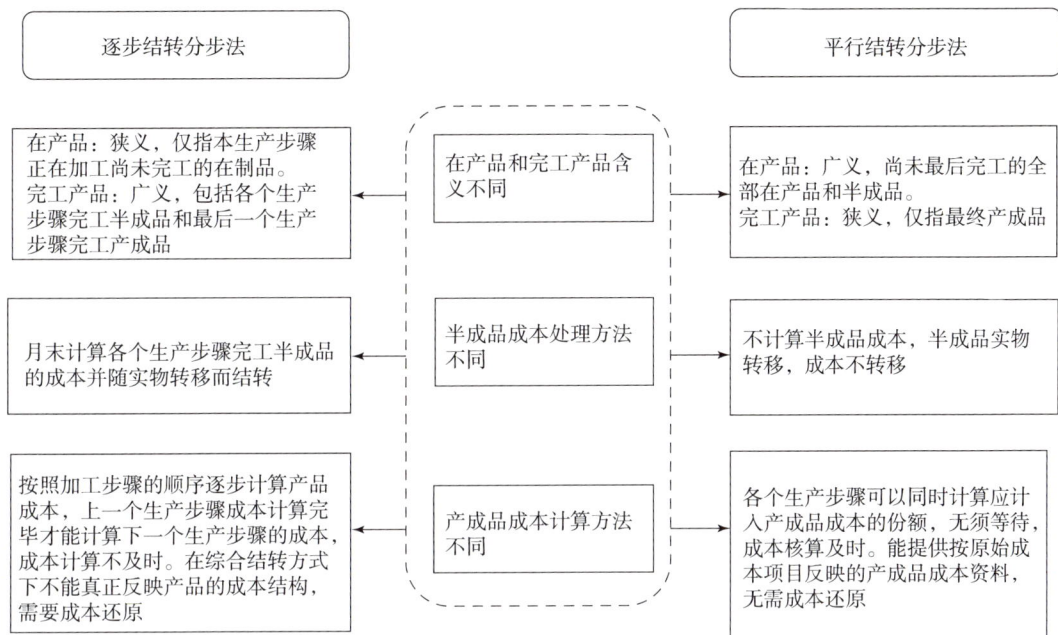

图 8-7　逐步结转分步法和平行结转分步法的区别

职业道德与素养

【案例】

捷安特：换个速度再出发

党的二十大报告提出，要加强企业主导的产学研深度融合，强化目标导向，提高科技成果转化和产业化水平。作为行业龙头企业，捷安特扎根江苏昆山开发区30年来，始终与城市同呼吸、共命运、心连心，面向世界科技前沿，把握行业发展机遇，努力攻关核心技术，加快科技成果转化，用一项项高品质的产品和服务，不断彰显企业制造的强劲实力。

一、从工厂到总部，扎根昆山"骑上"新高度

捷安特大陆区董事长石静安回忆，1992年10月8日，捷安特刚从我国台湾地区来到昆山，开发区远不及如今繁华，建厂之初，除了隔壁的樱花卫厨，其余几乎是空地一片，创业环境比较艰苦。"我们老厂第一栋厂房一楼是做生产自用，二楼用于办公，再前面还有一栋农舍，作为员工训练的地方。由于各项配套措施还不是很完善，我们会遇到用水、用电、交通等许多难题，好在我们逐步适应克服了这些困难。"石静安说，落户次年，企业自行车的产量就突破15万辆大关，营业额更是达到了几千万元，这让他们看到自行车在大陆的广阔前景。之后，企业以提供舒适的自行车体验为目标追求，实现了多项技术性的突破。首创量产的轻盈铝合金车架、首创平价碳纤维自行车、全新标准压缩车架、涉山地车专用的 Maestro System 避震系统等一系列专利技术，不断巩固企业在行业中的地位。

经过30年的发展，如今的捷安特已成为全球耳熟能详的知名品牌，是集投资、研发、行销、结算四大中心于一体的总部型企业集团，在50余个国家和地区建立了行销网络，完成了从一个加工制造厂起步，到行业龙头、总部企业的蜕变。

二、从制造到创造，传统产业"骑出"新速度

捷安特的转型历程，在石静安看来，实质上是昆山开发区经济从制造到创造，向现代服务经济转变的一个缩影。"来开发区之前，不敢想象这里会像如今这么发达。"石静安介绍，作为世

界自行车产业的领军品牌，捷安特在开发区如鱼得水，旗下衍生出多个车辆品类，目前拥有包括公路车、山地车、旅游车、儿童车、城市车、竞赛车等多种产品，材质也从铁制、钢制全面转向铝合金、碳纤维，捷安特、莫曼顿、Liv（丽以芙）三个品牌更是在全球市场站稳脚跟。

步入捷安特的生产车间，五条组装车线马力全开，每半分钟就能下线一辆成车，年生产量超过130万台。为确保品质，捷安特一早就成立了研发中心，并在研究开发、制造供应、品牌服务领域逐步发力。"我们在推进新项目的过程中也曾遭遇了铝合金熔炼工艺等'拦路虎'，好在昆山丝路阳澄国际技术转移有限公司先后8次陪同我们赴乌克兰国家科学院金属与合金物理技术研究所商谈，才一举攻破这一技术'瓶颈'。"

除了遭遇技术难题，疫情初期，和很多企业一样，捷安特也曾遇到订单取消、员工不足、成本上涨等重重困难。为解决企业难题，昆山开发区全面打响"昆如意""开心办"营商服务品牌，从减免税费、发放政策红包、打通产业链环节等多方面着手，助力企业复工复产，降低运营成本。"正是这些举措使得企业在复工复产后轻装上阵，更快走出了困难期。"石静安说。

三、从工具到文化，骑行引领"塑造"新时尚

2022年7月1日，第109届环法自行车赛举办，捷安特与 Team BikeExchange – Jayco（绿刃车队）建立合作伙伴关系，共5次登上分站赛领奖台，进一步将捷安特品牌与骑行理念展示在世人面前。

"参与国际竞技赛事是捷安特不断提升研发技术、引领骑行运动、传播自行车新文化的重要舞台。"石静安介绍，组织、参与大众化的骑行运动，是捷安特改变人们对自行车的传统认识、塑造自行车文化的更大舞台。基于这一理念，捷安特依托公司自行车文化俱乐部，每个月都在全国策划或组织参与各种类型的骑行活动，企业很多员工都是骑行发烧友、自行车新文化的倡导者和践行者。

2008年，江苏捷安特自行车文体基金会成立，支持各类自行车公益骑行、骑乘安全普及、节能减排、改善交通等公益活动，在全国范围内长期开展"单车成人礼""单车小捷娃""骑车上下班""纸尽其用"等主题活动，得到了社会各界的广泛认可。

捷安特在昆30年，始终坚持以人为本、绿色健康的发展理念，深耕核心产业，除提供各种电动自行车、公路自行车、运动自行车及电助力车、电轻摩等产品外，还不断推出人身商品和车身商品，为自行车旅游爱好者提供更多选择和保障。

"落户30年来，昆山开发区始终为我们提供良好的营商环境，让企业能够专注生产、安心发展。都说三十而立，站在新的节点上，捷安特将换个速度再出发，争做行业里的 Number one 和 Only one！"石静安说。

资料来源：昆山开发区发布 https://business.sohu.com/a/612738315_121106832（有删改）

【问题】你如何看待捷安特以人为本、绿色健康的发展理念？自行车企业可以采取哪些降本增效的措施？

【分析】作为行业龙头企业，捷安特扎根江苏昆山开发区30年来，始终与城市同呼吸、共命运、心连心，面向世界科技前沿，把握行业发展机遇，努力攻关核心技术，加快科技成果转化，用一项项高品质的产品和服务，不断彰显企业制造的强劲实力。为解决企业难题，昆山开发区全面打响"昆如意""开心办"营商服务品牌，从减免税费、发放政策红包、打通产业链环节等多方面着手，助力企业复工复产，降低运营成本。

绿色发展首先关注的是环境问题，但从本质上看，绿色发展关注的核心是人，企业以人为本，注重生产安全、生态安全、节约能耗、降低成本，才能真正实现绿色发展。

产品成本主要包括直接材料、直接人工、制造费用等，自行车工厂可以采取一些措施降低零件采购成本，甚至可以自产零件，降低人力成本的消耗，逐渐采用自动化机械提高生产效率。

单元小结

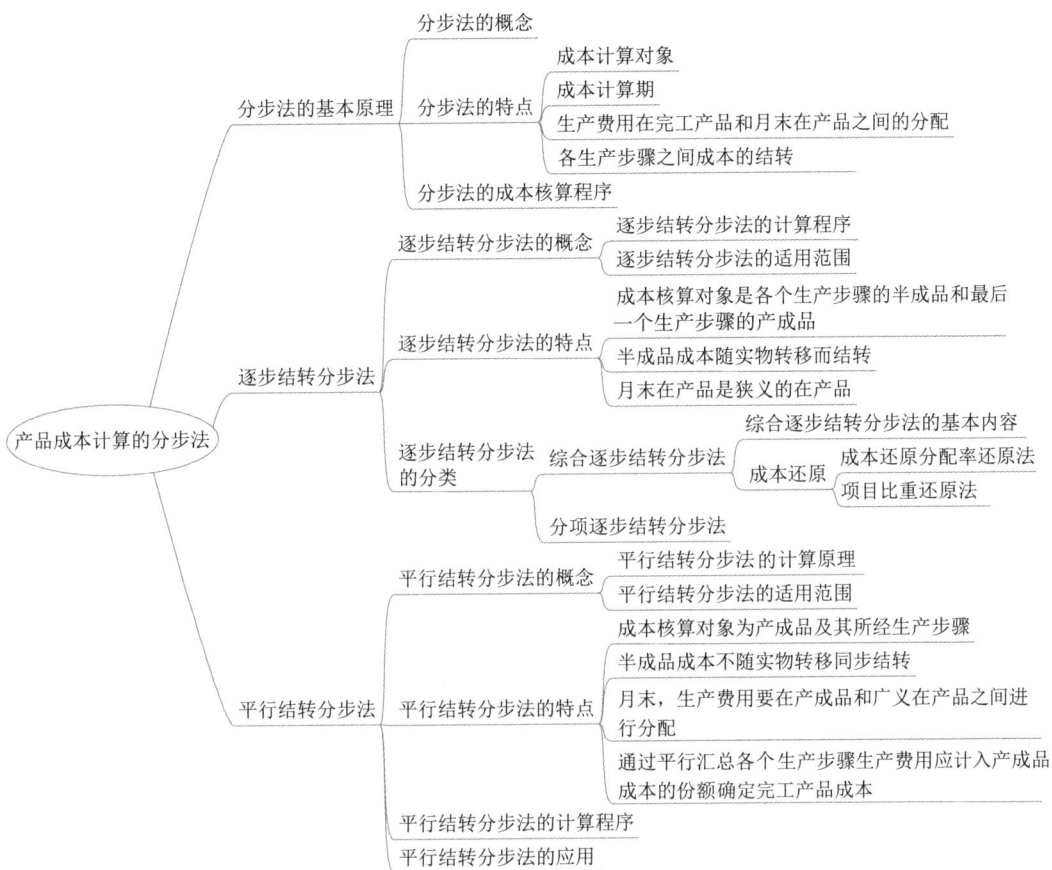

闯关考验

第一部分　基础知识训练

1. 分步法适用于（　　　）。

A. 单步骤生产

B. 在管理上不要求分步计算成本的多步骤生产

C. 多步骤生产

D. 在管理上要求按步骤计算成本的大量大批多步骤生产

2. 下列各种分步法中，半成品成本不随实物转移而结转的方法是（　　　）。

A. 按照实际成本综合结转法　　　　　B. 按照计划成本综合结转法

C. 平行结转分步法　　　　　　　　　D. 分项逐步结转分步法

3. 下列关于逐步结转分步法的说法不正确的是（　　　）。

A. 成本结转工作量较大

B. 能够全面反映各个生产步骤的生产耗费水平

C. 能为各个生产步骤的在产品实物管理及资金管理提供资料

D. 各个生产步骤的产品生产成本不伴随半成品实物的转移而结转

4. 在大量大批多步骤生产的情况下，如果管理上不要求分步骤计算产品成本，其所采用的

成本计算方法应是（　　）

　　A. 品种法　　　　　　B. 分类法　　　　　　C. 分步法　　　　　　D. 分批法

5. 成本还原是将（　　）耗用上一个生产步骤半成品的综合成本，逐步分解还原为原始成本项目的成本。

　　A. 广义在产品　　　B. 自制半成品　　　C. 狭义在产品　　　D. 产成品

6. 将上一个生产步骤转入的半成品成本全部计入下一个生产步骤成本计算单中的自制半成品成本项目，这种成本结转方式称为（　　）。

　　A. 成本还原　　　　B. 综合结转　　　　C. 分项结转　　　　D. 平行汇总

7. 成本还原是指从（　　）一个生产步骤开始，将其耗用的上一个生产步骤自制半成品的综合成本，按照上一个生产步骤完工半成品的成本构成，还原成原始成本项目的成本。

　　A. 最后　　　　　　B. 最前　　　　　　C. 中间　　　　　　D. 任意

8. 采用平行结转分步法，完工产品和在产品之间的费用分配是（　　）之间的费用分配。

　　A. 产成品和月末狭义在产品

　　B. 各个生产步骤完工半成品和月末加工中在产品

　　C. 产成品和月末广义在产品

　　D. 产成品和月末加工中在产品

9. 采用综合结转分步法计算产品成本时，若产品生产有三个生产步骤，则需进行的成本还原的次数是（　　）。

　　A. 1 次　　　　　　B. 2 次　　　　　　C. 3 次　　　　　　D. 4 次

10. 逐步结转分步法是（　　）。

　　A. 分车间计算产品成本的方法

　　B. 计算产品成本中各个生产步骤份额的方法

　　C. 分产品批别计算产品成本的方法

　　D. 按照生产步骤计算各个生产步骤半成品和最后一个生产步骤产成品成本的方法

二、多项选择题

1. 下列关于分步法的说法，正确的是（　　）。

　　A. 成本计算每月末进行

　　B. 月末一般存在在产品

　　C. 需要计算分配月末在产品和完工产品的成本

　　D. 成本计算对象是各种产品及其各个生产步骤

2. 逐步结转分步法的优点是（　　）。

　　A. 能提供各个生产步骤的半成品成本资料

　　B. 能为各个生产步骤在产品的实物管理和资金管理提供资料

　　C. 能全面反映各个生产步骤产品的生产耗用水平

　　D. 能直接提供按原始成本项目反映的产成品成本资料

3. 逐步结转分步法的特点有（　　）。

　　A. 计算各个生产步骤在产品成本　　　　B. 半成品成本随实物的转移而转移

　　C. 在产品的含义是狭义的在产品　　　　D. 在产品的含义是广义的在产品

4. 平行结转分步法的特点有（　　）。

　　A. 不计算各个生产步骤半成品成本　　　B. 半成品实物转移但成本不结转

　　C. 在产品是指广义的在产品　　　　　　D. 需要进行成本还原

5. 分步法的适用范围是（　　）。

　　A. 大量大批的多步骤生产　　　　　　　B. 管理上要求分步骤计算产品成本

C. 大量大批的单步骤生产　　　　　　　D. 管理上不要求分步骤计算产品成本

6. 综合逐步结转分步法的成本还原，其原因有（　　　）。

A. 完工产品成本的直接材料项目含有前面各个生产步骤的直接人工和制造费用

B. 不符合产品成本构成的实际情况

C. 不能据以从整个企业角度分析和考核产品成本的构成和水平

D. 还原后可以按原始成本项目反映产成品成本资料

7. 平行结转分步法的优点有（　　　）。

A. 各个生产步骤可以同时计算产品成本

B. 能够直接提供按原始成本项目反映的产成品成本资料

C. 需进行成本还原

D. 按成本项目平行结转、汇总各个生产步骤成本中应计入产成品成本的份额

8. 综合结转分步法与平行结转分步法比较，其不同表现在（　　　）。

A. 成本计算程序不同　　　　　　　　　B. 各个生产步骤所包括的费用不同

C. 完工产品、在产品的概念不同　　　　D. 提供的成本资料不同

9. 采用逐步结转分步法，（　　　）。

A. 半成品成本的结转同实物的流转是同步进行的

B. 能够提供半成品成本资料

C. 有利于加强生产资金管理

D. 为对外销售半成品和对各车间成本指标考核提供成本资料

10. 下列关于成本计算平行结转分步法的表述中，正确的有（　　　）。

A. 不必逐步结转半成品成本

B. 各个生产步骤可以同时计算产品成本

C. 能提供各个生产步骤半成品的成本资料

D. 能直接提供按原始成本项目反映的产成品成本资料

三、分析判断题

1. 分步法的成本计算期与生产周期不一致，但与会计报告期一致。　　　　　　（　　　）

2. 分步法的成本核算对象是产品品种及其所经生产步骤。　　　　　　　　　　（　　　）

3. 企业采用逐步结转分步法时，半成品的成本随半成品实物而转移，因此对完工产品成本中的半成品必须进行成本还原。　　　　　　　　　　　　　　　　　　　　　　（　　　）

4. 逐步结转分步法实际上是几个品种法的连续应用。　　　　　　　　　　　　（　　　）

5. 在采用综合逐步结转分步法根据需要而进行成本还原时，所计算的成本还原分配率可能大于"1"，也可能小于"1"。　　　　　　　　　　　　　　　　　　　　　　（　　　）

第二部分　任务操作实训

一、综合逐步结转分步法

【实训资料】

汇隆公司设有三个基本生产车间，大量生产甲产品，其生产过程是第一车间将原材料加工成 A 半成品，第二车间将 A 半成品加工成 B 半成品，第三车间再将 B 半成品加工成甲产品。该公司采用约当产量比例法计算完工产品和月末在产品成本，原材料在生产开始时一次投入。

2023 年 3 月各车间的产量记录和成本资料如下：

1. 产量记录如表 8 – 22 所示。

表 8-22　产量记录

产品：甲产品　　　　　　　　　　　　　　2023 年 3 月

项目	第一车间	第二车间	第三车间
月初在产品/件	120	320	280
本月投入或上一步转入/件	2 080	1 960	2 040
本月完工转入下一步/件	1 960	2 040	2 120
月末在产品/件	240	240	200
完工程度/%	60	50	40

2. 成本资料如表 8-23 所示。

表 8-23　成本资料

产品：甲产品　　　　　　　　　　　　2023 年 3 月　　　　　　　　　　　　元

成本项目		直接材料	直接人工	制造费用	合计
第一车间	月初在产品成本	22 320	2 880	3 400	28 600
	本月生产成本	296 680	47 616	49 200	393 496
第二车间	月初在产品成本	30 160	14 800	19 520	64 480
	本月生产成本		93 200	170 560	263 760
第三车间	月初在产品成本	24 080	11 200	14 000	49 280
	本月生产成本		48 200	49 800	98 000

【实训要求】

根据资料采用逐步结转分步法（综合结转方式）计算甲产品及 A 半成品、B 半成品成本，编制结转完工产成品入库的会计分录，登记产品基本生产成本明细账。具体步骤如下：

1. 开设各车间基本生产成本明细账，如表 8-24~表 8-26 所示。

2. 按综合逐步结转分步法计算产品成本，填写表 8-24~表 8-26。

3. 编制完工产成品入库的会计分录。

表 8-24　基本生产成本明细账

车间：第一车间　　　　　产品名称：　　　　　　年　　月

年		凭证号数	摘要		直接人工	制造费用	合计
月	日						
			月初在产品成本/元				
			本月生产费用/元				
			生产费用合计/元				
			本月完工产品数量/件				
			月末在产品约当产量/件				
			约当总产量/件				
			单位成本/元				
			完工产品总成本/元				
			月末在产品成本/元				

表 8－25　基本生产成本明细账

车间：第二车间　　　　产品名称：　　　　年　月

年		凭证号数	摘要		直接人工	制造费用	合计
月	日						
			月初在产品成本/元				
			本月生产费用/元				
			生产费用合计/元				
			本月完工产品数量/件				
			月末在产品约当产量/件				
			约当总产量/件				
			单位成本/元				
			完工产品总成本/元				
			月末在产品成本/元				

表 8－26　基本生产成本明细账

车间：第三车间　　　　产品名称：　　　　年　月

年		凭证号数	摘要		直接人工	制造费用	合计
月	日						
			月初在产品成本/元				
			本月生产费用/元				
			生产费用合计/元				
			本月完工产品数量/件				
			月末在产品约当产量/件				
			约当总产量/件				
			单位成本/元				
			完工产品总成本/元				
			月末在产品成本/元				

4. 运用成本还原分配率还原法进行成本还原，填写成本还原计算表，如表 8－27 所示。成本还原分配率如不能整除，保留小数点后 5 位。

表 8－27　成本还原计算表

2023 年 3 月　　　　　　　　　　　　　　　　　　　　元

项目	还原前产成品总成本	本月所产完工 B 半成品成本	成本还原分配率 1	产成品成本中 B 半成品成本还原	本月所产完工 A 半成品成本	成本还原分配率 2	产成品成本中 A 半成品成本还原	还原后的产成品成本	还原后产成品单位成本
行次	①	②	③	④	⑤	⑥	⑦	⑧ = ① + ④ + ⑦	⑨
产成品甲产量									
产成品甲成本									

项目	还原前产成品总成本	本月所产完工B半成品成本	成本还原分配率1	产成品成本中B半成品成本还原	本月所产完工A半成品成本	成本还原分配率2	产成品成本中A半成品成本还原	还原后的产成品成本	还原后产成品单位成本
行次	①	②	③	④	⑤	⑥	⑦	⑧=①+④+⑦	⑨
B半成品成本									
A半成品成本									
直接材料									
直接人工									
制造费用									
合计									
月末在产品成本									

二、平行结转分步法

【实训资料】

聚隆公司设有三个基本生产车间，大量生产甲产品，其生产过程是第一车间将原材料加工成A半成品，第二车间将A半成品加工成B半成品，第三车间再将B半成品加工成甲产品。公司采用平行结转分步法计算甲产品成本，各个生产步骤归集的生产费用在完工产品和月末在产品之间分配时采用约当产量比例法，原材料在生产开始时一次投入。

2023年3月各车间的产量记录和成本资料如下：

1. 产量记录如表8-28所示。

表8-28 产量记录

产品：甲产品　　　　　　　　　　2023年3月

项目	第一车间	第二车间	第三车间
月初在产品/件	120	320	280
本月投入或上一步转入/件	2 080	1 960	2 040
本月完工转入下一步/件	1 960	2 040	2 120
月末在产品/件	240	240	200
完工程度/%	60	50	40

2. 成本资料如表8-29所示。

表8-29 成本资料

产品：甲产品　　　　　　　　　　2023年3月　　　　　　　　　　元

成本项目		直接材料	直接人工	制造费用	合计
第一车间	月初在产品成本	22 320	2 880	3 400	28 600
	本月生产成本	296 680	47 616	49 200	393 496
第二车间	月初在产品成本		14 800	19 520	34 320
	本月生产成本		93 200	170 560	263 760

续表

成本项目		直接材料	直接人工	制造费用	合计
第三车间	月初在产品成本		11 200	14 000	25 200
	本月生产成本		48 200	49 800	98 000

【实训要求】

根据资料运用平行结转分步法计算完工产品成本，编制结转完工产成品入库的会计分录，登记产品基本生产成本明细账。成本费用分配率如不能整除，保留小数点后 5 位。

具体步骤如下：

1. 开设各车间基本生产成本明细账，如表 8 – 30 ~ 表 8 – 32 所示。

2. 按平行结转分步法计算产品成本，填写表 8 – 30 ~ 表 8 – 32。

3. 填写完工产品成本汇总表，如表 8 – 33 所示。

4. 编制完工产成品入库的会计分录。

表 8 – 30 基本生产成本明细账

车间：第一车间

产品名称： 年 月

年		凭证号数	摘要	直接材料	直接人工	制造费用	合计
月	日						
			月初在产品成本/元				
			本月发生成本/元				
			生产费用合计/元				
			本月完工产品数量/件				
			月末在产品约当产量/件				
			约当总产量/件				
			单位成本/元				
			应计入产成品的份额/元				
			月末在产品成本/元				

表 8 – 31 基本生产成本明细账

车间：第二车间

产品名称： 年 月

年		凭证号数	摘要	直接材料	直接人工	制造费用	合计
月	日						
			月初在产品成本/元				
			本月发生成本/元				
			生产费用合计/元				
			本月完工产品数量/件				

年		凭证号数	摘要	直接材料	直接人工	制造费用	合计
月	日						
			月末在产品约当产量/件				
			约当总产量/件				
			单位成本/元				
			应计入产成品的份额/元				
			月末在产品成本/元				

表 8-32　基本生产成本明细账

车间：第三车间

产品名称：　　　　　　　　　　　年　月

年		凭证号数	摘要	直接材料	直接人工	制造费用	合计
月	日						
			月初在产品成本/元				
			本月发生成本/元				
			生产费用合计/元				
			本月完工产品数量/件				
			月末在产品约当产量/件				
			约当总产量/件				
			单位成本/元				
			应计入产成品的份额/元				
			月末在产品成本/元				

表 8-33　产成品成本汇总表

产品名称：　　　　　　　　　　　年　月

项目	产量/件	直接材料/元	直接人工/元	制造费用/元	合计/元
第一车间份额					
第二车间份额					
第三车间份额					
合计					
单位成本					

项目九

产品成本计算的辅助方法

教学目标

1. 知识目标

（1）掌握分类法的概念。

（2）掌握分类法的成本核算程序。

（3）掌握联产品、副产品、等级品的概念。

（4）掌握定额法的概念。

（5）掌握定额法的成本核算程序。

2. 能力目标

（1）能根据企业生产经营特点和成本管理要求，选用恰当的成本核算方法。

（2）能够运用分类法计算产品成本。

（3）能够运用定额法计算产品成本。

3. 素质目标

（1）培养学生规范核算、注重质量、节约成本的企业管理观念。

（2）培养学生的逻辑思维、辩证思维和创新能力。

（3）培养学生实事求是、严谨认真的科学精神。

内容提要

（1）分类法是将企业生产的产品按照一定标准分为若干类别，按产品的类别归集生产费用，先计算各类产品完工总成本，再按一定的标准和方法分配计算类内各种产品成本的一种方法。正确划分产品类别并选择适当的分配标准分配计算类内各产品成本是分类法的关键。

（2）联产品是指企业使用相同的原材料，在同一生产过程中，同时生产出几种使用价值不同，但具有同等地位的主要产品。副产品是指在生产主要产品的过程中附带生产出的非主要产品。等级品是指使用相同原材料，在同一生产过程中生产出来的品种相同但在质量上有差别的产品。

（3）定额法是以产品的定额成本为基础，分别核算符合定额的生产费用和脱离定额的差异，并根据定额成本、定额差异和定额变动差异来计算产品实际成本的一种成本计算方法。

任务一　分类法

任务导入

兴华集团下属的昆瑞无线电元件厂设有一个基本生产车间，大量生产 GX01、GX02、GX03、

GX04、GX05、HS01、HS02、HS03、HS04、MF01、MF02、MF03 等品种的产品。陈选是公司新招聘的成本会计人员，按照财务经理的工作安排，由他负责产品成本建账工作，以便开展后续核算。陈选学习了公司产品成本核算制度，又来到生产车间调研产品生产过程，他首先想到最基本的成本核算方法——品种法，这种方法成本核算对象是产品品种，需要按照产品品种开设产品成本明细账。财务经理提醒陈选，如果仅按照品种法进行产品成本核算，工作量特别大。那么，有没有其他辅助的成本核算方法呢？陈选经过仔细分析，发现 GX01、GX02、GX03、GX04、GX05 产品，HS01、HS02、HS03、HS04 产品，MF01、MF02、MF03 产品分别具有类似的结构和生产工艺，所用原材料相同，分别可以合并为三大类别进行生产成本核算。财务经理认可了陈选的方案并鼓励他认真整理生产资料，为公司及时提供准确的成本数据。陈选终于将学校所学的理论知识和企业的实践活动进行了初步的衔接，他满怀信心地投入了工作中。

知识链接与任务操作

一、分类法的概念

分类法是将企业生产的产品按照一定标准分为若干类别，按产品的类别归集生产费用，先计算各类产品完工总成本，再按一定的标准和方法分配计算类内各种产品成本的一种方法。分类法与企业生产类型没有直接关系，主要适用于产品品种、规格繁多，可以按一定标准进行分类的大量生产的企业和车间。例如，灯泡厂生产的不同类别和规格的灯泡，针织厂生产的不同种类和规格的针织产品，都可以采用分类法计算产品成本。

分类法不是一种独立的成本计算方法，它是在成本计算基本方法的基础上，为简化核算而采用的一种成本计算的辅助方法。它通常与品种法结合使用，是品种法的发展和延续。

小提示：分类法不是一种独立的成本计算方法，不能单独运用于企业的成本核算，必须与成本计算的基本方法结合使用。

二、分类法的特点

（一）成本计算对象

分类法以产品的类别作为成本计算对象，归集各类产品的生产费用。对于直接费用，可直接计入各类产品的成本中；对于间接费用，则需按照一定的标准分配计入。

（二）成本计算期

分类法是一种辅助的成本计算方法，不能单独使用，要根据各类产品的生产工艺特点和企业成本管理要求，与品种法、分批法、分步法结合使用。

如何确定成本计算期，需依据分类法所结合使用的成本计算基本方法而定。企业在采用分类法时，如果结合品种法或分步法进行成本计算，应定期在月末进行产品成本计算，成本计算期与会计报告期一致；如果分类法是与分批法结合运用，则成本计算期不定，与产品生产周期一致，与会计报告期不一致。

（三）生产费用在完工产品和月末在产品之间的分配

如前所述，在分类法下生产费用是否需要在完工产品和月末在产品之间进行分配，也需依据分类法所结合使用的成本计算基本方法而定。如果企业结合品种法或分步法进行成本计算，一般在月末需要将生产费用在完工产品和月末在产品之间进行分配；如果分类法是与分批法结合运用，则通常不存在生产费用在完工产品和月末在产品之间分配的问题。

208

三、分类法的成本核算程序

（一）划分产品类别

分类法需对品种、规格繁多的产品按一定标准进行分类，一般是将同种类型产品归为一类。例如，有些产品使用的原材料和工艺过程大体相同，产品结构、性质和用途也大致相同，但规格型号不一，如灯泡、服装、电子元件等，均可以对不同类型的产品进行归类。

（二）设置产品成本明细账

以产品类别作为成本计算对象，设置产品成本明细账。

（三）按类别归集生产费用，计算各类产品总成本

在分类法下，按照规定的成本项目归集生产费用，并按产品的生产类型和成本管理要求选用所要结合使用的成本计算基本方法，包括品种法、分批法、分步法，进而计算各类产品总成本。

（四）将生产费用在本类完工产品和月末在产品之间进行分配

月末如果某类产品既有完工产品，又有在产品，要采用一定方法，将生产费用在本类完工产品和月末在产品之间进行分配。由于类内有多种不同规格、不同型号的产品，在每类内分配完工产品和月末在产品成本时，为简化核算，月末在产品成本通常按年初固定成本计算或者按定额成本计算。

（五）将各类完工产品的总成本按一定分配标准分配给类内的各种产品

将各类完工产品的总成本按一定分配标准分配给类内的各种产品，从而计算出各种产品的总成本和单位成本。

正确划分产品类别并选择适当的分配标准计算类内各产品成本是分类法的关键。

综上所述，凡是品种、规格繁多且可以按照一定标准分类的产品，均可采用分类法计算成本。采用分类法，产品成本明细账均按产品类别进行设置，先计算各类产品成本，然后在类内计算分配各个品种产品成本，这样既简化了成本核算工作，又有利于分类掌握产品成本水平。需要注意的是，采用分类法计算产品成本时，要注意产品分类的恰当性，不能将所耗原材料、所经生产工艺过程不同的产品划分为一类，否则会影响成本计算的准确性。如果不具备条件，即使企业生产的产品品种、规格繁多，也不宜采用分类法进行成本计算。

四、类内各种产品成本的分配方法

对于产品品种、规格繁多的企业，采用分类法可以简化成本核算工作。在分类法下，各类产品总成本在类内各种产品之间分配的方法是根据产品生产特点确定的，选择类内产品的分配标准时，应尽量选择简便易行且与成本水平高低有密切关系的分配标准。

一般采用的分配标准有：产品的经济价值指标，如计划成本、定额成本等；产品的技术性指标，如长度、重量等；产品生产的各种定额消耗指标，如定额耗用量、定额工时。分配标准一经确定，不得随意变更。为简化分配工作，可将这些分配标准折算为相对固定的系数，按固定的系数进行费用分配。值得注意的是，月末在产品成本要继续留在每类产品的明细账中，不必向每种产品进行分配。

实际工作中，类内不同规格各种产品成本的计算通常采用系数分配法进行。

系数分配法是指计算出各类产品总成本后，在类内将各种产品按一定标准折算成系数，然后按照各种产品的总系数向各种产品分配费用。

采用系数分配法时，首先需要在类内产品中选择一种产量较大、生产稳定、规格适中的产品

作为标准产品，将标准产品的单位系数定为"1"，在此基础上，将类内其他产品与标准产品比较，分别计算其他产品与标准产品的比例，即系数。每一种产品的系数确定后，将类内各产品的实际产量与该产品的系数相乘，折算为标准产量（或称为总系数），再将该类完工产品总成本按照各种产品的标准产量进行分配，计算出每种产品的生产成本。系数一经确定，在一定时期内应保持相对稳定。

系数分配法分配费用的具体程序如下：

（一）确定系数

所谓系数，是指类内各种规格产品之间的比例关系。系数有单项系数和综合系数两种。

1. 单项系数

单项系数是指分别按照成本项目确定的反映不同产品各个成本项目与标准产品对应成本项目比例关系的系数。比如，按材料定额消耗量制定的材料消耗系数、按材料定额成本制定的材料成本系数、按工时定额制定的工时消耗系数、按工资定额成本制定的工资成本系数以及按制造费用定额成本制定的制造费用系数等。

单项系数计算公式如下：

$$某种产品材料或工时消耗系数 = \frac{该产品材料或工时单位定额消耗量}{标准产品材料或工时单位定额消耗量}$$

$$某种产品材料成本系数（或直接人工、制造费用系数）= \frac{该产品材料（或直接人工、制造费用）单位定额成本}{标准产品材料（或直接人工、制造费用）单位定额成本}$$

2. 综合系数

综合系数是指不区分成本项目而计算的系数，是一个能综合反映不同产品成本与标准产品成本比例关系的系数。产品各个成本项目费用的分配均采用同一个系数，如产品定额成本系数。

综合系数计算公式如下：

$$某产品成本系数 = \frac{某种产品的定额标准}{标准产品的定额成本}$$

采用单项系数计算工作量较大，但分配结果准确性较高；采用综合系数计算工作量较小，但分配结果准确性较差。

（二）计算标准产量

标准产量也称总系数，是指产品产量按其系数折合的相当于标准产品的产量，是一类产品内各种产品成本分配的标准。每一种产品的系数确定后，将类内各种产品的实际产量与该产品的系数相乘，就可以计算出标准产量。

标准产量的计算公式如下：

某种完工产品某项成本费用标准产量（总系数）= 该种产品实际完工产量 × 该产品单项系数（或综合系数）

（三）确定系数分配率

$$（某项成本费用）系数分配率 = \frac{该类完工产品该项成本费用总额}{类内各种产品该项成本费用总系数合计}$$

类内某种产品应分配该项费用 = 该种完工产品总系数 × 系数分配率

（四）计算类内各种产品成本

类内某种完工产品总成本 = 类内某种产品应分配各项费用之和

$$类内某种完工产品单位成本 = \frac{该种完工产品总成本}{该种完工产品实际产量}$$

任务操作 9-1

承任务导入案例，GX01、GX02、GX03、GX04、GX05 产品，HS01、HS02、HS03、HS04 产品，MF01、MF02、MF03 产品分别具有类似的结构和生产工艺，所用原材料相同，分别合并为 G 类、H 类、M 类产品进行生产成本计算。该公司采用分类法结合品种法计算产品成本。

类内产品月末在产品成本按定额成本计算，类内各种产品之间分配费用的标准为：直接材料费用按照各种产品的直接材料费用系数进行分配，直接材料费用系数按直接材料费用定额确定；直接人工费用和制造费用按定额工时比例分配。

昆瑞无线电元件厂 M 类产品按年初固定数计算在产品成本。M 类产品中，将 MF03 产品确定为标准产品。

2023 年 3 月有关 M 类产品的成本核算资料如下：

（1）根据产品类别开设产品成本明细账，在该明细账下，按照"直接材料""直接人工""制造费用"成本项目设置专栏。根据各项生产费用分配表登记产品生产成本明细账，如表 9-1 所示。

表 9-1　产品生产成本明细账

产品名称：M 类产品　　　　　　　　　2023 年 3 月　　　　　　　　　　　元

摘要	直接材料	直接人工	制造费用	合计
月初在产品成本	22 000	2 080	1 279	25 359
本月生产费用	79 360	5 400	8 100	92 860
生产费用合计	101 360	7 480	9 379	118 219
完工产品成本	79 360	5 400	8 100	92 860
月末在产品成本	22 000	2 080	1 279	25 359

（2）M 类产品产量记录与定额资料如表 9-2 所示。

表 9-2　产量记录与定额资料

产品类别：M 类产品　　　　　　　　　2023 年 3 月

产品	本月完工产品产量/件	单位产品材料费用定额/(元·件⁻¹)	单位产品工时定额/小时
MF01	75	280	2
MF02	80	385	1.5
MF03	100	350	1.8

根据本月生产费用资料，M 类产品采用系数分配法计算类内各种产品成本，计算过程如下：

（1）根据直接材料费用定额计算直接材料费用系数，如表 9-3 所示。

表 9-3　直接材料费用系数计算表

产品类别：M 类产品　　　　　　　　　2023 年 3 月

产品名称	产量/件	单位产品材料费用定额/(元·件⁻¹)	直接材料费用	
			单位系数	总系数
MF01	75	280	0.8	60
MF02	80	385	1.1	88

产品名称	产量/件	单位产品材料费用定额 /(元·件⁻¹)	直接材料费用	
			单位系数	总系数
MF03	100	350	1	100
合计	—	—	—	248

MF03 产品为标准产品，其单位产品系数定为"1"。则表 9-3 中其他产品直接材料费用系数计算如下：

①计算直接材料费用系数。

$$MF01\ 产品直接材料费用系数 = 280/350 = 0.8$$
$$MF02\ 产品直接材料费用系数 = 385/350 = 1.1$$

②计算直接材费用料总系数。

$$MF01\ 产品直接材料费用总系数 = 75 \times 0.8 = 60$$
$$MF02\ 产品直接材料费用总系数 = 80 \times 1.1 = 88$$

（2）编制类内各种产品成本计算表，如表 9-4 所示。

表 9-4　各种产品成本计算表

产品类别：M 类产品　　　　　　　　　　2023 年 3 月

项目	产量/件	直接材料费用系数	直接材料费用总系数	单位产品工时定额/小时	实际产量定额工时/小时	直接材料/元	直接人工/元	制造费用/元	成本合计/元
①	②	③	④=②×③	⑤	⑥=②×⑤	⑦=④×分配率	⑧=⑥×分配率	⑨=⑥×分配率	⑩=⑦+⑧+⑨
分配率						320	12	18	
MF01 产品	75	0.8	60	2	150	19 200	1 800	2 700	23 700
MF02 产品	80	1.1	88	1.5	120	28 160	1 440	2 160	31 760
MF03 产品	100	1	100	1.8	180	32 000	2 160	3 240	37 400
合计	—	—	248	—	450	79 360	5 400	8 100	92 860

在表 9-4 中，各种费用分配率及各种产品应分配的成本费用计算如下：

①计算应分配直接材料费用。

$$直接材料费用系数分配率 = \frac{该类完工产品直接材料费用总额}{类内各种产品直接材料费用总系数合计} = \frac{79\ 360}{248} = 320$$

类内 MF01 产品应分配直接材料费用 = 该种完工产品直接材料费用总系数 × 系数分配率
$$= 60 \times 320 = 19\ 200\ （元）$$

$$类内 MF02\ 产品应分配直接材料费用 = 88 \times 320 = 28\ 160\ （元）$$

$$类内 MF03\ 产品应分配直接材料费用 = 100 \times 320 = 32\ 000\ （元）$$

②计算应分配直接人工费用。

$$直接人工费用分配率 = \frac{该类完工产品直接人工费用总额}{类内各种产品定额工时之和} = \frac{5\ 400}{450} = 12$$

类内 MF01 产品应分配直接人工费用 = 该种完工产品定额工时 × 直接人工费用分配率
$$= 150 \times 12 = 1\ 800\ （元）$$

类内 MF02 产品应分配直接人工费用 = 120 × 12 = 1 440（元）

类内 MF03 产品应分配直接人工费用 = 180 × 12 = 2 160（元）

③计算应分配制造费用。

$$制造费用分配率 = \frac{该类完工产品制造费用总额}{类内各种产品定额工时之和} = \frac{8\ 100}{450} = 18$$

类内 MF01 产品应分配制造费用 = 该种完工产品定额工时 × 制造费用分配率

= 150 × 18 = 2 700（元）

类内 MF02 产品应分配制造费用 = 120 × 18 = 2 160（元）

类内 MF03 产品应分配制造费用 = 180 × 18 = 3 240（元）

④计算各种完工产品总成本。

MF01 产品总成本 = 19 200 + 1 800 + 2 700 = 23 700（元）

MF02 产品总成本 = 28 160 + 1 440 + 2 160 = 31 760（元）

MF03 产品总成本 = 32 000 + 2 160 + 3 240 = 37 400（元）

任务操作 9 – 2

成光公司生产的甲、乙、丙三种产品的结构、生产工艺接近，所用原材料也相同，为简化核算，成本核算部门决定将这三种产品合为一类来计算成本，定为 A 类产品。将乙产品定为标准产品。类内产品月末在产品成本按年初固定成本计算，类内各种产品之间分配费用的标准为：直接材料费用按照各种产品的直接材料费用系数进行分配，直接材料费用系数按定额消耗量标准确定；直接人工费用和制造费用按加工费用系数进行分配，加工费用系数按定额工时标准确定。2023 年 3 月该企业有关生产资料如表 9 – 5 和表 9 – 6 所示。

表 9 – 5　产量记录与定额资料

产品类别：A 类产品　　　　　　　　　　2023 年 3 月

产品	本月完工产品产量/件	单位产品材料费用定额/(元·件⁻¹)	单位产品工时定额/小时
甲	300	12	16
乙	400	8	10
丙	500	6	12

表 9 – 6　产品生产成本明细账

产品类别：A 类产品　　　　　　　　　　2023 年 3 月　　　　　　　　元

摘要	直接材料	直接人工	制造费用	合计
月初在产品成本	12 600	8 000	3 600	24 200
本月生产费用	24 500	17 760	8 140	50 400
生产费用合计	37 100	25 760	11 740	74 600
完工产品成本	24 500	17 760	8 140	50 400
月末在产品成本	12 600	8 000	3 600	24 200

根据以上资料，采用系数分配法计算类内各种产品成本。

（1）编制产品系数计算表，如表 9 – 7 所示。

表9-7 产品系数计算表

产品类别：A 类产品　　　　　　　　　　　　2023 年 3 月

产品名称	产量/件	单位产品材料费用定额/元	直接材料费用		单位产品工时定额/小时	其他加工费用	
			单位系数	总系数		单位系数	总系数
甲	300	12	1.5	450	16	1.6	480
乙	400	8	1	400	10	1	400
丙	500	6	0.75	375	12	1.2	600
合计	—	—		1 225	—		1 480

在表9-7 中，乙产品为标准产品，其单位产品系数定为"1"。各种产品直接材料费用系数及其他加工费用系数计算如下：

①计算直接材料费用系数。

$$甲产品直接材料费用系数 = 12/8 = 1.5$$
$$丙产品直接材料费用系数 = 6/8 = 0.75$$
$$甲产品直接材料费用总系数 = 300 \times 1.5 = 450$$
$$丙产品直接材料费用总系数 = 500 \times 0.75 = 375$$

②计算其他加工费用系数。

$$甲产品直接人工费用系数 = 16/10 = 1.6$$
$$丙产品直接人工费用系数 = 12/10 = 1.2$$
$$甲产品直接人工费用总系数 = 300 \times 1.6 = 450$$
$$丙产品直接人工费用总系数 = 500 \times 1.2 = 600$$

（2）编制类内各种产品成本计算表，如表9-8 所示。

表9-8 产品成本计算表

产品类别：A 类产品　　　　　　　　　　　　2023 年 3 月

产品名称	产量/件	分配标准		完工产品总成本/元				单位产品成本/元
		直接材料总系数	其他加工费用总系数	直接材料	直接人工	制造费用	合计	
甲	300	450	480	9 000	5 760	2 640	17 400	58
乙	400	400	400	8 000	4 800	2 200	15 000	37.5
丙	500	375	600	7 500	7 200	3 300	18 000	36
合计	—	1 225	1 480	24 500	17 760	8 140	50 400	—

表9-8 中，各种完工产品总成本的计算过程如下：

①计算应分配直接材料费用。

$$A 类产品直接材料费用分配率 = 24\,500/1\,225 = 20$$
$$类内甲产品应分配直接材料费用 = 450 \times 20 = 9\,000（元）$$
$$类内乙产品应分配直接材料费用 = 400 \times 20 = 8\,000（元）$$
$$类内丙产品应分配直接材料费用 = 375 \times 20 = 7\,500（元）$$

②计算应分配直接人工费用。

$$A 类产品直接人工费用分配率 = 17\,760/1\,480 = 12$$
$$类内甲产品应分配直接人工费用 = 480 \times 12 = 5\,760（元）$$

类内乙产品应分配直接人工费用 = 400 × 12 = 4 800（元）

类内丙产品应分配直接人工费用 = 600 × 12 = 7 200（元）

③计算应分配制造费用。

A 类产品制造费用分配率 = 8 140/1 480 = 5.5

类内甲产品应分配制造费用 = 480 × 5.5 = 2 640（元）

类内乙产品应分配制造费用 = 400 × 5.5 = 2 200（元）

类内丙产品应分配制造费用 = 600 × 5.5 = 3 300（元）

④计算各种完工产品总成本。

甲产品完工产品总成本 = 9 000 + 5 760 + 2 640 = 17 400（元）

乙产品完工产品总成本 = 8 000 + 4 800 + 2 200 = 15 000（元）

丙产品完工产品总成本 = 7 500 + 7 200 + 3 300 = 18 000（元）

综上所述，按系数分配法分配成本费用，实际上就是以产量加权的总系数来分配。在按消耗定额或费用定额计算系数时，按系数分配法计算和直接按定额消耗量或定额费用比例计算的结果是一致的。

在产品品种、规格繁多的情况下，采用分类法计算产品成本，不仅能够分类掌握产品成本的情况，而且在日常核算过程中所有的领料单、工时记录等原始凭证可以只按照类别填写，在各种要素费用分配表中，可以只按照类别分配费用，产品基本生产成本明细账可以只按照类别开设，这样就大大减少了成本计算工作量。但采用分类法时，产品分类是否恰当、类内产品成本分配的标准是否客观，都会直接影响产品成本计算的正确性。

五、联产品、副产品和等级品的成本计算

（一）联产品成本的计算

联产品是指企业使用相同的原材料，在同一生产过程中，同时生产出几种使用价值不同，但具有同等地位的主要产品。例如，化工企业在生产过程中将原油加工提炼，生产出来的汽油、煤油和柴油等就称为联产品。制糖企业使用相同的原材料甜菜生产制成的各种白糖、红糖、冰糖等也是联产品。

1. 联产品的主要特点

（1）联产品都是企业的主要产品。联产品在性质上、用途上不同，但都具有重要的经济意义，对企业来讲，都是生产活动的主要目的。

（2）联产品销售价格较高，能给企业带来较大收益。

（3）联产品是企业在生产过程中必然地连带生产的产品。这意味着，要生产一种产品，通常要连带生产所有联产品。联产品一般分为补充联产品和代用联产品。如果各种联产品之间的产量是同比例增减的，则各种联产品称为补充联产品；如果各种联产品之间的产量是此增彼减的，则各种联产品称为代用联产品。

2. 联产品成本的计算

同一生产过程中生产出来的联产品，有的要等全部生产过程结束后才能分离出来，有的可能在生产过程中的某个生产步骤就先行分离出来；有的分离出来之后不需要经过进一步加工就能成为商品对外销售，有的分离出来需要进一步加工后才能对外销售。联产品分离时的生产步骤称为分离点。在分离点之前的联合生产阶段，很难将各种联产品按照品种归集生产费用，计算产品成本，一般将联产品归为一类产品，采用分类法计算联合生产过程中的费用，即联合成本。分离点是联合生产过程的结束，在分离点必须采用适当的分配办法，将联合成本分配给各种联产品。分离后不需进一步加工即可销售的联产品，其成本就是分离点分配的联产品成本。分离后

需要进一步加工的联产品，需要采用适当方法计算其加工成本。属于某种联产品直接费用的，可直接计入联产品成本，属于多种联产品共同承担的间接费用，应在相关联产品之间采用适当方法分配计入。分离后需要进一步加工的联产品成本，等于该联产品应承担的联合成本加上进一步加工的成本。

联产品成本计算程序如图9-1所示。

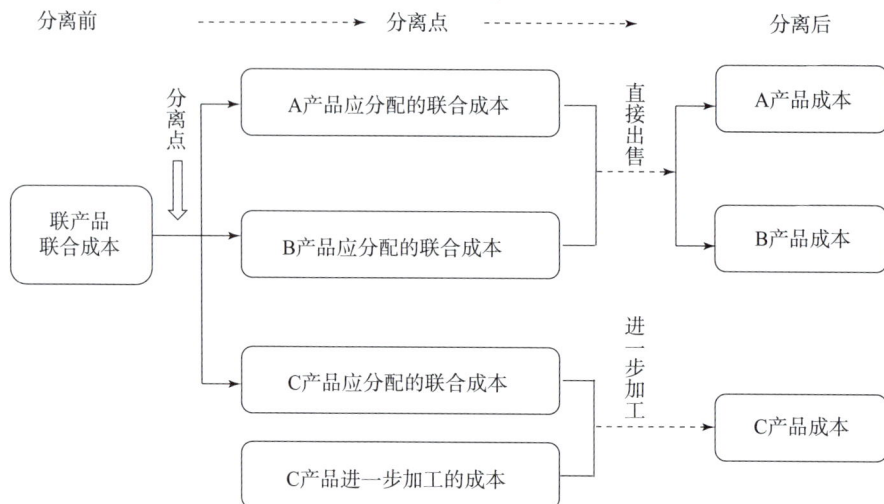

图 9-1　联产品成本计算程序

联产品所用的原材料相同，生产工艺相同，因而最易于也只能归为一类，采用分类法进行成本计算。在联产品成本计算中，联合成本的分配是关键问题。联合成本分配常用的方法有实物量分配法、系数分配法、销售价分配法。

1）实物量分配法

实物量分配法是指按照各种联产品的实物量（如产量、重量等）比例分配联合成本的一种方法。采用这种方法计算出来的单位成本是平均单位成本，也就意味着各种联产品在分离点时的单位成本是相同的。

2）系数分配法

系数分配法是指按照各种联产品的重量、体积或售价等标准将各种联产品折算出系数，然后按各种联产品的总系数来分配联产品各项生产费用的一种方法。采用这种方法应根据具体情况选择恰当的标准产量和分配标准。

3）销售价分配法

销售价分配法是指根据各种联产品销售价值的比例来分配联合成本的一种方法，售价较高的联产品应负担较多的联合成本，售价较低的联产品应负担较少的联合成本。因产品销售价格除了与产品成本有关外，还受市场供求关系等其他因素的影响，因此，这一方法通常适用于分离后不再继续加工并且价格波动不大的联产品成本的计算。

（二）副产品成本的计算

副产品是指在生产主要产品的过程中附带生产出的非主要产品。例如，炼油厂在炼油过程中产出的渣油、石油焦，炼铁生产中产生的高炉煤气等，都是副产品。

1. 副产品的主要特点

（1）副产品都是企业的次要产品，对企业来讲，副产品不是生产活动的主要目的。

（2）副产品可以单独出售，但销售价格较低，给企业带来的收益较小。

值得注意的是，主要产品和副产品不是固定不变的，随着各种条件的变化，副产品也可能转化为主要产品。

2. 副产品成本的计算

与联产品类似，在生产过程中，主要产品和副产品的成本是混在一起的，属于联合成本。因此，副产品的成本计算就是要确定副产品应负担的分离点前的联合成本。但因为副产品是主要产品生产过程中附带出来的，价值较低，为简化核算，可采用简单的计算方法将副产品按一定标准作价并将其成本从分离前的联合成本中扣除。

副产品分离后，有的可以作为产品直接对外销售，有的需要进一步加工后再销售。基于这两种情况，副产品的成本计算分别采用不同的方法。

1）分离后直接对外销售的副产品

如副产品分离后直接对外销售且其价值较低，则副产品可以不负担分离前的联合成本，将其销售收入直接作为其他收益处理。这种方法的优点是简便易行，但会导致主要产品成本提高，影响产品成本计算的准确性。如副产品价值较高，可以用副产品的销售收入扣除相关税金和销售费用后的余额作为副产品的成本，也可以在此基础上确定副产品固定单价并以固定单价计价。

2）分离后需要进一步加工的副产品

如副产品分离后不能直接对外销售而需要进一步加工，其成本计算也有两种不同的方法。

（1）副产品只负担进一步加工的成本。用这种方法对副产品计价，副产品不负担分离前发生的联合成本，只需将进一步加工的成本作为副产品成本。这种方法计算简便，但会导致副产品成本偏低而主要产品成本偏高。

（2）副产品既负担进一步加工的成本，也按一定分配标准负担分离前的联合成本。用这种方法计算副产品成本时，可按副产品的销售收入扣除相关税金和销售费用后的余额作为副产品应负担的分离前的联合成本。

小提示：联产品和副产品之间既有联系也有区别。联产品和副产品都是企业联合生产过程中的产物，都是投入相同原材料并经过同一生产过程产生的，都不可能按产品品种归集生产费用，计算产品成本。但联产品是企业的主要产品，往往价值较高，而副产品是企业的次要产品，价值较低。

（三）等级品的成本计算

1. 等级品的概念

等级品是指使用相同原材料，在同一生产过程中生产出来的品种相同但在质量上有差别的产品。等级品与联产品、副产品都是使用相同原材料在同一生产过程中生产的，但联产品、副产品生产出来的是不同品种的产品，而等级品则为同一品种的产品，只是质量上有所不同。例如，纺织厂生产的棉布产品经过质量检验，按照一定标准确定为一级品、二级品、三级品等。

2. 等级品成本的计算

等级品的产生一般基于两种原因：一是由于生产管理方面的原因，如生产工人技术不熟练、操作不当导致的；二是由于原材料质量不同、工艺技术要求不同或者目前生产技术所限而造成的。不同原因产生的等级品，其成本计算方法不同。

1）按实际产量分配联合成本

如果不同等级品是使用相同的原材料，经过同一生产过程而制造出来的，由于生产工人技术不熟练、操作不当等原因造成了不同等级，那么这些等级品应负担相同的成本。在这种情况下，可以根据等级品的实际产量，直接把联合成本分配到每一种等级品中，各种等级品的单位成本相同。

不同等级的产品销售价格不同，不同的售价要负担相同的成本，等级低的产品，售价低，利润低，有利于反映出生产管理中存在的问题。

2）按系数分配联合成本

如果生产过程中由于原材料质量、产品工艺技术等客观原因导致产品质量难以控制而出现等级品，例如，某些搪瓷制品由于产品生产技术水平的限制而难以控制其生产质量，难免出现产品质量差异大进而售价差异大的等级品。在这种情况下，对不同等级的产品成本，一般按系数分配联合成本。等级品按系数分配成本时，可以按售价制定系数，也可以根据其他指标来制定系数。

任务小结

假设某企业生产甲、乙、丙、丁、戊、己、庚、辛8个品种的产品，按照一定标准可划分为A类和B类产品，则分类法成本核算程序如图9－2所示。

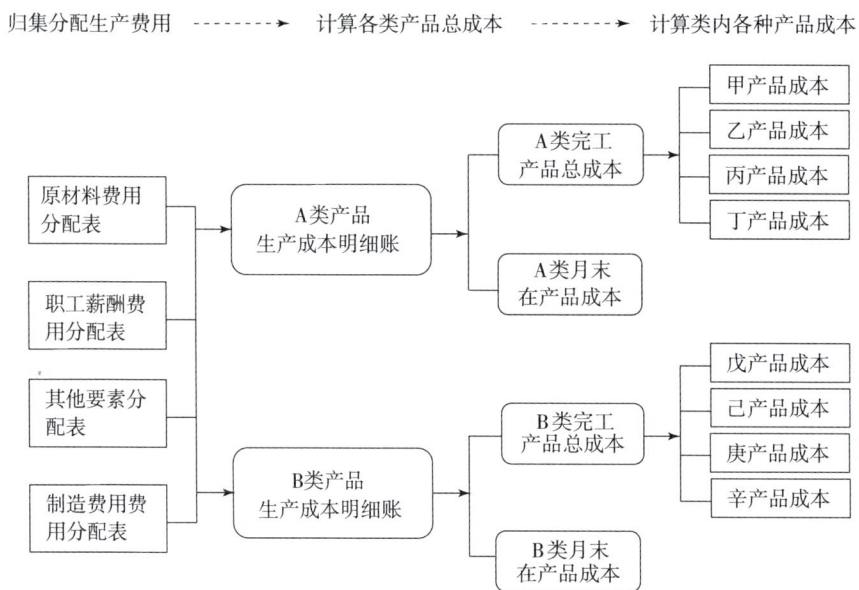

归集分配生产费用 --------→ 计算各类产品总成本 --------→ 计算类内各种产品成本

图9－2　分类法成本核算程序

任务二　定额法

任务导入

万通机电制造有限公司是一家技术比较成熟的大量生产小型设备的生产企业，主要生产WQ系列电机，其产品成本核算采用实际成本法，现在公司产品的生产已经定型，公司管理层开始研判是否需要对成本管理方面加以调整。财务部门开展了热烈的业务探讨活动，成本核算人员王柏提出，本公司定额管理制度比较健全，定额管理基础工作比较好，产品生产已经定型，各项消耗定额比较准确、稳定，为了有效加强成本控制，可以考虑采用定额法进行产品成本计算。财务核算人员李云提出，目前采用的实际成本法，生产费用的日常核算都是按照生产费用的实际发生额进行的，产品的成本也都是按照实际生产费用计算的实际成本。在这种情况下，生产费用和产品成本脱离定额的差异只有在月末将产品实际成本资料和定额资料进行对比分析时才能计算，不能及时在费用发生当时反映出来，也就不能有效发挥成本核算对于节约生产费用、降低产品成本方面的作用。

财务经理将财务人员的建议进行归纳总结认为，定额法事先制定产品的消耗定额、费用定额和定额成本作为降低成本的目标，在生产费用发生时就将符合定额的费用和发生的差异分别核算，有利于加强成本的日常核算和成本控制。定额法不仅是一种成本计算方法，还是对产品成本进行直接控制和管理的方法。公司管理层对财务部门提供的专业建议予以肯定。

知识链接与任务操作

一、定额法的概念

定额法是指以产品的定额成本为基础，分别核算符合定额的生产费用和脱离定额的差异，并根据定额成本、定额差异和定额变动差异来计算产品实际成本的一种成本计算方法。定额法的基本原理是：在日常成本计算过程中，在实际费用发生时就将其划分为定额成本和定额差异两个部分进行归集，并分析产生差异的原因，及时向成本管理部门反馈；月末，以产品的定额成本为基础，加或减日常归集的差异，进而计算产品实际成本。

在定额法下，产品实际成本由四个因素组成，即定额成本、脱离定额差异、材料成本差异和定额变动差异。其计算公式如下：

产品实际成本 = 按现行定额计算的产品定额成本 ± 脱离定额差异 ±

材料成本差异 ± 月初在产品定额变动差异

公式中，定额成本是指根据现行的各种产品成本项目的耗费定额、当期费用预算和其他有关资料计算的一种预计成本，反映了企业当期应达到的成本水平。

脱离定额差异是指产品生产过程中实际发生的生产费用脱离定额成本的差额，反映了企业各项生产耗费支出的合理程度和执行现行定额的工作质量。脱离定额差异应当包括材料成本差异，但实际工作中一般单独计算产品成本应负担的材料成本差异。

材料成本差异是指产品生产所耗用的材料实际成本与计划成本之间的差额。

定额变动差异是指由于修订消耗定额或生产耗费的计划价格而产生的新旧定额成本之间的差额。定额变动差异的产生与生产费用的超支或节约无关。企业如需修改旧定额，一般是在年初或月初进行的，这样，当月投产的新产品应按新定额计算其定额成本。在实行新定额的月初，如果有在产品，其定额成本是按旧定额计算的。为了使月初在产品和本月投产的新产品的定额成本保持一致，应将月初在产品的定额成本进行调整，按新定额计算，使其能与本月投产的新产品的定额成本相加。

在前面所讲的成本计算方法中，包括品种法、分批法、分步法、分类法，生产费用的日常核算，都是按照生产费用的实际发生额进行的，产品的成本也都是按照实际生产费用计算的实际成本。在这种情况下，只有月末将产品实际成本资料和定额资料进行对比分析时才能计算出生产费用和产品成本脱离定额的差异进而分析发生的原因，而不能在费用发生的当时反映出来，这一定程度上制约了成本核算对于降低成本、节约费用方面发挥的作用。而定额法将产品成本的计算、控制、分析工作结合在一起，能够及时反映和监督生产费用和产品成本脱离定额的差异，进而有利于企业加强定额管理、加强成本控制。

二、定额法的特点

（1）事前制定产品的定额成本。企业采用定额法，必须事前制定产品的各项消耗定额、费用定额，作为降低成本的目标，对产品成本进行事前控制。

（2）在生产费用发生当时，分别核算符合定额的费用和脱离定额的差异，加强对成本差异的日常核算、分析和控制。

（3）月末，在定额成本的基础上加减各种成本差异，计算产品的实际成本，为成本的定期分析和考核提供数据。

（4）定额法不是一种独立的成本计算方法，需要与成本计算基本方法结合使用。

定额法主要适用于定额管理制度比较健全，定额管理基础工作比较好，产品生产已经定型，各项消耗定额比较准确、稳定的企业。同时企业应有较完善的定额管理制度，各生产部门能够有效地贯彻定额计划；产品的生产工艺比较稳定，可以较准确地估算各项费用的定额标准；企业还需要具备较完备的成本历史资料，利用产品成本资料进行成本管理和成本分析。

三、定额法的成本核算程序

采用定额法进行产品成本核算，主要核算程序如下：

（一）确定成本计算对象，开设生产成本明细账

在定额法下，应按其结合的成本计算基本方法所确定的成本计算对象，如产品品种、批别、生产步骤等设置生产成本明细账，账内按成本项目分别设置"定额成本""脱离定额差异""材料成本差异""定额变动差异"等专栏。

（二）制定产品的定额成本

采用定额法，必须先制定单位产品的消耗定额、费用定额，并据以核算单位产品的定额成本。

（三）计算定额变动差异

如果月初企业修订生产耗费的消耗定额或计划价格，还要计算定额变动差异并据以调整月初在产品的定额成本。

（四）计算脱离定额差异

根据有关会计凭证，计算产品脱离定额差异，登记生产成本明细账。

（五）计算材料成本差异

根据有关会计凭证以及材料成本差异率，计算材料成本差异。

（六）月末，在完工产品和月末在产品之间分配各项成本差异进而求得完工产品总成本和单位成本

根据定额法的核算原理，月末，将本月完工产品的定额成本加减各项差异，调整计算得出完工产品实际总成本和单位成本。

四、定额成本法的应用

（一）定额成本的计算

定额成本是指按照各时期现行消耗定额和材料计划单价、计划的工资率等计算的成本。

采用定额法核算产品成本，首先应根据成本核算对象，区分各成本项目，分别制定产品（或零件、部件）成本定额，然后编制各种产品（或零件、部件）的成本定额表。

各成本项目及单位产品定额成本计算公式如下：

$$直接材料费用定额成本 = 直接材料消耗定额 \times 材料计划单价$$
$$直接人工费用定额成本 = 产品生产工时消耗定额 \times 计划小时工资率$$
$$制造费用定额成本 = 产品生产工时消耗定额 \times 计划小时制造费用率$$
$$单位产品定额成本 = 直接材料费用定额成本 + 直接人工费用定额成本 + 制造费用定额成本$$

机械产品由零件和部件组成，如果产品零部件不多，可以先计算零部件定额成本，然后汇总计算零部件和产品的定额成本。如果产品的零部件较多，为简化工作，可不计算零部件定额成本，而根据零部件原材料消耗定额、工序计划和工时消耗定额以及原材料计划单价、计划工资率及计划制造费用率等，计算零部件定额成本，然后汇总计算产品定额成本。产品零部件较多时，

还可以根据零部件定额计算卡和原材料计划单价、计划工资率、计划制造费用率等，直接计算产品定额成本。

小提示：为了便于成本控制、成本分析，在编制产品定额成本表时所采用的成本项目和成本计算方法，应与计算计划成本、计算实际成本时所采用的成本项目和计算方法一致。

零件定额卡、部件定额计算卡及产品定额计算卡格式如表 9 - 9 ~ 表 9 - 11 所示。

表 9 - 9　零件定额卡

2023 年 3 月

零件编号：2301　　　　　　　　　零件名称：AF

材料编号	计量单位	材料消耗定额
301	千克	8
工序编号	工时定额	累计工时定额
1	4	4
2	6	10

表 9 - 10　部件定额计算卡

2023 年 3 月

部件编号：F301　　　　　　　　　部件名称：F - HP

所用零件编号	所用零件数量/件	材料定额						金额合计/元	工时定额/小时
		301			302				
		数量/千克	计划单价/元	金额/元	数量/千克	计划单价/元	金额/元		
2301	2	16	6	96				96	20
2302	3				27	10	270	270	30
装配									5
合计								366	55

定额成本项目					定额成本合计/元
直接材料/元	直接人工		制造费用		
	计划工资率	金额/元	计划费用率	金额/元	
366	2	110	3	165	641

表 9 - 11　产品定额计算卡

2023 年 3 月

产品名称：甲产品

所用部件编号	所用部件数量/件	材料定额/千克		工时定额/小时	
		部件	产品	部件	产品
F301	2	366	732	55	110
G402	1	260	260	40	40
装配					10

续表

所用部件编号	所用部件数量/件	材料定额/千克		工时定额/小时	
		部件	产品	部件	产品
合计			992		160

直接材料/元	直接人工		制造费用		产品定额成本合计/元
	计划工资率	金额/元	计划费用率	金额/元	
992	2.5	400	3	480	1 872

产品的定额成本与产品的计划成本是不同的概念。产品的计划成本是根据计划期内的平均消耗定额和计划单价制定的，在计划期内，计划成本通常是不变的。产品的计划成本是企业计划年度内成本控制的目标，是考核和分析企业成本计划完成情况的依据。产品的定额成本是根据企业现行消耗定额制定的，随着生产技术的不断进步以及生产效率的提高，消耗定额需要同步进行修订，定额成本在年度内就有可能因消耗定额的修订而发生变动。定额成本是计算产品实际成本的基础，是对生产费用进行事中控制的标准，也为产品成本事后分析和考核提供依据。

（二）脱离定额差异的计算

脱离定额差异是指产品生产过程中实际发生的生产费用脱离定额成本的差额，即产品实际产量按现行消耗定额和计划单价计算的定额成本和实际成本的差额。计算和分析生产费用脱离定额的差异，控制生产费用的支出，是定额法的主要内容之一。为加强生产费用的日常控制，在发生生产费用时，对核算符合定额的费用和脱离定额的差异分别编制定额凭证和差异凭证，并在有关费用分配表和生产成本明细账中分别予以登记。对于差异凭证，还需按照规定办理审批手续。

脱离定额差异的计算包括直接材料费用脱离定额差异的计算、直接人工费用脱离定额差异的计算以及制造费用脱离定额差异的计算。

1. 直接材料费用脱离定额差异的计算

在产品各成本项目中，直接材料费用往往占较大比重，而且属于直接计入费用，因此为了加强成本控制，在材料费用发生当时就应计算定额费用和脱离定额的差异。

直接材料费用脱离定额差异 = 直接材料计划费用 − 直接材料定额费用

= 直接材料实际消耗量 × 计划单价 − 直接材料定额消耗量 × 计划单价

= （直接材料实际消耗量 − 直接材料定额消耗量）× 计划单价

直接材料费用脱离定额差异的计算，一般有限额法、切割法、盘存法三种方法，企业可根据生产特点及成本管理要求选择使用。

1）限额法

在定额法下，为了控制材料领用，生产部门领用材料时采用限额领料单制度。凡是属于限额范围内的领料，只需根据限额领料单向仓库领取。如果遇到增加产量发生超额用料，必须办理追加限额的手续，然后仍使用限额领料单领料。如有其他原因引起超出限额的材料消耗或使用代用材料、废料的情况，均需另行填制超限额领料单、代用领料单等差异凭证。其他原因引起的超限额领用材料的成本，属于定额差异。但使用代用材料或废料时，应由技术部门计算代用材料或废料相当于原规定材料的比例，将发生的代用材料或废料折算为相当于原规定材料的数量，再计算材料脱离定额的差异。在每一批生产任务完成后，如生产部门有剩余原材料，应填制退料单办理退料手续。退料单所列原材料数额和限额领料单中的原材料余额，都属于直接材料脱离定额差异。

直接材料脱离定额差异是产品生产过程中实际用料脱离现行定额而形成的成本差异，但限额法并不能完全控制用料，差异凭证所反映的差异往往只是领料差异，不一定是用料差异。这是因为，产品的投产数量不一定等于限额领料单规定的产品数量，所领用原材料的数量不一定等于原材料实际耗用的数量，这样生产车间期初、期末都可能有材料余额。只有投产的产品数量等于限额领料单规定的产品数量，且生产车间期初、期末均无余额，或者期初、期末余额相等时，领料差异才与用料脱离定额差异相等。

任务操作 9-3

承任务导入案例，2023年3月，万通机电制造有限公司第一车间本月限额领料单规定的产品数量为2 000件，每件产品直接材料消耗定额为15千克，则当月的直接材料消耗定额为30 000千克。本月实际领用材料29 200千克。企业采用限额法计算直接材料脱离定额差异。

（1）如果本月投产数量2 000件，与限额领料单规定的产品数量一致，且月初月末均无余料。

在这种情况下，限额领料单上少领800千克，则领料差异为800千克，直接材料脱离定额差异就是800千克。

（2）如果本月投产数量2 000件，与限额领料单规定的产品数量一致，车间有月初余料200千克，月末余料150千克。

在这种情况下，直接材料脱离定额差异计算如下：

$$直接材料定额耗用量 = 2\ 000 \times 15 = 30\ 000（千克）$$
$$直接材料实际耗用量 = 29\ 200 + 200 - 150 = 29\ 250（千克）$$
$$直接材料脱离定额差异 = 直接材料实际耗用量 - 直接材料定额耗用量$$
$$= 29\ 250 - 30\ 000 = -750（千克）$$

由上述计算可见，此时为节约差异。

（3）如果本月投产数量1 920件，与限额领料单规定的产品数量不一致，车间有月初余料200千克，月末余料150千克。

在这种情况下，直接材料脱离定额差异计算如下：

$$直接材料定额耗用量 = 1\ 920 \times 15 = 28\ 800（千克）$$
$$直接材料实际耗用量 = 29\ 200 + 200 - 150 = 29\ 250（千克）$$
$$直接材料脱离定额差异 = 直接材料实际耗用量 - 直接材料定额耗用量$$
$$= 29\ 250 - 28\ 500 = 450（千克）$$

由上述计算可见，此时为超支差异。

2）切割法

有的企业产品生产所用原材料需要进行切割加工才能使用，如各种板材、棒材等，为了更好地控制用料，通常通过材料切割核算单核算用料差异，简称切割法。这种方法应按切割材料的批别开立切割核算单，切割核算单中填列切割材料的种类、数量、消耗定额和应切割成的毛坯数量；切割完成后，再填列实际切割成的毛坯数量和直接材料实际耗用量。然后根据实际切割成的毛坯数量和消耗定额，计算出直接材料定额耗用量，再将直接材料定额耗用量与实际耗用量进行对比，即可得出直接材料脱离定额差异。

任务操作 9-4

顺达机械制造有限公司2023年3月的板材切割核算单中记录，本月发出板材600千克，退回余料24千克，切割成毛坯200个，材料单件消耗定额为2.8千克，每千克材料计划单价为15元。

该公司直接材料脱离定额差异计算如下：

$$直接材料定额耗用量 = 200 \times 2.8 = 560（千克）$$
$$直接材料实际耗用量 = 600 - 24 = 576（千克）$$
$$直接材料脱离定额差异数量 = 576 - 560 = 16（千克）$$
$$直接材料脱离定额差异金额 = 16 \times 15 = 240（元）$$

经调查，直接材料脱离定额差异主要是由于工人未完全按照图纸要求进行切割操作造成的，公司要求切割车间工人承担其相应责任。

采用材料切割核算单进行材料切割的核算，能及时反映材料的耗用情况和发生差异的原因，有利于加强对材料消耗的控制。

3）盘存法

对于不能采用材料切割核算单核算的材料，除限额法外，还可以通过定期盘存法核算用料差异。具体核算程序如下：

（1）根据完工产品的数量和在产品盘存数量计算产品的投产数量。

$$产品投产数量 = 完工产品数量 + 期末在产品数量 - 期初在产品数量$$

（2）用产品投产数量乘以直接材料消耗定额，计算直接材料定额消耗量。

$$直接材料定额消耗量 = 产品投产数量 \times 直接材料消耗定额$$

（3）根据限额领料单、超额领料单和退料单等凭证以及车间余料盘存资料，计算直接材料实际消耗量。

$$直接材料实际消耗量 = 本期领料数量 + 期初余料数量 - 期末余料数量$$

（4）将直接材料定额消耗量与直接材料实际消耗量对比，计算直接材料脱离定额差异。

$$直接材料脱离定额差异数量 = 直接材料实际消耗量 - 直接材料定额消耗量$$
$$直接材料脱离定额差异金额 = 直接材料脱离定额差异数量 \times 直接材料计划单价$$
$$= （直接材料实际消耗量 - 直接材料定额消耗量）\times 直接材料计划单价$$

任务操作 9-5

永安机械制造有限公司生产 ZY 产品需要耗用钢材。2023 年 3 月，ZY 产品期初在产品 50 件，本月完工产品 2 000 件，期末在产品 120 件。生产 ZY 产品所需原材料是生产开始时一次投入。ZY 产品直接材料消耗定额为每件 10 千克，直接材料计划单价为每千克 8 元。限额领料单中记录本月实际领料数量为 19 800 千克。车间期初余料 150 千克，期末余料 80 千克。

该公司直接材料脱离定额差异计算如下：

$$产品投产数量 = 完工产品数量 + 期末在产品数量 - 期初在产品数量$$
$$= 2\,000 + 120 - 50 = 2\,070（件）$$
$$直接材料定额消耗量 = 产品投产数量 \times 直接材料消耗定额$$
$$= 2\,070 \times 10 = 20\,700（千克）$$
$$直接材料实际消耗量 = 本期领料数量 + 期初余料数量 - 期末余料数量$$
$$= 19\,800 + 150 - 80 = 19\,870（千克）$$
$$直接材料脱离定额差异数量 = 直接材料实际消耗量 - 直接材料定额消耗量$$
$$= 19\,870 - 20\,700 = -830（千克）$$
$$直接材料脱离定额差异金额 = 直接材料脱离定额差异数量 \times 直接材料计划单价$$
$$= -830 \times 8 = -6\,640（元）$$

由上述计算可见，该公司本月直接材料消耗发生节约差异 6 640 元。

企业无论采用何种方法核算直接材料定额消耗量和脱离定额差异，都应分批或定期将这些核算资料进行汇总，按照成本核算对象编制直接材料定额费用和脱离定额差异汇总表，如表9 - 12所示。

表9 - 12　直接材料定额费用和脱离定额差异汇总表

产品名称：甲产品　　　　　　　　　　2023年3月　　　　　　　　　　　　　　元

材料编号	材料名称	计划单价/元	定额费用		按计划价格的实际费用		脱离定额差异		原因分析
			数量/千克	金额/元	数量/千克	金额/元	数量/千克	金额/元	
1201	A材料	8	2 000	16 000	2 200	17 600	200	1 600	
1202	B材料	6	1 000	6 000	900	5 400	-100	-600	

2. 直接人工费用脱离定额差异的计算

直接人工费用脱离定额差异的计算，主要通过核算实际生产工时与定额工时的差异来进行。企业核算生产工人工资主要有两种核算形式：计时工资和计件工资。工资形式不同，直接人工费用定额差异的计算方法也不同。

1）计件工资形式

在计件工资形式下，生产工人的工资属于直接费用，按照计件单价计算的工资费用以及按照工资一定比例计提的其他职工薪酬就是定额工资费用。因料废原因而支付的计件工资、奖金、津贴以及这部分金额计提的其他职工薪酬，属于脱离定额的差异，应填制差异凭证工资补付单来反映。在计件工资形式下，直接人工费用脱离定额差异的计算与直接材料费用脱离定额差异的计算相似。

计算公式如下：

某产品直接人工费用脱离定额差异 = 该产品实际工资总额 - 该产品定额工资费用

2）计时工资形式

在计时工资形式下，生产工人的工资定额差异无法区分产品品种直接计算，平时只能以工时进行考核，在月末确定实际生产工人工资之后，按照下列公式计算：

某产品直接人工费用脱离定额差异 = 该产品实际工资总额 - 该产品定额工资费用

某产品实际工资总额 = 该产品实际产量的实际生产工时 × 实际单位小时工资率

$$实际单位小时工资率 = \frac{车间实际工资总额}{车间实际生产总工时}$$

某产品定额工资费用 = 该产品实际产量的定额生产工时 × 计划单位小时工资率

$$计划单位小时工资率 = \frac{车间计划产量的定额工资费用}{车间计划产量的定额总工时}$$

任务操作 9 - 6

昆仑机电设备制造有限公司第一车间主要生产产品XF116电机。2023年3月第一车间计划产量的定额生产工资费用为31 200元，计划产量的定额工时为5 200小时；本月实际生产工资总额为35 376元，实际生产工时为5 360小时；本月XF116电机定额工时为3 100小时，实际生产工时为2 980小时。

该公司计算XF116电机直接人工费用脱离定额差异过程如下：

$$计划单位小时工资率 = \frac{车间计划产量的定额工资费用}{车间计划产量的定额总工时} = \frac{31\ 200}{5\ 200} = 6（元/小时）$$

$$实际单位小时工资率 = \frac{车间实际工资总额}{车间实际生产总工时} = \frac{35\,376}{5\,360} = 6.6 （元/小时）$$

$$XF116 电机定额工资费用 = 该产品实际产量的定额生产工时 × 计划单位小时工资率$$
$$= 3\,100 × 6 = 18\,600 （元）$$

$$XF116 电机实际工资总额 = 该产品实际产量的实际生产工时 × 实际单位小时工资率$$
$$= 2\,980 × 6.6 = 19\,668 （元）$$

$$XF116 电机直接人工费用脱离定额差异 = 该产品实际工资总额 - 该产品定额工资费用$$
$$= 19\,668 - 18\,600 = 1\,068 （元）$$

无论采用哪种形式计算工资，都应根据成本核算资料，按照成本核算对象汇总编制直接人工定额费用和脱离定额差异汇总表，表中汇总反映各种产品的定额工资、实际工资、工资差异以及产生差异的原因，并据此登记有关产品生产成本明细账。

3. 制造费用脱离定额差异的计算

制造费用属于间接生产费用，在费用发生时需要先按照发生地点进行归集，月末再采用一定方法分配计入各个产品成本中。因此，日常核算时不能直接按照产品确定脱离定额差异，只能根据费用计划、费用项目核算费用脱离计划的差异，填制差异凭证并据此控制费用的发生。月末计算出各产品应负担的实际费用后，再来计算制造费用脱离定额差异。

计算公式如下：

$$某产品制造费用脱离定额差异 = 该产品实际制造费用 - 该产品定额制造费用$$
$$某产品实际制造费用 = 该产品实际生产工时 × 实际单位小时制造费用分配率$$

$$实际单位小时工资率 = \frac{车间实际制造费用总额}{车间实际生产总工时}$$

$$某产品定额制造费用 = 该产品定额生产工时 × 计划单位小时制造费用分配率$$

$$计划单位小时制造费用分配率 = \frac{车间计划制造费用总额}{车间计划产量的定额总工时}$$

（三）材料成本差异的计算

在定额法下，材料日常核算都是按照计划成本进行的。日常发生的材料费用所包括的直接材料定额成本和直接材料定额差异，都是以计划成本进行核算的。直接材料脱离定额差异只是以计划单价反映的材料消耗量上的差异，不包含价格因素。因此，月末计算产品实际材料成本时，还需要计算产品应负担的价格差异。

计算公式如下：

$$某产品应分配的材料成本差异 = （该产品直接材料定额成本 ± 直接材料脱离定额差异）×$$
$$材料成本差异率$$

任务操作 9-7

承任务操作 9-5，2023 年 3 月，永安机械制造有限公司生产 ZY 产品所耗原材料定额费用为 16\,000 元，直接材料脱离定额差异金额为节约 6\,640 元，月末计算的材料成本差异率为节约 1%。ZY 产品应分配的材料成本差异计算如下：

$$ZY 产品应分配的材料成本差异 = （16\,000 - 6\,640）× （-1\%） = -93.6 （元）$$

（四）定额变动差异的计算

定额变动差异是由于修订消耗定额（以下简称定额）或生产耗费的计划价格而产生的新旧定额成本之间的差额。随着企业生产技术的不断进步以及生产效率的提高，原来制定的消耗定额发生变动，为适应新的成本管理要求，需要重新制定企业定额标准。

定额变动差异主要是指月初在产品由于定额变动产生的差异。企业修订消耗定额或定额成本一般应选择月初、季初或年初进行。在修订消耗定额当月投入的产品费用都应按照新定额计算脱离定额差异，但月初在产品仍按照旧定额计算，因此，为了将按旧定额计算的月初在产品定额成本和按新定额计算的本月投产产品的定额成本在新定额的基础上相加，就必须计算月初在产品的定额变动差异。

$$月初在产品定额变动差异 = 月初在产品按旧定额计算的定额成本 - 月初在产品按新定额$$
$$计算的定额成本$$

或者：

$$月初在产品定额变动差异 = 在产品数量 \times 计划单价 \times (旧消耗定额 - 新消耗定额)$$

任务操作 9 - 8

红星机械制造有限公司因技术进步从 2023 年 3 月起修订 HX - 1 产品材料消耗定额。每件产品旧的材料消耗定额 280 元，修订后的每件产品材料消耗定额为 225 元。HX - 1 产品月初在产品数量为 300 件。HX - 1 产品月初在产品定额变动差异计算如下：

$$月初在产品按旧定额计算的定额成本 = 280 \times 300 = 84\,000\,(元)$$
$$月初在产品按新定额计算的定额成本 = 225 \times 300 = 67\,500\,(元)$$
$$月初在产品定额变动差异 = 84\,000 - 67\,500 = 16\,500\,(元)$$

（五）产品实际成本的计算

前述讲解已分别核算出产品的定额成本和各项差异。如果某种产品既有完工产品，又有月末在产品，则应在完工产品和月末在产品之间分配有关差异。一般情况下，定额变动差异和材料成本差异不进行分配，均由完工产品负担，月末只需分配脱离定额差异。产品实际成本的计算过程如下：

1. 计算完工产品和月末在产品的定额成本

$$完工产品各成本项目定额成本 = 完工产品数量 \times 各成本项目定额成本$$
$$月末在产品各成本项目定额成本 = 本月生产费用各成本项目定额成本合计 -$$
$$完工产品各成本项目定额成本$$

2. 将脱离定额差异在完工产品和月末在产品之间进行分配

$$脱离定额差异分配率 = \frac{月初脱离定额差异 + 本月脱离定额差异}{完工产品定额成本 + 月末在产品定额成本}$$
$$完工产品应分配的脱离定额差异 = 完工产品定额成本 \times 脱离定额差异分配率$$
$$月末在产品应分配的脱离定额差异 = 月末在产品定额成本 \times 脱离定额差异分配率$$
或
$$= (月初脱离定额差异 + 本月脱离定额差异) -$$
$$完工产品应分配的脱离定额差异$$

3. 根据完工产品定额成本以及完工产品应负担的各种差异计算确定完工产品实际成本

$$完工产品实际成本 = 按现行定额计算的产品定额成本 \pm 脱离定额差异 \pm$$
$$材料成本差异 \pm 月初在产品定额变动差异$$

任务操作 9 - 9

和美办公家具有限公司大量大批生产 HM 办公桌，该产品的各种材料消耗定额比较准确与稳定，为了加强定额管理和成本控制，公司采用定额法计算产品成本。材料在生产开始时一次投入。该产品的定额变动差异和材料成本差异由完工产品成本负担；脱离定额差异按定额成本比例在完工产品和月末在产品之间进行分配。2023 年 3 月，HM 办公桌有关成本核算资料如下：

（1）HM 办公桌定额资料如表 9－13 所示。

表 9－13　HM 办公桌定额资料

产品名称：HM 办公桌　　　　　　　　　　2023 年 3 月　　　　　　　　　　　　　　　元

成本项目	定额消耗量	计划单价	定额成本
直接材料	100 千克	4.55	455
直接人工	200 小时	0.40	80
制造费用	400 小时	0.25	100
合计			635

（2）月初在产品 100 件，定额成本和脱离定额差异如表 9－14 所示。

表 9－14　HM 办公桌月初在产品定额成本和脱离定额差异

产品名称：HM 办公桌　　　　　　　　　　2023 年 3 月　　　　　　　　　　　　　　　元

成本项目	定额成本	脱离定额差异
直接材料	45 500	2 000
直接人工	8 000	100
制造费用	10 000	100
合计	63 500	2 200

（3）由于工艺技术的改进，公司于 2023 年 3 月对材料消耗定额进行修订，直接材料费用定额由上月的 455 元降为 450 元。

（4）本月实际发生费用总额为 329 350 元，其中，直接材料 236 525 元，直接人工 41 660 元，制造费用 51 165 元。

（5）本月 HM 办公桌投产 600 张，当月 HM 办公桌完工 400 张。

要求：计算 HM 办公桌本月完工产品和月末在产品成本。

计算过程如下：

（1）本月定额成本和脱离定额差异汇总表如表 9－15 所示。

表 9－15　本月定额成本和脱离定额差异汇总表

产品名称：HM 办公桌　　　　　　　　　　2023 年 3 月　　　　　　　　　　　　　　　元

成本项目	定额成本	实际费用	脱离定额差异
直接材料	225 000	236 525	11 525
直接人工	40 000	41 660	1 660
制造费用	50 000	51 165	1 165
合计	315 000	329 350	14 350

（2）直接材料费用定额变动差异如下：

$$定额变动系数 = 450/455 = 0.99$$

$$月初在产品定额变动差异 = 45\ 500 \times (1 - 0.99) = 500（元）$$

产品成本计算单如表 9－16 所示。

表 9 – 16　产品成本计算单

产品名称：HM 办公桌　　　　　　　　2023 年 3 月　　　　　　　　　　　　　元

项目		直接材料	直接人工	制造费用	合计
月初在产品成本	定额成本	45 500	8 000	10 000	63 500
	脱离定额差异	2 000	100	100	2 200
月初在产品定额变动	定额成本调整	–500			–500
	定额变动差异	500			500
本月生产费用	定额成本	225 000	40 000	50 000	315 000
	脱离定额差异	11 525	1 660	1 165	14 350
生产费用合计	定额成本①	270 000	48 000	60 000	378 000
	脱离定额差异	13 525	1 760	1 265	16 550
	定额变动差异	500			500
脱离定额差异分配率②		0.0501	0.0367	0.0211	
产成品成本	定额成本	180 000	32 000	40 000	252 000
	脱离定额差异③	9 018	1 174.40	844	11 036.4
	定额变动差异	500			500
	实际成本	189 518	33 174.40	40 844	263 536.4
月末在产品成本	定额成本	90 000	16 000	20 000	126 000
	脱离成本差异	4 507	585.60	421	5 513.6

表 9 – 16 有关项目说明如下：

①定额成本。

$$直接材料定额成本 = 45\,500 – 500 + 225\,000 = 270\,000（元）$$
$$直接人工定额成本 = 8\,000 + 40\,000 = 48\,000（元）$$
$$制造费用定额成本 = 10\,000 + 50\,000 = 60\,000（元）$$

②脱离定额差异分配率。

$$直接材料费用脱离定额差异分配率 = 13\,525/270\,000 = 0.050\,1$$
$$直接人工费用脱离定额差异分配率 = 1\,760/48\,000 = 0.036\,7$$
$$制造费用脱离定额差异分配率 = 1\,265/60\,000 = 0.021\,1$$

③脱离定额差异。

$$直接材料费用脱离定额差异 = 180\,000 × 0.050\,1 = 9\,018（元）$$
$$直接人工费用脱离定额差异 = 32\,000 × 0.036\,7 = 1\,174.40（元）$$
$$制造费用脱离定额差异 = 40\,000 × 0.021\,1 = 844（元）$$

企业采用定额法计算产品成本时，通过生产耗费及其脱离定额和计划的日常核算，能够在生产耗费发生时反映和监督脱离定额的差异，有利于加强成本控制。按照定额成本和各项差异分别核算产品的实际成本，可以定期分析各项生产耗费和产品成本，有利于进一步挖掘降低成本的潜力。核算脱离定额差异和定额变动差异，有利于提高成本的定额管理水平。但是采用定额法计算产品成本，需要制定定额成本、计算脱离定额差异、计算定额变动差异，工作量较大。定额法主要适用于定额管理制度比较健全，定额管理基础工作比较好，产品生产已经定型，各项消耗定额比较准确、稳定的企业。

小提示：分类法和定额法都是产品成本计算的辅助方法，需要与产品成本计算的基本方法，如品种法、分批法、分步法等结合运用。

任务小结

定额法核算程序如图9-3所示。

$$实际成本 = 定额成本 \pm 脱离定额差异 \pm 材料成本差异 \pm 定额变动差异$$

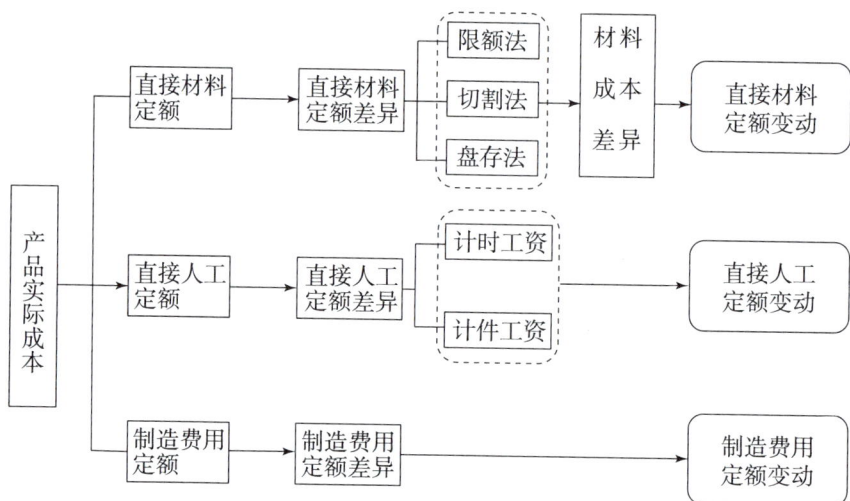

图9-3　定额法核算程序

职业道德与素养

【案例】

一吨原油，能提炼出多少汽油和柴油？又是如何提炼的？

汽油柴油都是从原油中提炼出来的。那你有没有想过，一吨原油能提炼出多少汽油和柴油呢？又是如何提炼的？

原油就是人们日常所说的没有经过加工处理的石油，是一种黑褐色并带有绿色荧光的黏稠状油性液体。石油这一名字是由宋代学者沈括提出来的，当时他还预测"此物后必大行于世"，现在得到了验证。

现代，石油被称为"工业的血液"，逐渐取代了煤炭。原油的主要成分是碳和氢，还有几百种不同类型的烷烃、环烷烃、芳香烃等。这些物质经过分离，可以提炼出生活中所需要的汽油和柴油等燃料，人们称这个过程为石油精炼。

最开始，化学家们为了将原油中的各种成分分离出来，采用了分馏的方法。利用各物质的沸点不同，对原油进行加热，蒸发出不同的物质蒸汽，再对蒸汽进行冷却液化。在蒸发的过程中，首先沸腾的是汽油，因为汽油的沸点较低，在30~200℃之间。而柴油的沸点在180~410℃，比汽油沸点高，因此可以将两者单独分离出来。并且在这个过程中，还会随着温度的变化，提炼出其他产品，比如煤油、润滑油、沥青等。现在还出现了一种新技术，对某些馏分进行化学加工，从而得到其他馏分。比如当汽油需求比较大时，炼油厂可以通过化学加工，把较长的碳链断裂为较短的碳链，直接将柴油转化为汽油。虽然这个过程说起来很简单，但实际操作上，由于原油易燃易爆，并且会散发出硫化氢气体，危险性还是很大的，所以操作上必须严谨。

那么在提炼过程中，一吨原油到底可以提炼出多少汽油或者柴油呢？

原油的品质影响着提炼出来的量，原油有轻质、中质和重质三种，其中轻质原油是品质最好的。相同的蒸馏过程，轻质原油提炼出来的有价值的产品，总收率在60%以上，而重油的总收率还不到25%，再加上不同国家的提炼技术存在差异，国际上原油炼化的总收率水平从40%～80%不等。

资料来源：科普纪网络资料（有删改）

https://baijiahao.baidu.com/s? id = 1722814784484835175&wfr = spider&for = pc

【问题】什么是联产品？联产品有哪些特点？联产品适合采用何种成本计算方法？结合"双碳"背景，谈谈你对于石油石化产业的绿色低碳有何见解？

【分析】联产品是指企业使用相同的原材料，在同一生产过程中，同时生产出几种使用价值不同，但具有同等地位的主要产品。其特点如下：

（1）联产品都是企业的主要产品。联产品在性质上、用途上不同，但都具有重要的经济意义，对企业来讲，都是生产活动的主要目的；

（2）联产品销售价格较高，能给企业带来较大收益；

（3）联产品是企业在生产过程中必然地连带生产的产品。这意味着，要生产一种产品，通常要连带生产所有联产品。

汽油和柴油都是从原油中提炼出来的，联产品所用的原材料相同，生产工艺相同，因而最易于也只能归为一类，采用分类法进行成本计算。在联产品成本计算中，联合成本的分配是关键问题。联合成本分配常用的方法有实物量分配法、系数分配法、销售价分配法。

2021年是"十四五"规划的开局之年，也是碳中和元年。在2020年9月22日举办的第七十五届联合国大会一般性辩论上，中国宣布提高国家自主贡献力度，二氧化碳排放力争2030年前达到峰值，争取2060年前实现碳中和。2021年"两会"上，碳达峰、碳中和首次被写入国务院政府工作报告，中国正式开启"双碳"元年。

以中国石油为例，据中国发展网消息，中国石油不断加快绿色低碳发展的步伐，将绿色低碳纳入公司发展战略，将绿色发展理念融入保障国家能源安全的石油行动，矢志不移推进绿色低碳转型，让"减碳、用碳、替碳、埋碳"之路越走越宽、越行越畅。稳油增气、优化调整油气结构，中国石油积极打造"天然气＋"产业聚群，研究开发"天然气制氢＋CCS＋高温燃料电池"零碳技术，努力探索"双碳"目标的多路径实现方案，充分发挥天然气在未来能源体系中的关键支撑作用。新能源的发展为中国石油带来了勃勃生机。油气，正与新能源发展相融合，节能降耗正与清洁替代同驱动，资源与市场正在齐发力。

2021年，中国石油新增新能源开发利用能力345万吨标准煤，总能力近700万吨标准煤，创历史新高；新增地热清洁供暖面积960万平方米；新能源"六大基地、五大工程"建设全面加快，多点开花……

在"双碳"的背景下，如何处理好发展与减碳的关系，是企业在绿色低碳转型进程中无法规避的问题。看似是经济发展与环境保护的制衡，实质是长远利益与眼前利益的较量、全局与局部的博弈。在能源行业绿色转型大势之下，我们距离"绿色梦想"越来越近。让我们透过绿色发展的轨迹，进一步坚定"碳"索的决心，迎接"新"风景。

🐬 单元小结

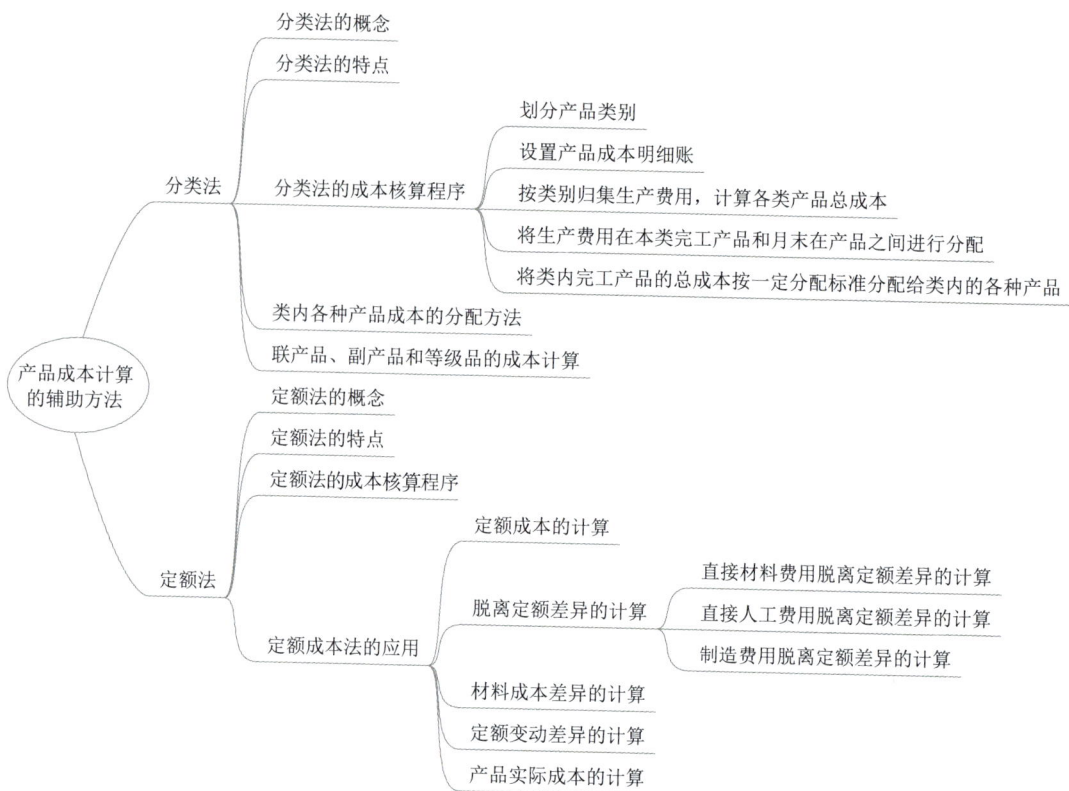

🐬 闯关考验

第一部分　基础知识训练

一、单项选择题

1. 在产品的品种、规格繁多的工业企业中，能够简化成本计算工作的方法是（　　）。

A. 分批法　　　　　　B. 分步法　　　　　　C. 分类法　　　　　　D. 定额法

2. 产品成本计算的分类法适用于（　　）。

A. 品种、规格繁多的产品

B. 只适用于大批大量生产的产品

C. 可以按照一定标准分类的产品

D. 品种、规格繁多，而且可以按照产品结构、所用原材料和工艺过程的不同划分为若干类别的产品

3. 定额法的主要缺点是（　　）。

A. 只适用于大批量生产的机械制造企业

B. 和其他成本计算方法相比，核算工作量大

C. 不能合理、简便地解决完工产品和月末在产品之间的费用分配问题

D. 不便于成本分析工作

4. 联产品是指（　　）。

A. 一种原材料加工出来的不同质量产品

B. 一种原材料加工出来的几种主要产品

C. 一种原材料加工出来的主要产品和副产品

D. 不同原材料加工出来的不同产品

5. 由于（　　　）原因产生的等级产品不能采用分类法计算成本。

A. 所耗原材料的质量不同　　　　　　　B. 工人操作不当

C. 工艺技术上的要求不同　　　　　　　D. 内部结构不同

二、多项选择题

1. 以下属于产品成本计算辅助方法的有（　　　）。

A. 品种法　　　　　B. 分批法　　　　　C. 分类法　　　　　D. 定额法

2. 在品种、规格繁多且可按一定标准划分为若干类别的企业或车间中，能够应用分类法计算成本的产品生产类型有（　　　）。

A. 大量大批多步骤生产　　　　　　　　B. 大量大批单步骤生产

C. 单件小批多步骤生产　　　　　　　　D. 成批生产

3. 联产品的生产特点是（　　　）。

A. 经过同一个生产过程进行生产　　　　B. 都是企业的主要产品

C. 使用同一种原材料加工　　　　　　　D. 有的是主要产品，有的是非主要产品

4. 可按分类法的成本计算原理计算产品成本的等级品是（　　　）。

A. 由于工艺技术条件不成熟造成的等级品　　B. 由于工人技术不熟练造成的等级品

C. 由于生产管理不当造成的等级品　　　　　D. 由于原材料质量造成的等级品

5. 在定额法下，计算产品实际成本时需考虑的因素有（　　　）。

A. 定额成本　　　　B. 脱离定额差异　　　C. 材料成本差异　　　D. 定额变动差异

三、分析判断题

1. 分类法不需要分产品品种计算成本，因而产品成本计算单可按类别设置。　　　　　（　　　）

2. 分类法与生产类型没有直接的关系，可以应用在各种类型的生产中。　　　　　　（　　　）

3. 等级品均可采用分类法计算成本。　　　　　　　　　　　　　　　　　　　　　（　　　）

4. 分类法与品种法、分批法和分步法一起构成基本的成本计算方法。　　　　　　　（　　　）

5. 采用系数分配法时，被选定为标准产品的应是产量较大、生产比较稳定或规格适中的产品。　　　　　　　　　　　　　　　　　　　　　　　　　　　　　　　　　　　　　　（　　　）

四、分析思考题

1. 什么是分类法？分类法的适用范围是怎样的？

2. 分类法的成本核算程序是怎样的？

3. 什么是定额法？定额法的适用范围是怎样的？

4. 定额法有哪些特点？

第二部分　任务操作实训

一、分类法

【实训资料】

富华无线电厂大量生产十几个品种的产品，采用分类法结合品种法计算产品成本。其中，FH01、FH02、FH03 三种产品所用原材料和生产工艺基本相同，划分为 F 类产品，以 FH02 作为标准产品。类内各种产品之间分配费用的标准为：直接材料费用按照各种产品的直接材料费用系数进行分配，直接材料费用系数按直接材料费用定额确定；直接人工费用和制造费用按定额工时比例分配。

2023 年 3 月，F 类产品生产成本明细账、产量记录及定额资料如表 9-17 和表 9-18 所示。

表 9 – 17　生产成本资料

产品名称：F 类　　　　　　　　　　　　　　　　　　　　　　　　　　　　　　　元

摘要	直接材料	直接人工	制造费用	合计
月初在产品成本	22 000	30 000	18 660	70 660
本月生产费用	193 200	297 360	254 880	745 440
生产费用合计	215 200	327 360	273 540	816 100
完工产品成本	193 200	297 360	254 880	745 440
月末在产品成本	22 000	30 000	18 660	70 660

表 9 – 18　产量记录与定额资料

产品类别：F 类产品　　　　　　　　　　　2023 年 3 月

产品	本月完工产品产量/件	单位产品材料费用定额/（元·件$^{-1}$）	单位产品工时定额/小时
FH01	200	15	9.6
FH02	480	10	8
FH03	360	9	7.6

【实训要求】

根据本月生产费用资料，采用系数分配法计算 F 类各种产品成本，填写表 9 – 19 和表 9 – 20。

表 9 – 19　直接材料费用系数计算表

产品类别：F 类产品　　　　　　　　　　　2023 年 3 月

产品名称	产量/件	单位产品材料费用定额/（元·件$^{-1}$）	直接材料费用	
			单位系数	总系数
FH01				
FH02				
FH03				
合计				

表 9 – 20　各种产品成本计算表

产品类别：F 类产品　　　　　　　　　　　2023 年 3 月

项目	产量/件	直接材料费用系数	直接材料费用总系数	单位产品工时定额/小时	实际产量定额工时/小时	直接材料/元	直接人工/元	制造费用/元	成本合计/元
①	②	③	④ = ②×③	⑤	⑥ = ②×⑤	⑦ = ④× 分配率	⑧ = ⑥× 分配率	⑨ = ⑥× 分配率	⑩ = ⑦ + ⑧ + ⑨
分配率									
FH01 产品									
FH02 产品									
FH03 产品									
合计									

二、定额法

【实训资料】

元盛机械制造有限公司因技术进步从 2023 年 3 月起修订甲产品材料消耗定额。每件产品旧的材料消耗定额 1 350 元，修订后的每件产品材料消耗定额 1 200 元。HX – 1 产品月初在产品数量为 600 件。

【实训要求】

计算甲产品月初在产品定额变动差异。

成本报表的编制与分析

1. 知识目标

（1）掌握成本报表的概念、性质、种类。

（2）掌握成本报表的编制要求。

（3）掌握产品生产成本表、主要产品单位成本表的编制方法。

（4）掌握对比分析法、比率分析法、因素分析法等成本分析方法。

2. 能力目标

（1）能够编制产品生产成本表、主要产品单位成本表。

（2）能运用对比分析法、比率分析法、因素分析法等方法进行成本分析。

3. 素质目标

（1）培养学生规范编制成本报表的习惯。

（2）培养学生灵活运用各种方法进行成本分析的能力。

（3）培养学生自我学习和管理能力。

内容提要

（1）成本报表是按照企业成本管理的要求，根据成本日常核算资料及其他有关资料编制的，反映和监督企业一定时期成本费用水平及构成情况的书面报告。成本报表属于企业内部管理的报表，主要服务于企业内部经营管理，无须对外报送。

（2）产品生产成本表是反映企业一定时期生产的全部产品总成本和各种主要产品单位成本的报表。产品生产成本表按可比产品和不可比产品分别反映其单位成本和总成本。主要产品单位成本表是反映企业在报告期内生产的各种主要产品的单位成本构成及其变动情况的成本报表。

（3）成本分析的方法有很多，企业通常结合成本分析的目的、费用和成本形成的特点以及成本分析资料的特点等因素选择合适的方法。常用的方法有对比分析法、比率分析法、因素分析法等。

（4）成本分析的内容一般包括全部产品成本分析、主要产品生产成本分析、主要产品单位成本分析、期间费用分析等。

任务一 成本报表的编制

任务导入

成发机械制造有限公司设有两个基本生产车间，第一车间主要生产 MR-1 产品，第二车间主要生产 MR – 2、MR – 3 两种产品，其中，MR – 1、MR – 2 两种产品有连续多年的计划成本和实际成本资料，MR – 1 产品是本公司重点生产的重要产品；MR – 3 是试制成功的新产品，公司决定 2023 年 1 月开始大量生产。公司实行定额成本制度，采用品种法核算产品成本。各产品基本生产成本明细账中开设"直接材料""直接人工""制造费用"等成本项目。

刘东是公司新招聘的成本会计人员，为分析主要产品成本计划的完成情况，按照财务经理的要求，他负责编制公司的成本报表。

刘东认真学习了公司的成本核算和成本管理制度，初步有了编制成本报表的思路：对 MR – 1、MR – 2 两种产品，可以与计划成本、历史最低成本进行对比，进一步挖掘降低成本的潜力。对新投产的 MR – 3 产品，只能与计划成本作对比，分析成本计划的完成情况。

知识链接与任务操作 ◢◢◢

成本报表是按照企业成本管理的要求，根据成本日常核算资料及其他有关资料编制的，反映和监督企业一定时期成本费用水平及构成情况的书面报告。编制成本报表，是成本会计的一项重要工作内容。通过编制和分析成本报表，可以考核企业成本计划和费用预算的执行情况，为成本决策提供依据。

成本报表属于企业内部管理的报表，主要服务于企业内部经营管理，无须对外报送。成本报表报送的对象为企业职工、企业管理层，以及各管理职能部门和各有关需要成本报表资料的部门。成本报表的种类、格式、编制时间、编制方法等国家不做统一规定，一般都由企业根据自身经营特点和成本管理的要求而确定。与现行制度中的对外报表相比，成本报表的格式根据企业实际情况进行设计，没有统一的编制标准，编制时间灵活，能为日常成本控制及时便捷地提供资料。

编制成本报表的主要依据包括报告期的账簿资料、本期成本计划和费用预算资料、以前年度的会计报表资料及企业其他统计资料等。编制成本报表应该做到数字真实、内容完整、编报及时。

成本报表按其所反映的内容可以分为反映成本情况的报表和反映各种费用支出的报表两大类。其中，反映成本情况的报表一般包括产品生产成本表、主要产品单位成本表等，主要反映企业为生产一定种类和数量的产品所耗费成本的水平及其构成情况。反映各种费用支出的报表一般包括制造费用明细表、销售费用明细表、管理费用明细表、财务费用明细表等，主要反映企业一定时期内各种费用支出的总额及其构成情况。

一、产品生产成本表

产品生产成本表是反映企业一定时期生产的全部产品总成本和各种主要产品单位成本的报表。产品生产成本表按可比产品和不可比产品分别反映其单位成本和总成本。可比产品是企业过去正式生产过的，有历史成本资料的产品；不可比产品是企业以前未正式生产过的，无历史成本资料的产品。可比产品可以将其实际成本与历史资料进行比较，也可和计划成本比较，不可比产品则只能进行实际成本与计划成本的比较。

产品生产成本表一般分为两种：一种按成本项目反映，另一种按产品种类反映。

（一）按成本项目反映的产品生产成本表

按成本项目反映的产品生产成本表是按成本项目汇总反映企业在报告期内发生的全部生产费用以及产品生产成本合计数的报表。其格式如表 10 – 1 所示。

表 10－1 产品生产成本表（按成本项目反映）

编制单位：成发机械制造有限公司　　　　2023 年 12 月　　　　　　　　　　　元

项目		上年实际	本年计划	本月实际	本年累计实际
生产费用	直接材料	810 500	705 800	61 220	812 850
	直接人工	262 805	146 000	13 665	146 680
	制造费用	187 550	100 000	8 175	133 630
	合计	1 260 855	951 800	83 060	1 093 160
加：在产品、自制半成品期初余额		22 180	23 085	2 350	18 560
减：在产品、自制半成品期末余额		19 255	19 165	3 860	29 320
产品生产成本合计		1 263 780	955 720	81 550	1 082 400

编制说明：

（1）"上年实际"根据上年 12 月本表的"本年累计实际"填列。

（2）"本年计划"根据成本计划有关资料填列。

（3）"本年累计实际"根据"本月实际"加上上月本表的"本年累计实际"计算填列。

（二）按产品种类反映的产品生产成本表

按产品种类反映的产品生产成本表是按产品种类汇总反映企业在报告期内生产的全部产品的总成本和各种主要产品（包括可比产品和不可比产品）单位成本和总成本的报表。

产品生产成本表包括基本部分和补充资料两部分内容。基本部分中将全部产品分为可比产品和不可比产品，分别列示各种产品的实际产量、单位成本、本月总成本、本月累计总成本。补充资料中主要列示可比产品成本降低额和成本降低率两项指标。

对可比产品而言，将本期实际成本与上年实际成本进行对比，可以计算出实际成本降低额和实际成本降低率，因此，产品生产成本表中不仅要列示本期计划成本和实际成本，还要列示上年实际成本。对不可比产品而言，只需列示本期计划成本和实际成本。

制定成本计划时，不可比产品只需制定本期计划成本，而可比产品不仅要制定本期计划成本指标，还要制定成本降低的计划指标，即本年度可比产品计划成本比上年度实际成本的降低额和降低率。

1. 报表基本部分各项内容填列方法

（1）"实际产量"栏中的"本年计划"根据企业生产计划填列；"本月实际产量"根据产品成本明细账的产量记录填列；"本年累计实际产量"根据本月实际产量加上上月产品成本表所列本年累计实际产量填列。

（2）"单位成本"栏中的"上年实际平均"根据上年产品成本表所列全年累计实际平均单位成本填列；"本年计划"按本年成本计划填列；"本月实际"根据本月实际总成本除以本月实际产量计算填列；"本年累计实际平均"根据单位成本本年累计实际总成本除以本年累计实际产量计算填列。

（3）"本月总成本"栏中各项目分别按照各种产品本月实际产量与上年实际平均单位成本、本年计划单位成本及本月实际单位成本的乘积填列。

（4）"本年累计总成本"栏中各项目分别按照各种产品本年累计实际产量与上年实际平均单位成本、本年计划单位成本及本年累计实际单位成本的乘积填列。

2. 补充资料部分各项目通常根据计划、统计和会计等有关资料计算填列

其中，可比产品的成本降低额和成本降低率计算公式如下：

（1）可比产品成本降低额。

可比产品成本降低额＝可比产品按上年实际平均单位成本计算的本年累计总成本－
　　　　　　　　　本年累计实际总成本

（2）可比产品成本降低率。

$$可比产品成本降低率＝\frac{可比产品成本降低额}{可比产品按上年实际平均单位成本计算的本年累计总成本}×100\%$$

任务操作 10 - 1

承任务导入，成发机械制造有限公司设有两个基本生产车间，第一车间主要生产 MR - 1 产品，第二车间主要生产 MR - 2、MR - 3 两种产品，其中，MR - 1、MR - 2 两种产品是可比产品，MR - 1 产品为本公司重点生产的重要产品；MR - 3 是不可比产品。公司实行定额成本制度，采用品种法核算产品成本。各产品基本生产成本明细账中开设"直接材料""直接人工""制造费用"等成本项目。

该公司制定的可比产品本年计划降低额为 6 500 元，本年计划降低率为 1.82%。

2023 年 12 月，该公司产品生产资料如表 10 - 2 所示，MR - 1 产品成本资料如表 10 - 3 所示。（MR - 2、MR - 3 产品相关资料略）

表 10 - 2　产品生产资料

2023 年 12 月

项目		可比产品（MR - 1）	可比产品（MR - 2）	不可比产品（MR - 3）
单位生产成本/元	上年实际成本	580	350	
	本月实际	582	345	280
	本年累计实际平均	576	348	270
	本年计划	550	320	270
生产量/件	本月实际	100	120	80
	本年累计实际	900	1 000	800
	本年计划	1 000	920	850
销售量/件	本月实际	80	100	80
	本年累计实际	900	1 000	820
	年初结存数量	100	120	

表 10 - 3　MR - 1 产品成本资料

2023 年 12 月　　　　　　　　　　　　　　　　　　元

单位生产成本	直接材料	直接人工	制造费用	合计
历史先进水平	290	120	110	520
上年实际平均	320	140	120	580
本年计划	302	130	118	550
本月实际	322	135	125	582
本年累计实际平均	318	137	121	576

根据上述资料，编制成发机械制造有限公司 2023 年 12 月产品生产成本表，如表 10 - 4 所示。

编制单位：成发机械制造有限公司

表10-4 产品生产成本表（按产品种类反映）

2023年12月

单位：元

产品名称	计量单位	实际产量		单位成本				本月总成本			本年累计总成本		
		本月	本年累计	上年实际平均	本年计划	本月实际	本年累计实际平均	按上年实际平均单位成本计算	按本年计划单位成本计算	本月实际	按上年实际平均单位成本计算	按本年计划单位成本计算	本年实际
		(1)	(2)	(3)	(4)	(5)	(6)	(7)=(1)×(3)	(8)=(1)×(4)	(9)=(1)×(5)	(10)=(2)×(3)	(11)=(2)×(4)	(12)=(2)×(6)
可比产品合计								100 000	93 400	99 600	872 000	815 000	866 400
其中：MR-1	件	100	900	580	550	582	576	58 000	55 000	58 200	522 000	495 000	518 400
MR-2	件	120	1 000	350	320	345	348	42 000	38 400	41 400	350 000	320 000	348 000
不可比产品合计									21 600	22 400		216 000	216 000
其中：MR-3	件	80	800		270	280	270		21 600	22 400		216 000	216 000
全部产品成本									115 000	122 000		1 031 000	1 082 400

补充资料：

①可比产品成本降低额 5 600 元（本年计划降低额为 6 500 元）。

②可比产品成本降低率 0.64%（本年计划降低率为 1.82%）。

其中：

可比产品成本降低额＝可比产品按上年实际平均单位成本计算的本年累计总成本 −

本年累计实际总成本

＝872 000 − 866 400＝5 600（元）

$$可比产品成本降低率＝\frac{可比产品成本降低额}{可比产品按上年实际平均单位成本计算的本年累计总成本}×100\%$$

$$=\frac{5\ 600}{872\ 000}×100\%=0.64\%$$

二、主要产品单位成本表

主要产品单位成本表是反映企业在报告期内生产的各种主要产品的单位成本构成及其变动情况的成本报表。利用主要产品单位成本表可以考核分析产品单位生产成本、计划成本和消耗定额的执行结果，分析单位生产成本上升或下降的原因；进行历史比较，评价分析企业主要产品比上年同期或历史先进水平是上升还是下降了；分析考核主要产品的主要技术经济指标的执行情况。

主要产品单位成本表应按主要产品分别编制，其编制依据主要是有关的产品成本明细账资料、成本计算资料、历史有关成本资料、上年度本表有关资料及产品产量、材料和工时的消耗量等资料。

任务操作 10 − 2

承任务操作 10 − 1，根据前述资料，编制成发机械制造有限公司 2023 年 12 月主要产品单位成本表，如表 10 − 5 所示。

表 10 − 5　主要产品单位成本表

编制单位：成发机械制造有限公司　　　　2023 年 12 月

产品名称	MR − 1 产品		本月计划产量		95
规格			本月实际产量		100
计量单位	件		本年累计计划产量		1 000
销售单价			本年累计实际产量		900
成本项目	行次	历史先进水平	上年实际平均	本年计划	本月实际	本年累计实际平均
		1	2	3	4	5
直接材料/元	1	290	320	302	322	318
直接人工/元	2	120	140	130	135	137
制造费用/元	3	110	120	118	125	121
合计/元	4	520	580	550	582	576
主要技术经济指标	5	耗用量	耗用量	耗用量	耗用量	耗用量
①13 − FA 钢材	6	8	12	11	9	9.2
②20 − FB 钢材	7	13	19	16.8	17	17.5

编制说明：

（1）"本月计划产量"和"本年累计计划产量"按生产计划填列。

（2）"本月实际产量"和"本年累计实际产量"根据产品成本明细账或产品成本汇总表填列。

（3）"历史先进水平"根据历史上该产品最低成本年度实际平均单位生产成本填列。

（4）"上年实际平均"根据上年度产品单位生产成本表中实际平均单位成本填列。

（5）"本年计划"根据本年度成本计划填列。

（6）"本月实际"根据产品成本明细账或产成品汇总表填列；

（7）"全年累计实际平均"用该产品成本明细账所记年初至报告期末完工入库总成本除以本年累计实际产量填列。

（8）"主要技术经济指标"根据有关规定和统计资料填列，如主要材料用量、单价、工时等。

三、各种费用报表

（一）制造费用明细表

制造费用明细表是按制造费用明细项目反映企业报告期制造费用发生情况的报表。通过编制制造费用明细表可以考核企业制造费用计划或预算的执行结果，分析各生产单位为组织管理生产发生的各项费用构成及增减变动情况与原因；利用该表可揭示产生的差异及原因，为节约支出降低产品成本服务。

制造费用明细表中费用明细项目分别按本年计划、上年同期实际、本月实际、本年累计实际填列反映。

制造费用明细表格式如表10-6所示。

表10-6　制造费用明细表

编制单位：　　　　　　　　　　年　　月　　　　　　　　　　　　　　元

项目	本年计划	上年同期实际	本月实际	本年累计实际
职工薪酬				
折旧费				
办公费				
水电费				
机物料消耗				
劳动保护费				
租赁费				
差旅费				
保险费				
运输费				
低值易耗品摊销				
试验检验费				
其他				
制造费用合计				

编制说明：

（1）"本年计划数"根据制造费用预算的有关项目数据填列。

（2）"上年同期实际"根据上年同期制造费用明细表累计实际数填列。

（3）"本月实际"根据本月制造费用明细账各项发生额填列。

（4）"本年累计实际"根据制造费用明细账各项目本年累计发生额填列。

（二）管理费用明细表

管理费用明细表是反映企业行政管理部门为管理和组织经营活动所产生的各项费用及其构成情况的报表。通过编制管理费用明细表可以分析各项费用变动的原因，以便节约开支、增加企业盈利。

管理费用明细表格式如表 10 - 7 所示。

表 10 - 7　管理费用明细表

编制单位：　　　　　　　　　　　年　月　　　　　　　　　　　　　　　元

项目	本年计划	上年同期实际	本月实际	本年累计实际
职工薪酬				
折旧费				
修理费				
办公费				
水电费				
咨询费				
诉讼费				
排污费				
绿化费				
劳动保护费				
租赁费				
差旅费				
保险费				
无形资产的摊销				
低值易耗品摊销				
研究开发费				
技术转让费				
业务招待费				
……				
其他				
管理费用合计				

编制说明：编制原理类似制造费用明细表，此处不再详细说明。

（三）财务费用明细表

财务费用明细表是反映企业报告期内发生的各项财务费用及其构成情况的报表。通过编制财务费用明细表可以分析和考核财务费用的计划执行情况。

财务费用明细表格式如表 10 - 8 所示。

表 10 – 8　财务费用明细表

编制单位：　　　　　　　　　　年　月　　　　　　　　　　　　元

项目	本年计划	上年同期实际	本月实际	本年累计实际
利息支出（减：利息收入）				
汇兑损失（减：汇兑收益）				
金融机构手续费				
……				
其他				
合计				

编制说明：编制原理类似制造费用明细表，此处不再详细说明。

（四）销售费用明细表

销售费用明细表是按照销售费用明细项目反映企业报告期内产品销售费用发生情况的报表。通过编制销售费用明细表可以考核产品销售费用计划或预算的执行情况，分析各项费用的构成及其增减变化的原因。

销售费用明细表格式如表 10 – 9 所示。

表 10 – 9　销售费用明细表

编制单位：　　　　　　　　　　年　月　　　　　　　　　　　　元

项目	本年计划	上年同期实际	本月实际	本年累计实际
职工薪酬				
业务费				
运输费				
包装费				
保险费				
展览费				
广告费				
差旅费				
租赁费				
低值易耗品摊销				
机物料消耗				
折旧费				
其他				
销售费用合计				

编制说明：编制原理类似制造费用明细表，此处不再详细说明。

任务小结

成本报表的种类如图 10 – 1 所示。

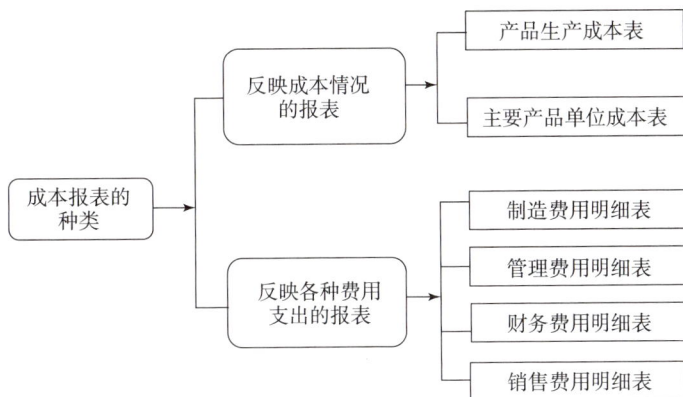

图 10 – 1　成本报表的种类

任务二　成本报表的分析

任务导入

荣发机电制造有限公司 2023 年 12 月召开成本管理工作研讨会，通报各产品及各部门成本计划执行情况，并就企业近几个月以来部分产品产量不达计划指标、单位成本较计划成本上升等问题进行深入研讨，公司责成财会部门根据成本核算资料，提交成本分析报告，主要包括成本支出的基本情况、影响产品成本和费用支出的市场因素、影响成本上升的主要原因和控制措施。

成本会计人员刘壮入职已有一年，对公司财务状况及产品成本核算工作积累了一定经验，财务经理希望他能从本职工作出发，对影响产品成本和费用支出的市场因素、影响成本上升的主要原因和控制措施提出自己的看法。刘壮认真梳理公司的成本核算相关资料，查阅大量成本控制、成本分析方面的文献，加班加点撰写了本公司成本分析报告的初稿，他还就公司明年的成本计划与财务部门同事进行了交流，他认真负责的工作态度得到了同事的一致好评。

知识链接与任务操作

成本报表分析（简称成本分析）是以成本核算资料、成本计划资料为基础，结合其他有关的核算、计划和统计资料，运用一系列方法，对企业成本费用水平及其构成情况进行分析评价，查明影响成本费用升降的具体原因，寻求降低成本、节约费用的潜力和途径的一种管理活动。

成本分析是成本核算工作的延续。通过成本分析，可以检查成本计划完成情况，全面评价企业成本管理的水平；可以发现成本管理中的问题，分清各部门各环节成本管理的责任，并发现、纠正成本形成过程中的偏差；能够促使企业不断降低成本、节约费用，提高企业竞争力。

一、成本分析的基本方法

成本分析的方法有很多，企业通常结合成本分析的目的、费用和成本形成的特点以及成本分析资料的特点等因素选择合适的方法。常用的方法有对比分析法、比率分析法、因素分析法等。

（一）对比分析法

对比分析法又称比较分析法，是成本分析的主要方法，运用比较广泛。这种方法是将某一同

质指标的实际数与基数进行对比,揭示其差异,了解成本管理中的成绩和问题的一种分析方法。其主要有以下几种对比形式:

1. 成本的实际指标与计划指标或定额指标对比分析

这种对比分析可以了解成本计划或定额的完成情况。

2. 本期实际成本指标与前期(上期、上年同期或历史先进水平)的实际成本指标对比

这种对比分析可以观察企业成本指标的变动情况和变动趋势。其中,与历史先进水平对比,可以了解当期实际成本与历史先进水平的差距,促使企业不断挖掘成本降低的潜力。

3. 本企业实际成本指标(或某项技术经济指标)与国内外同行业先进指标对比

这种对比分析可以反映本企业与国内外同行业先进水平的差距,评估本企业成本水平在同类企业同种产品中所处的位置,进而在更大范围内找出差距,推动企业改进经营管理。

(二)比率分析法

比率分析法是指通过计算和对比经济指标的比率进行数量分析的一种方法。该方法有以下几种形式:

1. 相关指标比率分析法

这种方法是通过计算和对比两个性质不同但又相关的指标的比率进行数量分析的方法。如产值成本率、成本费用利润率、销售成本率等。计算公式如下:

$$产值成本率 = \frac{产品生产成本}{工业总产值} \times 100\%$$

$$成本费用利润率 = \frac{利润总额}{成本费用总额} \times 100\%$$

$$销售成本率 = \frac{产品销售成本}{产品销售收入} \times 100\%$$

2. 构成比率分析法

这种方法是通过计算某项经济指标的各个组成部分占总体的比重,然后比较不同时期构成比率进行数量分析的方法。如各成本项目占总成本的比率等。计算公式如下:

$$直接材料成本比率 = \frac{直接材料成本}{产品生产成本} \times 100\%$$

$$直接人工成本比率 = \frac{直接人工成本}{产品生产成本} \times 100\%$$

$$制造费用比率 = \frac{制造费用}{产品生产成本} \times 100\%$$

3. 趋势比率分析法

这种方法是将不同时期的同类指标进行对比求出比率,据以分析该指标的增减速度和变动趋势。主要计算公式如下:

$$定基比率 = \frac{比较期数值}{固定基期数值} \times 100\%$$

$$环比比率 = \frac{比较期数值}{前一期数值} \times 100\%$$

(三)因素分析法

因素分析法又称连环替代法,是指将某一综合指标分解为若干相互联系的因素并根据分析指标与其影响因素之间的数量关系计算分析每个因素影响程度的一种方法。

1. 因素分析法的计算程序

(1)确定分析对象,计算实际数与目标数的差异。

(2)确定分析指标的影响因素并按其相互关系进行排序。一般规律是先数量指标,后质量指标；先实物量指标，后价值量指标。

（3）以目标数为基础，将各因素的目标数相乘，作为分析替代的基数；

（4）将各个因素的实际数按照预定的排列顺序进行替换计算，并将替换后的实际数保留下来；

（5）将每次替换计算所得的结果，与前一次的计算结果相比较，两者的差异即为该因素对成本的影响程度；

（6）各个因素的影响程度之和，应与分析对象的总差异相等。

2. 因素分析法的计算原理

下面对因素分析法的计算原理做进一步阐述。

假设某一分析指标 M 是由相互联系的 X、Y、Z 三个因素相乘得到，报告期（实际）指标和基期（计划）指标为：

$$报告期（实际）指标 M_1 = X_1 \times Y_1 \times Z_1$$

$$基期（计划）指标 M_0 = X_0 \times Y_0 \times Z_0$$

$$报告期（实际）指标与基期（计划）指标差异数 = M_1 - M_0$$

在测定各因素变动指标对指标 M 的影响程度时可按顺序进行：

$$基期（计划）指标 M_0 = X_0 \times Y_0 \times Z_0 \cdots\cdots\cdots\cdots ①$$

$$第一次替代：X_1 \times Y_0 \times Z_0 \cdots\cdots\cdots\cdots ②$$

②－①的结果即第一个因素 X 变动对 M 的影响。

$$第二次替代：X_1 \times Y_1 \times Z_0 \cdots\cdots\cdots\cdots ③$$

③－②的结果即第二个因素 Y 变动对 M 的影响。

$$第三次替代：X_1 \times Y_1 \times Z_1 \cdots\cdots\cdots\cdots ④$$

④－③的结果即第三个因素 Z 变动对 M 的影响。

把各因素变动的影响综合起来，总影响为：

$$\triangle M = M_1 - M_0 = (④ - ③) + (③ - ②) + (② - ①)$$

任务操作 10 - 3

2023 年 3 月，明耀机械制造有限公司第一生产车间所产的 MY - 1 产品材料消耗情况如表 10 - 10 所示。

表 10 - 10 · MY - 1 产品材料消耗情况

指标	单位	计划数	实际数	差异
产品产量	件	30	32	+2
单位产品材料消耗量	千克	58	55	-3
材料单价	元	10	12	+2
材料费用总额	元	17 400	21 120	+3 720

影响材料费用总额的因素很多，按其相互关系可归纳为三个：产品产量、单位产品材料消耗量、材料单价。三者的关系如下：

$$材料费用总额 = 产品产量 \times 单位产品材料消耗量 \times 材料单价$$

材料费用计划指标为：

$$30 \times 58 \times 10 = 17\ 400（元）\cdots\cdots\cdots\cdots\cdots\cdots ①$$

$$第一次替代：32 \times 58 \times 10 = 18\ 560（元）\cdots\cdots\cdots ②$$

②－①为产量变动影响 +1 160（元）。

第二次替代：$32 \times 55 \times 10 = 17\,600$（元）…………③

③－②为单位产品材料消耗量变动影响 -960（元）。

第三次替代：$32 \times 55 \times 12 = 21\,120$（元）…………④

④－③为材料单价变动影响 $+3\,520$（元）。

总影响为：

$$+1\,160 - 960 + 3\,520 = +3\,720 \text{（元）}$$

实际运用因素分析法时还可以采用一种简便形式，即差额计算法。运用差额计算法时，先确定各因素实际数与基数的差额，然后根据各因素的排列顺序依次计算各因素变动的影响。某因素对指标的影响程度等于该因素的实际数与基数的差额乘以前面因素的实际数、后面因素的基数。

小提示：差额计算法是因素分析法的一种简化形式，由于其计算简便，应用比较广泛。尤其是当某分析指标只有两个影响因素时，采用差额计算法更为适用。

仍按前面假设，

$$\text{报告期（实际）指标} M_1 = X_1 \times Y_1 \times Z_1$$
$$\text{基期（计划）指标} M_0 = X_0 \times Y_0 \times Z_0$$
$$\text{报告期（实际）指标与基期（计划）指标差异数} = M_1 - M_0$$

分析计算过程如下：

$$X \text{因素变动的影响} = (X_1 - X_0) \times Y_0 \times Z_0$$
$$Y \text{因素变动的影响} = (Y_1 - Y_0) \times X_1 \times Z_0$$
$$Z \text{因素变动的影响} = (Z_1 - Z_0) \times X_1 \times Y_1$$

把各因素变动的影响综合起来，总影响为：

$$\triangle M = M_1 - M_0 = (X_1 - X_0) \times Y_0 \times Z_0 + (Y_1 - Y_0) \times X_1 \times Z_0 + (Z_1 - Z_0) \times X_1 \times Y_1$$

任务操作 10－4

仍以任务操作 10－3 的资料为例，采用差额计算法计算各因素变动对材料费用总额的影响程度，计算过程如下：

$$\text{产量变动影响} = (32 - 30) \times 58 \times 10 = 1160 \text{（元）}$$
$$\text{单位产品材料消耗量变动影响} = (55 - 58) \times 32 \times 10 = -960 \text{（元）}$$
$$\text{材料单价变动影响} = (12 - 10) \times 32 \times 55 = 3\,520 \text{（元）}$$

总影响为：

$$+1\,160 - 960 + 3\,520 = +3\,720 \text{（元）}$$

3. 应用因素分析法进行成本分析时必须注意的事项

（1）成本指标体系的组成因素，必须是能反映造成该指标差异的内在原因。

（2）在测定某一因素变动影响时，是以假定其他因素不变为条件的。

（3）分析各因素对成本指标差异数的影响时，必须严格按照各因素的排列顺序，逐次以一个因素的实际数替换其基数。

（4）各因素替换的顺序不同，各因素影响差异的程度也不同，因此，必须正确排列各因素的替换顺序。一般规律是先数量指标，后质量指标；先实物量指标，后价值量指标。

二、成本分析的内容

成本分析的内容多种多样，成本分析的内容应根据成本管理的要求而确定，一般包括全部产品成本分析、主要产品生产成本分析、主要产品单位成本分析、期间费用分析等。企业全部产品包括可比产品和不可比产品，可比产品是企业过去正式生产过的，有历史成本资料的产品；不可比产品是企业以前未正式生产过，无历史成本资料的产品。可比产品成本分析可以和历史比较，也可以和计划比较；不可比产品则只能与实际与计划比较。

为了消除产量变动的影响，使对应的成本指标具有可比性，分析产品成本一律采用实际产量来计算总成本。

（一）分析产品生产成本表

1. 按成本项目反映的产品生产成本表的分析

按成本项目反映的产品生产成本表，一般可以采用对比分析法、比率分析法（构成比率分析法和相关指标比率分析法）进行分析。

任务操作 10-5

以前述成发机械制造有限公司编制的产品生产成本表（按成本项目反映）（表10-1）为例，运用对比分析法、比率分析法分析产品生产成本表。

计算分析过程如下：

1）采用对比分析法

在表10-1中，本年生产费用合计数，本年累计实际比上年实际降低167 695（1 093 160-1260 855）元，但比本年计划升高141 360（1 093 160-951 800）元。这说明本年度产品在生产过程中，企业采取了一定的降低产品成本的措施并且取得一定成效，但尚未实现本年计划成本降低的目标，应进一步分析影响产品成本变动的主要因素和具体原因，继续挖掘降低成本的潜力。

从表10-1可以计算得出，产品生产成本合计数，本年累计实际比上年实际降低181 380（1 082 400-1 263 780）元，但比本年计划升高126 680（1 082 400-955 720）元。本年累计实际的在产品、自制半成品期初余额18 560元小于本年计划的在产品、自制半成品期初余额23 085元，本年累计实际的在产品、自制半成品期末余额29 320元大于本年计划的在产品、自制半成品期末余额19 165元。从表10-1中的各个成本项目来看，直接材料费用、直接人工费用、制造费用的本年累计实际与上年实际以及本年计划相比，升降的情况和程度各不相同，应进一步查明原因。

2）采用比率分析法

（1）计算各项生产费用的构成比率并在本年实际、本月实际、本年计划、上年实际之间进行对比。

①本年实际构成比率。

$$直接材料成本比率 = \frac{812\ 850}{1\ 093\ 160} \times 100\% = 74.36\%$$

$$直接人工成本比率 = \frac{146\ 680}{1\ 093\ 160} \times 100\% = 13.42\%$$

$$制造费用比率 = \frac{133\ 630}{1\ 093\ 160} \times 100\% = 12.22\%$$

②本月实际构成比率。

$$直接材料成本比率 = \frac{61\ 220}{83\ 060} \times 100\% = 73.71\%$$

$$直接人工成本比率 = \frac{13\ 665}{83\ 060} \times 100\% = 16.45\%$$

$$制造费用比率 = \frac{8175}{83\ 060} \times 100\% = 9.84\%$$

③本年计划构成比率。

$$直接材料成本比率 = \frac{705\ 800}{951\ 800} \times 100\% = 74.15\%$$

$$直接人工成本比率 = \frac{146\ 000}{951\ 800} \times 100\% = 15.34\%$$

$$制造费用比率 = \frac{100\ 000}{951\ 800} \times 100\% = 10.51\%$$

④上年实际构成比率。

$$直接材料成本比率 = \frac{810\ 500}{1\ 260\ 855} \times 100\% = 64.28\%$$

$$直接人工成本比率 = \frac{262\ 805}{1\ 260\ 855} \times 100\% = 20.84\%$$

$$制造费用比率 = \frac{187\ 550}{1\ 260\ 855} \times 100\% = 14.88\%$$

根据以上构成比率计算结果可以看出，本年实际构成与本年计划构成相比，直接人工成本的比重有所降低，而制造费用的比重有所提高；本年实际构成与上年实际构成相比，直接材料成本比重提高较大，而直接人工成本和制造费用的比重都有所降低；本月实际各项成本构成的变化较为明显，应进一步分析其产生变化的具体原因。

（2）为了比较各期相对经济效益，还可以计算产值成本率、成本费用利润率、销售成本率等比率，进而了解企业经济效益情况并分析其变动趋势。

2. 按产品种类反映的产品生产成本表的分析

按产品种类反映的产品生产成本表的分析，一般可以从以下两个方面进行：一是本期实际成本与计划成本的对比分析；二是本期实际成本与上年实际成本的对比分析。

1）本期实际成本与计划成本的对比分析

根据表10-4的资料编制全部产品成本计划完成情况分析表，如表10-11所示。

表 10-11　全部产品成本计划完成情况分析表

编制单位：成发机械制造有限公司　　　　2023年12月

产品名称	实际产量/件 (1)	本年计划单位成本/元 (2)	本年实际单位成本/元 (3)	按本年计划单位成本计算总成本/元 (4)	本年实际总成本/元 (5)	实际比计划升降额/元 (6)=(5)-(4)	实际比计划升降率/% (7)=(6)÷(4)
可比产品合计				815 000	866 400	51 400	+6.31
其中：MR-1	900	550	576	495 000	518 400	23 400	+4.73
MR-2	1 000	320	348	320 000	348 000	28 000	8.75
不可比产品合计				216 000	216 000	0	0
其中：MR-3	800	270	270	216 000	216 000	0	0
全部产品成本				1 031 000	1 082 400	51 400	4.99

从表10-11可以看出，本年全部产品累计实际总成本超过计划总成本51 400元，升高4.99%，从产品种类看，主要原因是可比产品实际成本超过计划总成本，应进一步分析可比产品成本超支的原因。

2）本期实际成本与上年实际成本的对比分析

可比产品的实际成本，除了与计划成本对比之外，还应进一步与上年实际成本进行比较，确定可比产品相比上年实际成本的降低额和降低率，然后与成本计划规定的降低额和降低率比较，进而考核可比产品成本降低计划的执行情况。

可比产品计划成本降低额和降低率、实际成本降低额和降低率的计算公式如下：

计划成本降低额 = 全部可比产品的计划产量按上年实际平均单位成本计算的总成本 －
全部可比产品的计划产量按计划单位成本计算的总成本

$$计划成本降低率 = \frac{计划成本降低额}{全部可比产品的计划产量按上年实际平均单位成本计算的总成本} \times 100\%$$

实际成本降低额 = 全部可比产品的实际产量按上年实际平均单位成本计算的总成本 －
全部可比产品的实际产量按本年实际单位成本计算的总成本

$$实际成本降低率 = \frac{实际成本降低额}{全部可比产品的实际产量按上年实际单位成本计算的总成本} \times 100\%$$

（1）可比产品成本降低情况总括分析。

假设成发机械制造有限公司本年可比产品计划产量分别为：MR－1 产品 950 件，MR－2 产品 1 100 件。该公司可比产品成本降低计划如表 10－12 所示。

表 10－12　可比产品成本降低计划表

可比产品	全年计划产量/件	单位成本/元		总成本/元		计划降低指标	
		上年实际平均	本年计划	按上年实际平均单位成本计算	按本年计划单位成本计算	降低额/元	降低率/%
MR－1	950	580	550	551 000	522 500	28 500	5.17
MR－2	1 100	350	320	385 000	352 000	33 000	8.57
合计				936 000	874 500	61 500	6.57

可比产品成本计划降低额 = 936 000 － 874 500 = 61 500（元）
可比产品成本计划降低率 = 61 500/936 000 × 100% = 6.57%

可比产品成本降低计划的完成情况分析表，如表 10－13 所示。

表 10－13　可比产品成本降低计划完成情况分析表

可比产品	全年实际产量/件	单位成本/元		总成本/元		计划完成情况	
		上年实际平均	本年实际	按上年实际平均单位成本计算	本年实际	降低额/元	降低率/%
MR－1	900	580	576	522 000	518 400	3 600	0.69
MR－2	1 000	350	348	350 000	348 000	2 000	0.57
合计				872 000	866 400	5 600	0.64

在上述计算结果的基础上，将可比产品实际成本降低额、降低率指标与计划成本降低额、降低率指标进行对比，确定实际脱离计划的差异。

该公司可比产品计划成本降低额 61 500 元、计划降低率 6.57%，可比产品实际成本降低额 5 600 元、实际降低率 0.64%，根据以上结果，计算实际脱离计划差异的过程如下：

成本降低额 = 5 600 － 61 500 = － 55 900（元）
成本降低率 = 0.64% － 6.57% = － 5.93%

从上述计算结果分析得出，可比产品成本降低计划没有完成。公司应进一步分析原因，对影响可比产品成本降低计划完成情况的因素进行分析。

（2）影响可比产品成本降低情况因素分析。

影响可比产品成本降低计划完成情况的因素主要有产品产量、产品品种构成、产品单位成本。可比产品成本计划降低额是根据各种产品的计划产量确定的，实际降低额是根据实际产量计算的，在产品品种比重和产品单位成本不变的情况下，产量增减会使成本降低额发生同比例增减，但由于按上年实际平均单位成本计算的本年累计总成本也发生了同比例增减，因而不会使成本降低率发生变动。产品单位成本变动，则会影响成本降低额和降低率同时发生变动。产品单位成本降低，会使成本降低额和降低率增加，反之，则会减少。此外，由于各种产品的成本降低程度不同，因而产品品种比重的变动，也会影响成本降低额和降低率同时发生变动。成本降低程度大的产品比重增加，会使成本降低额和降低率增加，反之，则会减少。因此，影响可比产品成本降低率变动的因素有两个，即产品品种比重变动和产品单位成本变动。影响可比产品成本降低额变动的因素有三个，即产品产量变动、产品品种比重变动和产品单位成本变动。

（二）分析主要产品单位成本表

主要产品单位成本表分析应当选择成本超支或节约较多的产品有重点地进行，以便更有效地降低产品的单位成本。主要产品单位成本表分析主要包括三个方面的内容：一是主要产品单位成本计划完成情况的分析；二是影响产品单位成本变动的因素分析；三是技术经济指标变动对单位成本的影响分析。

1. 主要产品单位成本计划完成情况分析

对主要产品单位成本计划完成情况的分析，要根据产品单位成本各项目的实际与计划确定差异额和差异率以及各成本项目变动对单位成本计划的影响程度。

2. 影响产品单位成本变动的因素分析

1）直接材料成本项目的分析

如果企业生产的产品只耗用一种材料或者虽耗用多种材料，但这些材料之间不存在配比关系，对单位产品材料成本的变动情况，可以结合材料消耗量和材料单价这两个因素的变动情况，运用因素分析法的简化形式——差额计算法进行分析。

计算公式如下：

$$单位产品材料成本 = \Sigma（单位产品材料消耗量 \times 材料单价）$$

$$单位产品材料消耗量变动的影响 = \Sigma[（实际单位产品材料消耗量 - 计划单位产品材料消耗量）\times 材料计划单价]$$

$$材料单价变动的影响 = \Sigma[（实际材料单价 - 计划材料单价）\times 实际单位产品材料消耗量]$$

2）直接人工成本项目的分析

当企业只生产一种产品时，单位产品的人工成本可以直接用人工成本总额除以产品产量来计算。在这种情况下，影响单位产品直接人工成本的只有两个因素，即人工成本总额和产品产量。这两个因素变动对单位产品人工成本的影响可用下列公式进行计算：

$$单位产品人工成本 = 人工成本总额 \div 产品产量$$

$$产品产量变动的影响 = \frac{计划人工成本总额}{实际产品产量} - \frac{计划人工成本总额}{计划产品产量}$$

$$人工成本总额变动的影响 = \frac{实际人工成本总额}{实际产品产量} - \frac{计划人工成本总额}{实际产品产量}$$

更多情况下，企业生产的产品品种往往不是单一的，各种产品应负担的人工成本通常是按照生产工时比例计算分配的。因此，单位产品人工成本取决于单位产品生产工时和小时工资率这两个因素。此时，也可以运用因素分析法的简化形式——差额计算法进行分析。

计算公式如下：

$$单位产品人工成本 = 单位产品生产工时 \times 小时工资率$$

$$单位产品生产工时变动的影响 = (单位产品实际工时 - 单位产品计划工时) \times 计划小时工资率$$

$$小时工资率变动的影响 = (实际小时工资率 - 计划小时工资率) \times 单位产品实际工时$$

3）制造费用分析

如果企业只生产一种产品，单位产品的制造费用可以直接用制造费用总额除以完工产品产量来计算。在这种情况下，影响单位产品直接人工成本的只有两个因素，即制造费用总额和完工产品产量。这两个因素变动对单位产品制造费用的影响可用下列公式进行计算：

$$单位产品制造费用 = 制造费用总额 \div 完工产品产量$$

$$产品产量变动的影响 = \frac{计划制造费用总额}{实际产品产量} - \frac{计划制造费用总额}{计划产品产量}$$

$$制造费用总额变动的影响 = \frac{实际制造费用总额}{实际产品产量} - \frac{计划制造费用总额}{实际产品产量}$$

如果企业生产多种产品，单位产品制造费用取决于单位产品生产工时和小时制造费用率这两个因素。此时，可以运用因素分析法的简化形式——差额计算法进行分析。

计算公式如下：

$$单位产品制造费用 = 单位产品生产工时 \times 小时制造费用率$$

$$单位产品生产工时变动的影响 = (单位产品实际工时 - 单位产品计划工时) \times 计划小时制造费用率$$

$$小时制造费用率变动的影响 = (实际小时制造费用率 - 计划小时制造费用率) \times 单位产品实际工时$$

（三）分析制造费用和期间费用明细表

分析制造费用和期间费用明细表所采用的分析方法是相似的。首先，应根据各费用明细表中的资料，以本年实际与本年计划相比较，确定实际脱离计划的差异；然后，分析差异形成的原因。需要重点分析的是占总费用支出比重较大的项目和那些与计划相比发生偏差较大的项目。超过成本计划的费用支出是否合理，应根据具体情况进行具体的分析，不能一概而论。

任务操作 10 - 6

假设利顺电机制造有限公司成本会计人员根据有关资料编制 2023 年度管理费用分析表如表 10 - 14 所示。

表 10 - 14　管理费用分析表

编制单位：利顺电机制造有限公司　　　　2023 年

项目	本年计划/元	本年实际/元	差异/元	差异率/%
职工薪酬	420 000	450 000	+30 000	+7.14
物料消耗	36 000	48 000	+12 000	+33.33
办公费	80 000	85 000	+5 000	+6.25
差旅费	40 000	37 000	-3 000	-7.5
会议费	60 000	48 000	-12 000	-20
中介机构费	50 000	50 000	——	——

续表

项目	本年计划/元	本年实际/元	差异/元	差异率/%
咨询费	40 000	60 000	+20 000	+50
技术转让费	30 000	29 000	−1 000	−3.33
排污费	120 000	125 000	+5 000	+4.17
绿化费	80 000	78 000	−2 000	−2.5
劳动保护费	45 000	44 000	−1 000	−2.22
租赁费	24 000	23 000	−1 000	−4.17
低值易耗品摊销	36 000	36 000	—	—
其他	45 000	44 000	−1 000	−2.22
合计	1 106 000	1 157 000	+51 000	+4.61

对于管理费用项目的分析，应重点关注和分析支出占比较大和差异率较大的项目。根据表10-14的结果，本年度实际发生的管理费用的构成项目中，应重点分析的是支出占比较大的职工薪酬和排污费等项目。其中，职工薪酬支出所占比重为38.89%（450 000÷1 157 000），排污费支出所占比重为10.8%。此外，本年实际与本年计划相对比，成本差异率较大的项目，如物料消耗、咨询费等项目差异率分别达到超支33.33%和50%，也应重点关注和分析。

任务小结

成本分析的基本方法如图10-2所示。

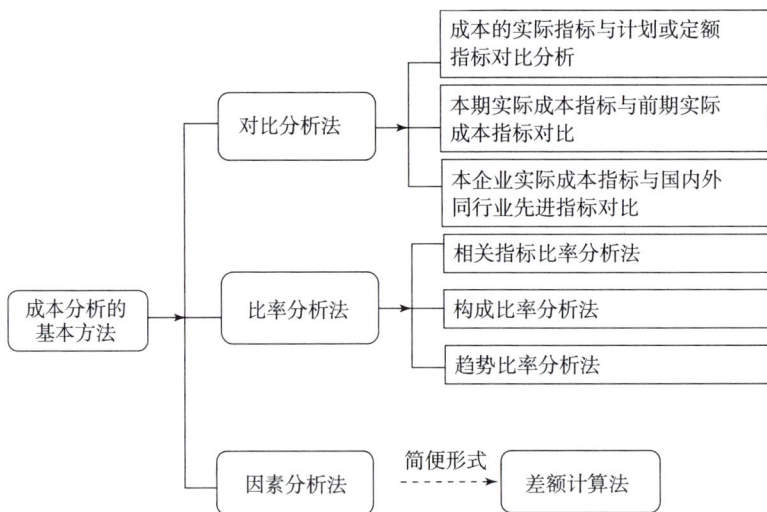

图 10-2 成本分析基本方法

职业道德与素养

【案例】

中国重汽发布2022年度年报：重卡销量逆势登顶，2023年行业将呈现恢复性增长

2023年3月30日晚间，中国重汽公布了2022年度年报。报告期内，该公司实现营业收入

592.91亿元，归母净利润17.97亿元。值得一提的是，去年公司重卡销量15.88万辆，首次跃居行业第一。

1. 逆势登顶

2022年商用车外部环境困难，国内商用车消费市场低迷，重卡行业销量腰斩。在行业低迷下，中国重汽却在这一年取得行业销量和市占率"双第一"。根据年报显示，2022年，该公司重卡销售15.88万辆，市场占有率在逆势下进位提升至23.64%，同比提升3.12个百分点。在轻卡业务上，2022年公司轻卡市占率为14.7%，同比提升1.3个百分点；其中2.3/2.5L标载产品市占率26.1%，位居行业第一。在行业低迷中实现市场份额提升，中国重汽给出的解释是，得益于深耕国内细分市场和出口的稳定表现。通过加快产品优化升级和结构调整，中国重汽在多个细分市场取得全面突破。在牵引车领域，该公司凭借产品组合优势以及低油耗、高可靠性的口碑，在长途物流运输、快递、危险品、500马力以上等多个细分市场销量领先。

2. 全面布局新能源领域

对于2023年的行业走势，作为市场占有率第一的中国重汽在年报中预判，经济回暖、基建投资落地、房地产复苏等将带来新的市场机遇，部分地区国四限行和严格的环保治理也将带来置换性增量，新能源重卡需求规模将进一步增长，预计2023年重卡行业市场规模将从低谷中逐步恢复。在新蓝牌法规实施、路权放宽等因素的推动下，轻卡产品结构转型加速，轻卡行业市场也将稳步恢复。面对逐年增长的新能源市场需求，中国重汽将在新能源领域全面布局——坚持"一主引领、两翼驱动"的战略方针，以纯电动路线为核心、混动路线和燃料电池为支撑进行战略布局，同时重点打造自主研发差异化电驱桥系列产品。在应用场景上，将打造了70余款新能源车型，覆盖6大场景。其中，新能源重卡已在多个港口投入运营。

资料来源：经济观察网（有删改）

【问题】以中国重汽为例，谈一谈企业如何获得竞争优势？

【分析】企业要获得竞争优势，必须降低成本、加强技术研发实力、开拓新型商业模式、创造新的增长点。在"双碳"战略下，新能源重卡也被行业寄予厚望。受"双碳"战略及路权、环保、补贴等优势政策的影响，新能源重卡将迎来快速增长期。中国重汽表示，3060"双碳"政策的发布将使新能源与智能网联汽车成为新一轮科技革命和产业变革的标志性、引领性产品。

传统燃油重卡的碳排放远高于乘用车，重卡减碳工作是全球汽车产业绿色发展的重点。中国重汽在新能源发展战略上以完全自主开发的全系列电驱桥技术和混动系统技术等为核心，全面布局纯电动、混合动力、氢燃料电池三大技术路线，多技术路径全面发力。公司投资150亿元建设中国重汽智能网联（新能源）重卡项目，有效助力了公司由传统整车产品向新能源、智能网联绿色产品的转型升级。同时，公司不断加大对清洁技术的研发投入，为新能源业务领先性提供保障。资料显示，2022年，公司清洁技术研发费用投入近3亿元。近年来，公司相关领域研发成果呈爆发式增长，2020—2022年，公司清洁能源技术专利数量分别为19个、46个和193个，逐步筑起技术壁垒。

（部分观点来源于每日经济新闻、金融界资讯）

单元小结

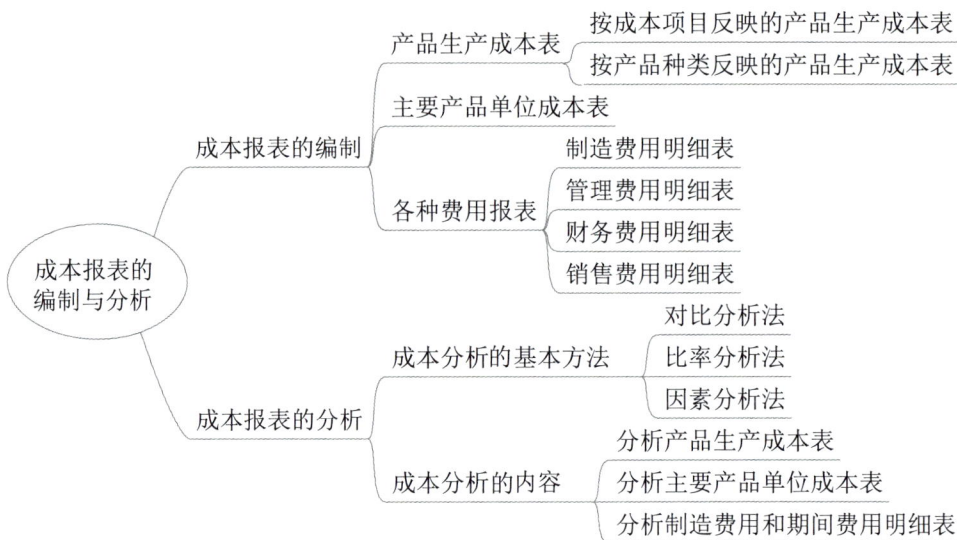

闯关考验

第一部分　基础知识训练

一、单项选择题

1. 企业成本报表的结构和内容一般由（　　）制定。

A. 国家　　　　　　　　　　　　　　B. 企业

C. 企业主管部门　　　　　　　　　　D. 企业主管部门和企业共同制定

2. 成本报表属于（　　）。

A. 对内报表　　　　　　　　　　　　B. 对外报表

C. 既是对内报表，又是对外报表　　　D. 对内还是对外，由企业决定

3. 可比产品成本降低额与降低率之间的关系是（　　）。

A. 反比　　　　　　B. 正比　　　　　　C. 同方向变动　　　　D. 无直接关系

4. 某公司实行计时工资制度生产 H 产品，H 产品每台所耗工时数计划为 350 小时，实际为 320 小时；每小时工资成本计划为 12 元，实际为 13 元。该公司因每小时工资成本变动对产品成本的影响为（　　）元。

A. 280　　　　　　B. 300　　　　　　C. 320　　　　　　D. 360

5. 某公司生产 Y 产品，属于可比产品，上年实际平均单位成本为 500 元，上年实际产量为 3 800 件，本年实际产量为 4 000 件，本年实际平均单位成本为 468 元，则本年 Y 产品成本降低额为（　　）元。

A. 100 000　　　　B. 120 000　　　　C. 128 000　　　　D. 160 000

二、多项选择题

1. 企业成本报表一般有（　　）。

A. 产品生产成本表　　　　　　　　　B. 主要产品单位成本表

C. 制造费用明细表　　　　　　　　　D. 各期间费用明细表

2. 常见的成本报表分析方法有（　　）。

A. 差额计算法　　B. 比较分析法　　C. 连环替代法　　D. 比率分析法

3. 成本报表分析的主要内容有（　　　）。

A. 全部产品成本计划完成情况　　　　B. 可比产品成本降低任务完成情况

C. 主要产品单位成本计划完成情况　　D. 期间费用预算执行情况

4. 影响可比产品成本降低额的因素有（　　　）。

A. 产品产量变动　　　　　　　　　　B. 产品单位成本变动

C. 产品品种结构变动　　　　　　　　D. 产品成本发展趋势

5. 反映费用支出情况的成本报表有（　　　）。

A. 制造费用明细表　　　　　　　　　B. 财务费用明细表

C. 管理费用明细表　　　　　　　　　D. 销售费用明细表

三、分析判断题

1. 企业成本报表与其财务报表一样，应定期编制和对外公布。　　　　　　　（　　　）

2. 成本报表的种类、格式由国家统一规定。　　　　　　　　　　　　　　　（　　　）

3. 成本报表的主要种类有产品生产成本表、主要产品单位成本表、制造费用明细表和期间费用明细表。　　　　　　　　　　　　　　　　　　　　　　　　　　　　　　（　　　）

4. 差额分析法是连环替代法的一种简化形式。　　　　　　　　　　　　　　（　　　）

5. 在任何情况下，产品产量的变动都会影响可比产品成本降低率。　　　　　（　　　）

四、分析思考题

1. 什么是成本报表？

2. 什么是可比产品？什么是不可比产品？

3. 成本分析的方法有哪些？

4. 用因素分析法进行成本分析的一般程序有哪些？

第二部分　任务操作实训

【实训资料】

某企业生产甲、乙两种产品，均为可比产品。2023 年 11 月末累计产量为：甲产品 80 件，乙产品 44 件；累计实际成本为：甲产品 1 580 元，乙产品 1 226 元，合计 2 806 元。12 月产品产量及单位成本资料如表 10 - 15 所示。

表 10 - 15　产品生产成本表

产品名称	计量单位	实际产量/件		单位成本/元				本月总成本/元			本年累计总成本/元		
		本月	累计	上年实际平均	本年计划	本月实际	本年累计实际平均	按上年实际平均单位成本计算	按本年计划单位成本计算	本月实际	按上年实际平均单位成本计算	按本年计划单位成本计算	本年实际
甲	件	20		15	14	16							
乙	件	6		30	28	29							
合计													

【实训要求】

计算、填列产品生产成本表，并计算可比产品成本降低额和降低率。

自测题一

第一部分 基础知识测试

扫码答题（单选、多选、判断）

第二部分 能力提升测试

一、简答题（每题 5 分，共 15 分）

1. 简述成本会计的职能。

2. 综合逐步结转分步法有何优缺点？

3. 什么是成本报表？成本报表的作用是什么？

二、计算题（共 45 分）

1.（本题 8 分）源发公司工人刘森 2023 年 3 月加工甲、乙两种产品。甲产品工时定额为 24 分钟；乙产品工时定额为 18 分钟。该工人的小时工资率为 5.2 元，本月加工甲产品 250 件，乙产品 200 件。

要求：

（1）计算甲、乙两种产品的计件工资单价。

（2）按产品产量和计件单价计算其计件工资。

（3）编制会计分录。

2.（本题 12 分）盛发公司基本生产车间主要生产 A 产品，原材料在生产开始时一次投入。2023 年 3 月，生产过程中发现 10 件不可修复废品。成本核算资料显示，本月共生产 A 产品 500 件，合格品和废品共同发生生产费用 99 050 元，其中，原材料费用 62 500 元，直接人工费用 15 050 元，制造费用 21 500 元。产品生产工时统计资料显示：合格产品耗用 4 120 小时，废品耗用 180 小时。废品残料价值 200 元，回收入库。

要求：

根据资料计算并结转不可修复废品损失，编制相应会计分录。

3.（本题 25 分）聚鑫公司设有两个基本生产车间，大量生产甲产品，其生产过程是第一车间将原材料加工成甲半成品，第二车间将甲半成品加工成甲产品。该公司不设半成品仓库，完工甲半成品直接转入第二个生产步骤继续加工。采用综合逐步结转分步法计算产品成本。该公司采用约当产量比例法计算完工产品和月末在产品成本，原材料在生产开始时一次投入，各个生产步骤月末在产品完工程度均为50%。2023年10月的成本资料如表1和表2所示。

表1　产量记录

产品：甲产品　　　　　　　　　　　2023年10月　　　　　　　　　　　　　　件

项目	第一车间	第二车间
月初在产品	100	340
本月投入或上步转入	580	460
本月完工	460	620
月末在产品	220	180

表2　生产费用资料　　　　　　　　　　　　　　　　　　　　　　　　　　元

成本项目		直接材料（甲半成品）	直接人工	制造费用	合计
第一生产步骤	月初在产品成本	4 600	6 810	2 250	13 660
	本月生产费用	26 000	12 000	6 300	44 300
第二生产步骤	月初在产品成本	10 020	4 910	2 530	17 460
	本月生产费用		14 260	6 700	20 960

要求：

（1）计算填列各个生产步骤基本生产成本明细账，如表3和表4所示。

（2）采用成本还原分配率法进行成本还原，在产品成本还原计算表中计算按原始成本项目反映的产成品成本，如表5所示。分配率如不能整除，保留小数点后5位。

（3）编制产成品入库的会计分录。

表3　基本生产成本明细账

车间：　　　产品名称：　　　年　月　　　　　　　　　　　　　　　　　元

年 月	年 日	凭证号数	摘要	直接材料	直接人工	制造费用	合计
			月初在产品成本				
			本月生产费用				
			生产费用合计				
			本月完工产品数量				
			月末在产品约当产量				
			约当总产量				
			单位成本				
			完工产品总成本				
			月末在产品成本				

表 4　基本生产成本明细账

车间：　　　　　产品名称：　　　　年　月　　　　　　　　　　　　　　　元

年		凭证号数	摘要		直接人工	制造费用	合计
月	日						
			月初在产品成本				
			本月生产费用				
			生产费用合计				
			本月完工产品数量				
			月末在产品约当产量				
			约当总产量				
			单位成本				
			完工产品总成本				
			月末在产品成本				

表 5　成本还原计算表

年　　月　　　　　　　　　　　　　　　　　　元

项目	还原前产成品总成本	本月所产完工半成品成本	成本还原分配率	产成品成本中半成品成本还原	还原后产成品成本	还原后产成品单位成本
行次	①	②	③	④	⑤ = ① + ④	⑥
甲产品产量						
甲产品成本						
甲半成品成本						
直接材料						
直接人工						
制造费用						
合计						

自测题二

第一部分　基础知识测试

[二维码]

扫码答题（单选、多选、判断）

第二部分　能力提升测试

一、简答题（每题 5 分，共 15 分）

1. 产品成本的作用是怎样的？
2. 什么是产品成本计算的品种法？其适用范围是怎样的？
3. 简述综合结转分步法下成本还原的过程。

二、计算题（共 45 分）

1. （本题 25 分）东源公司按照客户要求，小批生产甲、乙两种产品，在产品的原材料按定额成本计价，该公司 2023 年 5 月各批产品的资料如表 1 和表 2 所示。

表 1　生产记录

批号	产品名称	产量	开工日期	完工日期
#408	甲	20 件	4 月	本月全部完工
#409	乙	8 件	5 月	本月完工 5 件（耗用 3 200 小时）

表 2　本月生产费用和生产工时

批号	产品名称	直接材料/元	生产工时/小时	直接人工/元	制造费用/元
#408	甲	4 000	1 000		
#409	乙	14 000	4 000		
合计			5 000	30 000	60 000

假设乙产品的未完工产品原材料定额成本 2 000 元，未完工乙产品耗用定额工时 800 小时。直接人工和制造费用按生产工时比例分配。甲产品月初累计费用见产品成本明细账（表 3 和表 4）。

要求：

（1）计算本月直接人工和制造费用分配率。（列出计算式）

（2）登记各批产品成本明细账，计算各批完工产品成本。（金额单位：元）

（3）编制完工入库的会计分录。

表3 产品成本明细账

工作批号：_____　　　　　　　　　　　　　　开工日期：_____

产品名称：_____　　　　　产量：_____　　　完工日期：_____

月	日	摘要	直接材料	直接人工	制造费用	合计
4	30	累计费用	1 000	8 000	4 000	13 000
5	31	本月生产费用				
5	31	生产费用累计				
5	31	完工转出产成品成本（20件）				
5	31	完工产品单位成本				

表4 产品成本明细账

工作批号：_____　　　　　　　　　　　　　　开工日期：_____

产品名称：_____　　　　　产量：_____　　　完工日期：_____

月	日	摘要	直接材料	直接人工	制造费用	合计
5	31	本月生产费用				
5	31	期末在产品成本				
5	31	完工转出产成品成本（5件）				
5	31	完工产品单位成本				

2.（本题20分）万泰公司设有两个基本生产车间：第一车间生产甲、乙两种产品，第二车间生产丙产品，还设有供水和供电两个辅助生产车间。2023年8月，各辅助车间发生的生产费用和劳务供应量资料如表5所示。

表5 各辅助车间发生的生产费用和劳务供应量资料

辅助生产车间	生产费用/元	劳务供应量
供水车间	17 350	7 020 立方米
供电车间	67 030	150 000 千瓦时

各受益单位耗用劳务情况表6所示。

表6 各受益单位耗用劳务情况

受益单位	耗用劳务数量	
	水/立方米	电/千瓦时
供水车间		15 940
供电车间	80	

续表

受益单位		耗用劳务数量	
		水/立方米	电/千瓦时
第一车间	甲产品		49 000
	乙产品		48 500
	一般耗用	3 100	2 000
第二车间	丙产品		30 000
	一般耗用	3 700	2 500
企业管理部门		140	2 060
合计		7 020	150 000

要求：

根据上列有关资料，采用直接分配法，计算分配供水车间和供电车间辅助生产费用，填写辅助生产费用分配表，如表 7 所示，并编制相应的会计分录。

表 7　辅助生产费用分配表

2023 年 8 月

项目			供水车间	供电车间	合计
待分配辅助生产费用					
供应除辅助生产以外的劳务量					
计量单位					
辅助生产费用分配率					
第一车间	甲产品	耗用数量			
		分配金额			
	乙产品	耗用数量			
		分配金额			
	一般耗用	耗用数量			
		分配金额			
第二车间	丙产品	耗用数量			
		分配金额			
	一般耗用	耗用数量			
		分配金额			
企业管理部门		耗用数量			
		分配金额			
合计					

自测题三

第一部分　基础知识测试

扫码答题（单选、多选）

第二部分　能力提升测试

一、简答题（每题 5 分，共 15 分）

1. 工业企业的材料，按其用途可以分为哪几类？
2. 什么是分批法？简述分批法的特点。
3. 什么是产品生产成本表？其结构是怎样的？

二、计算题（共 45 分）

1. （本题 10 分）利达公司 2023 年 6 月生产甲、乙、丙三种产品，共同耗用 A 材料 28 000 元，本月甲、乙、丙三种产品产量分别为：100 件、500 件、300 件，单位甲产品 A 材料的定额耗用量为 15 千克，单位乙产品 A 材料的定额耗用量为 10 千克，单位丙产品 A 材料的定额耗用量为 25 千克。

要求：

采用定额消耗量比例法分配材料费用。

2. （本题 10 分）福安公司有一个基本生产车间，大量生产 B 产品，2023 年 6 月完工产品 600 件，月末在产品 100 件，原材料是生产开始时一次投入，月末在产品的完工程度均为 50%，完工产品单位定额耗用量为 15 千克，定额工时为 10 小时，本月共发生材料费用 21 000 元，人工费用 11 700 元，制造费用 10 400 元。

要求：

采用定额比例法计算完工产品成本和在产品成本。

3. （本题 15 分）升鑫公司规定不可修复废品成本按定额成本计价。2023 年 5 月，甲产品在生产过程中发现不可修复废品 40 件，每件直接材料定额为 30 元；40 件废品的定额工时共为 260 小时。每小时的费用定额为：直接人工 10 元，制造费用 14 元。此外，本月还发生可修复废品的修复费用如下：直接材料 1 000 元，直接人工 720 元，制造费用 1 600 元。

该公司废品的残料作为辅助材料入库，计价 200 元。本月应由责任人赔偿的废品损失为 400

元。废品净损失由当月同种产品成本负担。

要求：

（1）计算不可修复废品的生产成本。

（2）编制归集废品修复费用，以及结转不可修复废品生产成本、废品残值、应收赔款和废品净损失的会计分录。

4.（本题 10 分）恒益公司基本生产车间 2023 年全年计划制造费用为 163 200 元；全年各产品的计划产量：甲产品 24 000 件，乙产品 18 000 件。单位产品工时定额：甲产品 4 小时，乙产品 6 小时。1 月实际产量：甲产品 1 800 件，乙产品 1 500 件；1 月实际发生制造费用 13 000 元。

要求：

（1）计算制造费用年度计划分配率。

（2）计算并结转 1 月应分配转出的制造费用。

（3）计算 1 月末制造费用账户余额。

附　　录

企业产品成本核算制度（试行）

参 考 书 目

［1］财政部财会．企业产品成本核算制度（试行）［M］．北京：中国商业出版社，2014.

［2］蒋小芸，胡中艾．成本核算与管理［M］．北京：高等教育出版社，2018.

［3］王秀芬，颜敏．成本管理会计［M］．北京：首都经济贸易大学出版社，2009.

［4］张桂春．成本核算与管理［M］．北京：高等教育出版社，2019.

［5］崔国萍．成本管理会计［M］．北京：机械工业出版社，2021.

［6］胡晖，赵进．成本计算与分析［M］．北京：同济大学出版社，2018.

［7］招戈，周晓燕．成本会计［M］．北京：中国建材工业出版社，2017.

［8］黄嫦娇．成本会计［M］．北京：航空工业出版社，2021.

［9］陈强，王超．成本计算与控制［M］．北京：中国工信出版集团，人民邮电出版社，2017.

［10］鲁劲秋，王国芬．成本核算与管理［M］．南京：南京大学出版社，2018.